U0489824

中外管理 | 中国造隐形冠军系列丛书
出品人◎杨光 | HIDDEN CHAMPION IN CHINA SERIES

迈向工业文明
太平洋精锻30年成长启示录

辛国奇　任慧媛◎著

没有它们，汽车就换不了挡，转不了弯
没有他们的产品，就不算"好汽车"

从跟跑到领跑，从制造到智造

从乡镇小厂逆袭为行业龙头
从夹缝生存突围到全球领军

这一关又一关，刚进厂就立志当厂长的他，如何带领团队逐一闯过？

企业管理出版社
ENTERPRISE MANAGEMENT PUBLISHING HOUSE

图书在版编目（CIP）数据

迈向工业文明:太平洋精锻30年成长启示录／辛国奇，任慧媛著.——北京：企业管理出版社，2023.12

ISBN 978-7-5164-2973-0

Ⅰ.①迈… Ⅱ.①辛… ②任… Ⅲ.①汽车工业－零部件－工业企业管理－经验－中国 Ⅳ.①F426.471

中国国家版本馆CIP数据核字(2023)第204665号

书　　名：	迈向工业文明：太平洋精锻30年成长启示录
作　　者：	辛国奇　任慧媛
责任编辑：	杨向辉
书　　号：	ISBN 978-7-5164-2973-0
出版发行：	企业管理出版社
地　　址：	北京市海淀区紫竹院南路17号　邮编：100048
网　　址：	http://www.emph.cn
电　　话：	编辑部 (010) 68414643　发行部 (010) 68701816
电子信箱：	qiguan1961@163.com
印　　刷：	固安兰星球彩色印刷有限公司
经　　销：	新华书店
规　　格：	170毫米×240毫米　16开本　22印张　338千字
版　　次：	2024年1月第1版　2024年1月第1次印刷
定　　价：	108.00元

版权所有　翻印必究·印装错误　负责调换

中国锻压协会秘书长 张 金

接到夏汉关董事长的电话，他很客气地提出让我为《迈向工业文明——太平洋精锻30年成长启示录》写一篇序言，激动和感谢交织在一起，我有一种被信任的幸福，但也有很大的压力感，彷徨之心不绝，对答应写序有少许后悔。

阅读完全部书稿，不由自主地回到了历史，又一次历经了"太平洋精锻"的发展历程，仔细地欣赏了夏汉关董事长的好学与专注精神，对"太平洋精锻"不俗的历史有了更加清晰和系统化认知。

太平洋精锻30多年的发展，从一个侧面反映了中国改革开放以来，中小微制造企业成功发展的画卷，证明了"只要是别国能做的，我们一定能做；别国不能做的，我们经过学习、积累和努力也一定能做"的铁律，符合改革开放初期提出的"进口引进、消化吸收、自主创新"的希望和要求；诠释了"改革和开放"是前进的推动力，也是企业成功的重要法宝之一。

太平洋精锻30多年的发展，难能可贵之处是"与时俱进"，充分学习利用了世界工业革命后形成的工业文化和中华文明的精髓，将工业美和中国文化的美好理念完美地结合在了一起，形成了具有中国特色的"太平洋精锻"企业精神或企业文化，从而极大推动了企业的发展。纵观国内长青的成功中小微企业，大多数都具有这一特质。

决策本身没有对错，如何决策、决策的内容以及决策后的执行力，是企业运营中的关键，就如书中所说，"太平洋精锻"的成功是"每一个环节"都没有出现大问题。做到这一点不容易，但更不容易的是培养决策需要的"理念和思维"。"太平洋精锻"做到了，它的成功给了我们许多培养"理念和思维"的重要启示。犹豫不决、患得患失，决策不是基于"乐观的挣钱"，总是基于"悲观的省钱"；决策不是基于"物有所值"，而是基于"物美价廉"；许多情况下，决策完成了，机会失去了，"太平洋精锻"的决策总是坚决而坚定的，总是站在"创造财富"的基点上做出。

"太平洋精锻"的成功，夏汉关董事长起到了关键、决定性作用。夏董事长坚持的文化和理念实际上已经成为了"太平洋精锻"企业文化的精髓，已经将一个企业赋予了活的灵魂。书稿中记录的内容反映出来的事实，已经被夏汉关董事长予以概括总结，这就是"尊重可信赖的竞争对手""坚持不断地创新与变革""抛弃什么都能做的思想，只做专精特"和"重视交流与学习，不断提升很重要"等。

阅读本书时，稍加注意就会找到很多中小微制造企业发展的文化特征。这也是我写这篇序的初衷。那么，读者能从书中得到什么呢？绝对不是照搬，还是要坚持中国一贯提倡的"因地制宜，符合天时地利人和"的方法。做企业，必须培养自己独特的管理，坚持产品"全要素"的差异化，执行正确的策略，拥有守法守规执行力强的人才队伍，这也是书中反映出来的企业核心竞争力内容。

2023年10月于北京

太平洋精锻何以精彩30年

中外管理传媒社长、总编 中国造隐形冠军评选发起人 杨 光

十多年前,我就认定夏汉关一定能把太平洋精锻做成功。

2006年,我入企业管理传媒这行刚满七年。对于企业管理者,已有了初步的感觉。但没想到,那一年的夏汉关,成了让我当年最有感觉的人物,并结下不解之缘。

那是一件极不起眼的小事,甚至可以说只是一瞬间。但我记忆深刻。

缘起是那年我们《中外管理》意识到:已入世五年的中国企业,要想进一步通过融入世界规则以获得快速成长,就需要从单纯坐在家里做进出口业务,单纯地坐在国内读书、上课、参会,升级为直接走入且不断深入到世界级的管理现场里去。只有钻到人家先进管理模式得以诞生和发展的"土壤"里,真正弄清楚全球最优秀企业的"WHY(为什么)",也就是人家是"怎么来的",我们才会想明白我们自己企业的"HOW(怎么办)",自己下一步"往哪里去"。

于是当年,我们开启了"中外管理全球行"访学项目。第一站,选择了日本丰田。

理由很直接,因为当时丰田汽车的制造业管理水平是全球第

一。当年其一家的年纯利润，居然比美国三大汽车公司（通用、福特、克莱斯勒）的毛利润加起来还要多！而丰田的自信也达到峰值，他们面对美国三大汽车商，内部甚至制定了"打倒，再扶起来，然后再打倒"这样惊世骇俗的战略关系定位。

而当年丰田的超高利润，都是"生产"出来的，而不是"营销"出来的。这对正在爬坡起飞阶段的中国制造业企业，无疑具有巨大的吸引力。

在20年的企业管理传媒工作中，我有一个观察，就是中国企业海外访学，经过了三个阶段的进化。

第一阶段：15年前，是以生产为中心，以提升自身制造管理能力，实现改善效率为目的——这个阶段的访学，就是"看厂"。

第二阶段：10年前，进化为以客户为中心，以提升自身客户管理能力，实现拓展市场为目的——这个阶段的访学，就是"看店"。

第三阶段：5年前，又进化为以哲学为中心，以提升自身文化管理能力，实现基业长青为目的——这个阶段的访学，就是"看馆"。

因此，即便同为访学日本，15年前我们去丰田工厂，10年前我们去711店面，5年前我们去松下哲学馆、盛和塾大会。

这三个阶段，是相互依托又次序固定的。也就在这个大背景下，我们第一阶段的第一站，毫无疑问一定是丰田。而中国企业家参团也相当踊跃，一个团就有40多人。一年要走好几个团。

夏汉关就在其中。

但我一直没有注意到他。因为从参团资料看，彼时的夏汉关与太平洋精锻，还没有任何"出众"之处。直到行近尾声，我们已然从名古屋的丰田车间到达东京附近著名的温泉度假区箱根时，夏汉关才不经意地"出现"了。

当时，我作为团长正在工作人员专用房间里。这时意气风发的夏汉关，穿着温泉酒店里的灰色日式和服，仙风道骨地走了进来。他当时好像是为一个团友帮忙解决一个团务问题（后来知道他很愿意为人排忧解难）。等待期间，夏汉关带着他那标志性的自信微笑，与另一位企业家团友交流起了互访心得。

我清晰记得他当时笑眯眯地说了这样一句看似很普通的话："我就对他们讲，你的工厂要让我看，我的工厂也让你看。"

就这么简单一句，却让我印象极为深刻。并从那一刻起，我也对夏汉关留下了深刻印象，并直觉他的企业未来一定会做得很好。

为什么？凭什么？后来细细反刍，我品出了如下味道。

第一，"学习"。

看，不是走马观花，而是一种心里较着劲、眼里带着钩的学习。这正是我在那个阶段就对中国民营企业乃至中国经济的未来充满信心的最核心理由。那时候，西方各界大多都已在晒太阳喝下午茶，全球几乎只有中国的民营企业家，不仅通宵达旦地加班工作，更如饮甘泉般地学习和吸收一切先进的管理营养，为我所用。

"我想来看你的工厂"和"你的工厂要让我看"，意思看似一样，实则表达出的言外渴求与目标坚定的程度，是完全不同的。后来知道，那时候夏汉关已满世界游走十几年了，和他参与创办太平洋精锻的时间几乎一样长，并且日本他也已来过很多次，公司的主要合作甚至对标企业就是日本企业。但这一次，听说《中外管理》组织访学丰田精益管理，他依然像个初来乍到的小学生一样"从零开始"，孜孜不倦。而当他聊天随口说出"你的工厂要让我看"那句话时，眼神里绽放出的坚定，甚至"贪婪"，我至今历历在目。

无独有偶。当年另一位参团钢管企业家，甚至因为不断追问"丰田为什么不实行三班倒"而被团友冠以"三班倒"的外号——后来他的企业和太平洋精锻一样，也成为了"制造业单项冠军示范企业"。可见，中国民营企业家整体洋溢的求知欲和学习力，决定了其未来必然会支撑中国经济脱颖而出。

第二，"开放"。

如果仅仅是前半句，也许夏汉关不至于成为我印象那么深刻的人物。毕竟"好学"是那一阶段中国企业家积极进取的普遍状态。

但中国企业普遍（甚至至今）不为全球所称道的另一状态，就是在自己吃苦耐劳、自己学而不倦时，很少去为他人的发展考虑。试想一下，我们去美国建厂，不是为了自己享受税收优惠吗？我们去欧洲并购，不是为了自己买专利吗？我们去非洲开路，不是为了自己挖矿产吗？我们去亚太开工，不是为了自己低成本吗？我们可想过人家因为我们去了而得到了什么，又进而会怎么看我们吗？

而十几年前夏汉关主动的一句："我的工厂也让你看"，就表现出了超越很多同道而卓尔不群的远见与格局。就这短短一句"对等待遇"，展现出的第一是开放，第二是共赢，第三是长远。因为只有我们积极"取"，同时大方"予"时，一切合作价值才变得可持续，相关各方的收益才会最大化、最久化。

但是，对于大多数国人而言，如果做到"吸收"尚不算很难的话，那么做到"回馈"则要艰难得多。这里的难，不在于技术与能力不足够，而是意识与心胸不支撑。但越是难，一旦心魔突破，自身成长也就越是势不可挡。

第三，"自信"。

很多年来，我都在反刍夏汉关当年那一个"看"字。这一个字里有非常丰富的含义。而且前后半句里的"看"，含义还不尽一样。

对于要去"看"别人的企业，"看"字里面包含的是：我很清楚我要看什么，要学什么，自己还欠缺什么，自己要成为什么——目标感非常清晰。一个人和一个企业，在一个阶段做一件事的目标感是不是清晰，往往决定了其最终的效率和效果。我注意到，即便是今天，即便是纯粹的旅游观光，夏汉关的"看"都与众不同。他很少随大流，往往都是不引人注意地溜到他真正感兴趣的一个角落里去了。而这背后，是他对自己的深刻了解。先把自己深刻"看"明白了，才会目标清晰地知道自己要向外"看"什么。

对于愿意别人来"看"自己的企业，"看"字里面包含的是：

我很清楚我已有什么，已值得你来看，进而我也不怕你来看——自信心非常扎实。一个人和一个企业，是不是由内而外拥有自信，往往比你所拥有的外在实力更决定你的未来成功。这就是贵族与暴发户的区别。我们企业赚钱了，不代表团队就自信了，优雅了——因为之前穷苦怕了；我们国家强大了，不代表民族就自信了，平和了——因为之前自卑惯了。狂妄自大，本质也是一种自卑。而缺乏自信心的"弱者思维"，看谁都像"亡我之心不死"，才是当前从企业到社会，在"坐二望一"这一关键阶段的最大敌人。

当夏汉关说这句话时不经意的自信、平和与友善，或许已然决定了这家企业日后将会拥有光明的未来。

虽然赴日归来后我和夏汉关交集并不多，但当数年后，一次偶然听说他领导的太平洋精锻已经上市时，我很欣喜的同时，却丝毫不惊讶——理应如此。

当时我并不知道几乎与赴丰田考察前后脚，夏汉关报考了中欧EMBA继续深造。他自认为，中欧深造的两年，使他真正明确了公司的战略，公司的目标，包括促成了公司的上市，是具有决定性的。我虽然只能想象，但我却坚信，夏汉关在中欧期间也一定是秉承着"学习、开放、自信"的特性，从而精彩绝伦地以"班级小组课题报告(毕业论文)成绩A(优秀)"实现自身成长与公司战略双重涅槃的。

要做什么事不是最重要的，以什么心态、思维、模式去做事，才是最重要的。夏汉关以他创业的30年，太平洋精锻以它跌宕的30年，生动地诠释了这一点，并用结果来说话。

天道酬勤，也酬精，酬强。2019年6月，我到泰州邀请夏汉关成为我们"中外管理联合出品人"时，不仅一拍即合，而且他还兴致盎然地给我讲述了一个例子，足以证明如今太平洋精锻的行业地位。太平洋精锻历史的一个国际化里程碑，就是成为德系主流车型的齿轮供应商。当随着不断成长，太平洋精锻的表现越发优秀，以至于一枝独秀，进而让德国厂商都心有不安时，德国人决定转而扶持韩国人，压制太平洋精锻。结果几年下来，强者依然是强者，不是压能压得住的，如果实力不济也不是扶能扶得起来的。最终，德国人不得不承认最可靠的齿轮供应商，还是太平洋精锻。

那之后，夏汉关可以自豪地对外讲："不用我的齿轮，你的车就不是好车。"

于是，在太平洋精锻走到创业30年之际，夏汉关邀请我和《中外管理》团队一起，让我们有机会通过撰写两本书——2022年出版的《太平洋精锻的故事与哲理》和这本《迈向工业文明——太平洋精锻30年成长启示录》，来为大家讲述太平洋精锻30年的精彩故事与发展历程时，我和我们所有人才更加明白，进而也让广大读者明白：这家"中国造隐形冠军企业"，这家工信部"制造业单项冠军示范企业"，这家创业板资深上市企业，这家"江苏省省长质量奖"当选企业，这家把汽车行业不可或缺的变速箱差速器精锻齿轮细分领域做到"中国第一、全球前二"的企业——"为什么它会有这30年的纷呈精彩？它内在真正精彩绝伦的，又到底是什么？它值得传承且能支撑未来的精彩本质，又包括了什么？"

随之问题就来了：精彩了30年的太平洋精锻，就必然还会精彩下去吗？不尽然。过去，只意味着过去，顶多延展到现在，但绝不必然昭示未来。直到，我和夏汉关围绕这本书进行写作交流时发生的两件事，一件很大，一件很小。

先说大事。

这很大的事，到底有多大？当一家企业成绩斐然，站在一个历史节点上足可以自顾自地讲述自己的心得经验时，我却从夏汉关嘴里听到了与十几年前一样的语气，却截然不同的内容，那是一个很大的词："工业文明"。

当它并不是由一家老牌欧美企业，也不是由一家下游集成企业，不是西门子，不是GE，不是三菱，而是由一家仅在产业中上游的中国隐形冠军企业的掌舵人来着重提出时，一切本就已经不同寻常。很显然，什么样的格局和什么样的使命，决定了未来什么样的空间和什么样的贡献。超越个体得失，超越短视私利，心系产业，心系文明，这就意味着眼界，意味着担当，意味着自律，意味着利他，就意味着发展的一切可能性。

再说小事。

其实这事起因并不小。什么时候，培养人才，都是企业高质量可持续发展的头等大事，也是促成工业文明的首要基础。就在公司创业30年时，夏汉关决心要成立一所符合时代与企业乃至产业需要的"企业大学"。在他谦逊地与我一起商量，最终定名为古色古香的"精锻大学堂"，并邀请我用毛笔楷书来题写校名时，殊不知这其实是一所紧跟时代气息的"线上培训平台"。

但重点并不在此。而在于这所线上培训平台，是面向公司所有人的，包括夏汉关自己。于是，在夏汉关和我一起共修的"中外管理-冠军私董会"，在我们持续共创商业智慧时，我会时而听到作为班委"纪律委员"的夏汉关随口对我讲："今天晚上时间不行。我必须要完成大学堂的课堂作业。"一年前，我又听他耳语相告："我已被录取为中欧DBA博士课程2022级学员！2021年第一次没被录取，但这一次我成功了！"这位已有不少白发的冠军企业董事长，欣喜之情，溢于言表。

小事支撑大事，小我昭示大我。

当一个功成名就的成功企业家，到自己足可以对外指点江山、对内网开一面时，却依然保持着孜孜不倦的学习精神，保持着身先士卒的垂范意识，保持着严于克己的自律能力，并用于追求全新的"工业文明"高远使命时，我和我们就可以相信——

太平洋精锻，一定还会有下一个更加精彩的30年！展望未来——太平洋精锻，跨国经营，基业长青！

杨光

第1章 "南方谈话"应运而生

- 003 引子：成为《焦点访谈》的焦点
- 004 改变命运的生日礼物
- 006 想当厂长的"学徒工"
- 009 穿着旧军装的大学学生
- 010 什么都管过的副厂长
- 012 "合资公司"诞生
- 017 与众不同的"高起点"
- 019 力夺外汇指标：戏剧性的全省唯一

第2章 初涉艰难起步

- 027 从"震撼"到"颠覆"
- 030 改变夏汉关的《改变世界的机器》
- 032 今天拼了命，也一定要去看
- 034 "早餐课"和"袜子课"
- 036 "不打不相识"：结缘"你期待"
- 040 要现金流，还是要"金刚钻"
- 042 供给农用车：从"低端"做起
- 044 从"闭门羹"到敞开大门：切入微型车市场
- 050 拿下"神车"夏利：攻入轿车市场

第3章 痛定 变革求生

- 055 "毫无退路"从800万到1个亿
- 057 孤勇者：谁说污泥满身的不算英雄
- 058 悬崖边缘，从合资变为独资
- 062 至暗时刻：一切似乎成了"死结"
- 065 接手"烂摊子"：必须按我的套路来
- 068 扭转乾坤的"管理改革二十条"
- 072 连"皇亲国戚"都敢动，还有什么不能改的
- 074 天下大事，必作于细
- 077 吃干榨净，变废为宝
- 079 十字路口上……
- 082 临危受命：夏汉关扛起重担

第4章 发力 枯木逢春

- 091 选定产品，远离苟延残喘的竞争
- 094 别人做大，我做专
- 097 永不服输：26套房产押来启动资金
- 100 企业即人，管理即借力
- 102 "认证"军令状：年底前必须过关
- 107 "你们太好学了，必须通过"
- 111 "九月大会"：用数据说话

	116	夏汉关的断言：公司将在2000年走出困境
	119	面对谣言与拆台，用诚意留住客户
	122	力排众议，打造全国"独一份"

	129	东西方文化完美交融
	131	为何它对"太平洋"敞开大门
第5章	134	独特的学习方法论
厚积	135	模具加工：十年磨一剑
博采众长	141	你们不了解中国人的勤奋精神
	142	以其不自生，故能长生
	145	大胆拥抱这个世界
	147	必不可少的品格领导力

	151	奋战2000年：2001年春节，终于过了一个"肥年"
第6章	154	布局2001：盘活研发，补足短板
"入世"	157	长痛不如短痛
困境反转	160	对"入世"的独到判断：春天要来了
	166	拳头产品：显出威力，一骑绝尘

	169	苦心经营九年，为何还亏损
	172	空中加油：纠正错误，扭正航向
	175	十年亏损终盈利

第7章 股改 **当家作"主"**	183	转让，还是收购
	186	30分钟的"美式谈判"
	189	股改：打工者变股东
	191	饮水思源，永远缅怀叶先生

第8章 登高 **一览众山小**	199	去充电，去深造
	201	一篇毕业论文写出的"最高纲领"
	207	"破冰"大众：从冷眼到信赖
	210	德国"贵人"的相助
	213	"垂直攀登"的精神
	214	在"空白处"踩下闪光迹
	217	将错就错，换来深度合作

第9章 上市 **顺势腾飞**	223	沙漠里发现一颗"夜明珠"
	225	顺利上市的底气：不投机，守规则
	229	甩掉包袱，展翅高飞

第10章 布局 探索新能源

- 239 绕地球一圈，探来新能源风向
- 242 扩产，不求"万事俱备"
- 246 从专利中找到"解题思路"
- 249 轻量化，又一重头戏

第11章 改进 迈向专精特新

- 255 再推"5S"：向细节要效益
- 260 威力巨大的"提案改善"
- 263 "提案标兵"的"突围"，敢给洋设备"动手术"
- 268 打造学习型组织
- 272 党建做实了就是生产力
- 275 心无旁骛，终成冠军
- 279 蓄力深耕，终得硕果累累
- 282 八年求索：万里挑一的"省长质量奖"
- 285 不知疲倦的机器人
- 287 成为行业"首席智造专家"

第12章 裂变 开疆拓土

- 295 落子天津
- 298 宁波电控：第二增长极
- 299 开辟大西南
- 304 新冠疫情围困下的逆势扩张

	307	涉足东南亚
	310	新加坡：撬动海外市场的支点
	312	墨西哥：跟着狮子去狩猎
	317	匈牙利：由点及面，发力欧洲市场
	320	需要"慰藉"的人，却激励起了别人
	325	未来：不问彼岸，持续远航

代后序	328	向前奔跑，人生自有前程

第1章

"南方谈话"应运而生

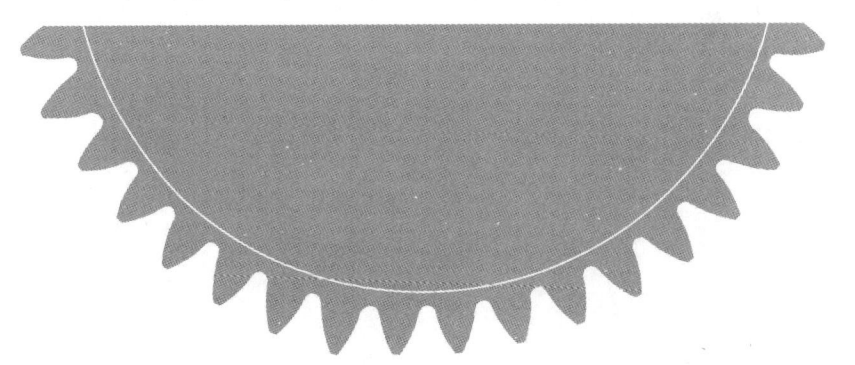

引子:成为《焦点访谈》的焦点 003
改变命运的生日礼物 004
想当厂长的"学徒工" 006
穿着旧军装的大学学生 009
什么都管过的副厂长 010
"合资公司"诞生 012
与众不同的"高起点" 017
力夺外汇指标:戏剧性的全省唯一 019

引子：成为《焦点访谈》的焦点

2022年8月17日晚7点40分，熟悉的片头音乐响起，"用事实说话"几个字铿锵有力地传来，央视《焦点访谈》准时开播了。

一位戴着眼镜、温文儒雅的中年男子，准时坐在电视机前，观看这一熟悉得不能再熟悉的栏目。只不过，这一次，他成了《焦点访谈》的主角。

"在工业界，'隐形冠军'专指在某一细分领域处于绝对领先地位却隐身于大众视野之外的中小企业。这些企业普通消费者可能没怎么听说过，但是它们却各怀独门绝技，在各自的领域中有着举足轻重的地位，甚至引领着整个行业的发展。发达国家在先进高端制造领域具有国际竞争优势的一个原因，就是拥有大量掌握核心技术、工艺先进的'隐形冠军'。可以说，'隐形冠军'是决定中国迈向制造强国的关键点之一。

"差速器是汽车传动系统的核心部件之一，它的作用是在汽车转弯或遇上不平整的路面时，调整四个车轮的转速差，从而保持车辆的平衡，极大地提升汽车安全性。而这种精准细微的调节，则要由差速器内一组精密的齿轮来完成。总部位于江苏泰州的太平洋精锻科技股份有限公司，就是制造差速器齿轮的行家里手，产品市场占有率排名国内第一，全球第二。

"除了耐用，太平洋精锻生产的差速器齿轮，之所以受到国内外各大汽车厂商的青睐，关键在于它的高精度。现在主流的齿轮制造方式是用模具压制后一次成型，这就对模具的精密程度有着严格的要求。生产一套模具成本高昂，所以它还必须兼顾稳定性，如果模具很容易发生变形，就无法保证批量生产之下产品的精度。模具的精密程度、高稳定性，决定了差速器齿轮的高精度。经过模具锻造后成型的差速器齿轮与设计数据之间的误差，可以控制在0.02毫米之内。不过，在差速器齿轮成型后，为了进一步提高精度，还需要对它进行更加精密的切削加工……"

伴随着主持人磁性的声音，这位中年男子有些激动，继而有些感动。他一边聚精会神地观看，一边陷入了沉思，过往的经历像"过电影"般浮现在眼前……

突然，茶几上的手机铃声响起。"董事长，《焦点访谈》对咱们公司的报道，播出了！"电话那头说。"我知道，正在看。想想咱们曾经连续亏损了10年，甚至半年发不出工资濒临倒闭，一路风风雨雨，发展到今天真是不容易啊……"中年男子感慨道。

他，正是江苏太平洋精锻科技股份有限公司董事长夏汉关，是他，将一家行将破产的"乡镇企业"拉出泥潭，打造成如今的中国制造业单项冠军示范企业、"中国造隐形冠军"，全球"好汽车"标配的顶级供应商，全球汽车精锻齿轮制造领域的标杆。而太平洋精锻，也伴随着改革开放的大潮，从飘摇的一叶扁舟发展成为乘风破浪的航母。

"这么多年，这么多艰难险阻，这么多坎坷艰辛，是什么支撑着你？"

"做企业就是这样，因为相信，所以看见，由于看见，所以更相信。"夏汉关不假思索，如是回答了笔者。

改变命运的生日礼物

江苏省泰州市是中国历史文化名城。泰州有2100多年的建城史，秦称海阳，汉称海陵，州建南唐，文昌北宋，兼融吴楚越之韵，汇聚江淮海之风。南唐时，取通泰之义，始名泰州。这里人文荟萃、名贤辈出，"儒风之盛，素冠淮南"。泰州是承南启北的水陆要津，为苏中门户，自古有"水陆要津，咽喉据郡"之称，是南北商品集散之地。据说，700多年前，马可·波罗游历泰州，称赞"这城不很大，但各种尘世的幸福极多"。

而太平洋精锻所在的泰州市姜堰，历史上更是商贾云集的苏中重镇，史书记载，早在春秋时期，姜堰就已经是一个繁荣的商业城镇。据传，姜堰由水而生，古时，长江、淮河、黄海三水在姜堰汇聚，故称"三水"。又因三水汇聚，冲击成塘，塘水多旋涡，形似人指罗纹，又名"罗塘"。北宋年间，洪水泛滥，有姜姓盐商父子仗义疏财，率领民众筑堰抗洪，保护了一方百姓生命财产，古镇由此名为姜堰，流芳千年。

泰州市是上海都市圈、南京都市圈、苏锡常都市圈重要节点城市，是苏中地区通江达海的枢纽，从姜堰到南京、上海均不超过2.5小时车程，到港口也极为方便。因此，党的十一届三中全会召开后，改革开放的春风，很快传到这片交通极为便利的创业热土。

泰县粉末冶金厂，这家当时姜堰的乡镇企业，在1980年便伴随着春风成立了。而我们故事的主角夏汉关，那一年15岁，刚刚高中毕业，他随即成为泰县粉末冶金厂的一名一线工人。这位懵懂少年，当时肯定没有想到，这将成为自己一辈子的事业，直到后来，他甚至说："我就是为这个产业而生的。"

上高中时，夏汉关的语文成绩是最好的，这得益于他在10岁生日时，得到了爷爷送给他的一件当时的"奢侈品"：一台收音机。这让夏汉关感到非常惊喜，那个年代，物资匮乏，许多人甚至难以解决温饱问题，而"三转一响"（即自行车、缝纫机、手表和收音机）则相当于现在的"有车有房"。可见这个礼物对于夏汉关来说，何其珍贵。

夏汉关的家境并不宽裕，因此他从小就学会了勤劳和节俭。放学后，夏汉关总是和其他兄弟姐妹一起下地干农活，捡果子、割猪草、挖山芋、掰玉米，这些看似繁重的劳动对于他来说却是家常便饭。尽管如此，一年忙碌下来，家里仍然只能勉强维持生计和缴纳6个孩子的学杂费。对于吃肉这件事，夏汉关印象中只有在过年时才能"饱饱口福"。

不过，在泰州中学校办工厂做木匠的爷爷，对于教育却极为重视——这或许从夏汉关富有诗意的名字里，也能看出。对于不用钱盖楼房却买收音机这件事，邻居们开玩笑说："你们家到现在不盖楼房，却买个收音机，孩子长大了娶老婆怎么办？"爷爷却说："现在没有房子不要紧，只要把孩子教育好了，就不怕将来娶不到老婆！"

显然，夏汉关爷爷的话虽然简单，但却道出了教育的重要性——房子有钱了随时可以盖，但孩子的教育却是一辈子的事情。只有通过良好的教育，才能让孩子成为一个有用的人，才能让他们在未来的生活中立足。

可以想象，夏汉关对于收音机这件礼物，何其珍爱。每有空闲时间，他就拿起收音机，听新闻、听评书。著名评书表演艺术家刘兰芳讲的《杨家将》，他听了很多遍，"三侠五义""蓝脸的窦尔敦盗御马"之类的故事，他更是如数家珍，熟记于心。在听完后，夏汉关会给小伙伴们讲述这些故事，这无形中锻炼了他讲故事的能力，与日后管理工作必不可少的口才。

也因此，对各类故事耳濡目染的夏汉关在高中时写的作文，经常被当做范文在全班展示。他还经常翻看《说文解字》这样的书，对中国文字的结构颇感兴趣。而爱看各式各样的书，也成为夏汉关一生的爱好。凭借着出色的文字功底，夏汉关后期在工厂里撰写各类项目分析、研究报告时游刃有余，这都成为他日后成功必不可少的能力。"如果没有那台收音机，我真可能不会有今天的成就。"回忆起那段时光，夏汉关深情地说。

显然，艰苦的环境，会对一个人的成长产生重要影响。在这样的环境中成长，人们会更加珍惜生活中的每一个事物，并从中获得更多的力量和勇气。可以说，坚韧不拔的毅力、感恩心态、创造力、社交能力，这些优秀的性格基因与能力，夏汉关在进入泰县粉末冶金厂之前便已经拥有了。

想当厂长的"学徒工"

进入工厂后，夏汉关依然保持着喜欢"讲故事"的爱好。在宿舍里，他经常给工友们讲评书里的故事，绘声绘色，大家听得聚精会神。

优秀的管理者往往都是"故事大王"，《人类简史》的作者尤瓦尔·赫拉利就指出，智人（早期人类）的发展源于团队合作和组织发展，而让智人能够进行合作最关键的就是"讲故事"的能力。人类历史上的四次重大的变革，讲故事的能力是贯穿始终的，尤其是在认知革命和全球融合这两次变革中，这项能力体现得最为明显。

"当你与他人交流时，如果你懂得更多的事情，知识面更广，你就能打开话匣子，扩大交流的范围和空间，这样机会也会自然而然地增加。"回忆起这段经历，夏汉关感慨良多。

在笔者采访时，夏汉关反复提到过他刚入厂时，看到厂长办公室，就在心里默默立下志向今后也要当厂长的那一幕。

夏汉关最喜欢的一篇散文，是茅盾的《白杨礼赞》。"那就是白杨树，西北极普通的一种树，然而实在不是平凡的一种树。那是力争上游的一种树，笔直的干，笔直的枝。""这是虽在北方的风雪的压迫下却保持着倔强挺立的一种树。哪怕只有碗来粗细罢，它却努力向上发展，高到丈许，二丈，参天耸立，不折不挠，对抗着西北风。""但是它却是伟岸，正直，朴质，严肃，也不缺乏温和，更不用提它的坚强不屈与挺拔，它是树中的伟丈夫！"这样的段落，夏汉关上学时都反复背诵过。

"在人生的道路上，拥有一个远大的理想是非常重要的。正如我在高中时期所领悟到的那样，人应该树立起远大的理想，并为之不懈奋斗。我还记得当时背诵《白杨礼赞》这篇文章时，这些文字深深地触动了我的内心，让我明白了一个人必须要有挑战命运的精神。当我第一次去厂长办公室，心中便涌起了强烈的渴望，希望有朝一日能成为像他一样的领导者。理想目标有了，就要设计路径，要一步一个脚印地往前走。虽然当时我只是一个学徒工，具体干什么工作都还没有定，但我始终相信，机会总是留给有准备的人。"夏汉关声情并茂地说，"在工作和生活中，我们应该树立正确的价值观和目标，努力实现自己的梦想。这不仅能激励我们在工作中不断进步，还能帮助我们更好地面对生活中的挑战。同时，我们还应该将这种积极的精神传递给身边的人，鼓励他们也为自己的梦想而努力。因此，我时常鼓励太平洋精锻的员工们要有梦想，要努力成为各自领域的佼佼者。只要心怀理想、勇往直前，就一定能够实现自己的人生价值！"

于是，这位怀揣着厂长梦想的"学徒工"，开始了一段疯狂的学习、历练之旅。

彼时，泰县粉末冶金厂主要是用金属粉末作为原料，经过成型和烧结，制造金属制品，主要产品为压缩机填料、机械配件等。而厂里的各个岗位，人手都很紧张，哪个工种缺人时，夏汉关便第一个站出来，去"顶岗补缺"。为了尽快熟悉岗位，夏汉关吃住都在厂里，几乎是随叫随到。他之所以这样做，就是源于自己什么都要学会的想法。

甚至，在掌握一门技能后，夏汉关还向领导提出希望转岗学习新的工艺。几年下来，夏汉关几乎干遍了一线工人所有辛苦、繁琐、"苦乱脏"的活儿：车工、磨工、电焊工、压力机操作工、热处理工、电炉操作工、油污清洁工……当时没有天然气管道，液化石油气都装在钢瓶里，生产钢瓶需要先用钢板成形封头，封头成形需用润滑油润滑，表面油污须用木屑手工清理，这些活儿，夏汉关都认真去做，并且要做就必须做好，把钢瓶擦得光亮他才罢手。而当时实行的是学徒制，换一个工种，就得换一个师傅。由于夏汉关学得用心，干得专心，所以他很快就能胜任新岗位，失误还很少。因此，他得到了每位师傅的喜爱和认可。

经过这一番历练之后，夏汉关成为一名"多才多艺"的工人。他的勤奋和执着不仅赢得了同事们的尊敬，也为他未来的职业生涯奠定了坚实的基础。

行文至此，笔者不禁感慨，与如今宁愿送外卖，也不愿进工厂的部分年轻人相比，"学徒工"夏汉关对于工作的任劳任怨，对于技能的如痴如醉，足以让他们感到汗颜。在当今社会，不少年轻人更愿意选择轻松的工作，而不愿意从事劳动强度较大的工作，这种现象令人反思。然而，我们应该认识到，正是像夏汉关这样一代又一代的开拓者，为中国制造业的繁荣和发展做出了巨大的贡献。不想当将军的士兵不是好士兵，但是当不好士兵，绝对也当不好将军。如果不具备扎实的专业知识和技能，夏汉关自然不可能在后面的领军过程中，看透本质，扭转企业颓势。

穿着旧军装的大学学生

夏汉关凭借着自身的勤奋和才华，引起了厂领导的关注。一次改变他命运的机会，悄然降临到了面前。

当时的乡镇企业，在发展的过程中都要自主培养人才，可以推荐优秀人才去大学里学习深造。为了开发新产品，厂领导决定推荐夏汉关前去学习。然而，即便是定向培养，也必须通过统一的考试才能获得资格。夏汉关心中默默想着：这对我至关重要，我必须顺利通过考试。

但厂里的工作繁忙无比，夏汉关还是"主力队员"，根本没有时间复习备考，只好利用一切碎片时间去学习，每天晚上更晚入睡，早上更早起床，才有时间补上已经有些生疏的数理化知识，好在他的语文功底相当不错，因此在这方面并不需要花费太多时间。

这样的学习进度依然很慢，夏汉关只能另想办法。当时夏汉关也有了自己的"学徒工"，在确保徒弟熟练掌握操作工艺后，他对徒弟说："你知道咱们这儿有规定，质量有问题，产品就得报废。但你放心去做，我来承担责任，如果出现问题我来赔偿，从我的工资里扣。"

如此，夏汉关终于有了相对充裕的复习时间。几个月后，夏汉关发挥出了自己的最佳水平，顺利通过了考试。1983年，他成功考入合肥工业大学，学习对口的粉末冶金专业。而这一专业，正是合肥工业大学的优势专业。

"只要有足够的努力和毅力，就能够克服一切困难，实现自己的梦想。另外该算大账的时候，不能算小账，要解决主要矛盾。"夏汉关说。

踏入大学校园后，夏汉关对专业知识更加充满了渴望。他沉迷于图书馆的琳琅书海中，常常一坐就是大半天。因此，人们经常能看到一个身材高大、穿着绿色旧军装的年轻人，手捧着厚厚的书本，静静地坐在图书馆的椅子上。

由于家境贫寒，夏汉关没有"花哨"的衣服，他的旧军装是一位曾经当兵的亲戚送给他的，这也是他唯一能够穿得出去的外衣。即便到了冬天，他也只能多穿几件毛衣，外面依然披着那件旧军装。时间一长，这件外套的颜色已经变得有些发白了。正如那句老话所说："干一行，爱一行，专一行"，夏汉关将全部心思和精力都投入到学习中。凭借着工厂实践的基础，他对理论知识的理解有着先天的优势。再加上勤奋好学，他很快成为化工系粉末冶金材料专业班品学兼优的学生。

显然，一个人的才华如果发挥在他爱好并愿意终身投入的事情上，那么只需静待花开，迟早会有一刻，会有意想不到的巨大收获。

"千言万语，汇成一句：只管向前奔跑，人生自有前程。"——这是夏汉关最常说的一句话。他相信，只要心怀信念、勤奋努力，就一定能创造出属于自己的辉煌人生。正是那段艰苦却美好的学习经历，才让他拥有了深厚的专业基础和理论体系。

什么都管过的副厂长

毕业后，夏汉关回到了泰县粉末冶金厂。其实，夏汉关将自己的所学反哺于粉末冶金厂，在寒暑假时就开始了。每到假期，他便回到工厂，脱下"军装"、穿上工服，继续成为"主力队员"，只不过，他对各项工艺有了更深刻的理解。

学成归来后，夏汉关迅速崭露头角，先是做了车间主任，随后又被调往研发部门，担任技术科科长。1986年，年仅21岁的夏汉关被任命为副厂长。

这期间，夏汉关找到了自己人生的另一半，当时厂里的总账会计黄静

(现太平洋精锻审计部部长)。谈及对夏汉关的第一印象,黄静说:"感觉就是非常勤奋好学,对工作充满热情。一个人是否具备钻研精神,能否承受压力,是不是脚踏实地,这些特质都能从工作中看出来。显然,他在合肥工业大学的学习经历为后来的成长奠定了坚实的基础。"

当时,粉末冶金厂的效益还不错,主打产品空气压缩机密封填料和印刷机配件,与当时的北京人民印刷机械厂、北京第一通用机械厂、上海压缩机厂等单位达成了长期供货关系。其中,厂里的技术改造项目和新产品开发,都需要与当地经委和技改办沟通,夏汉关承担了这些重任,他全身心投入工作中,继续用饱满的工作热情和责任心去逐一解决各类问题。"经常一天到晚忙得看不到人影,对家里的事情一点也帮不上忙。"黄静回忆说。

担任副厂长期间,做市场调研也是夏汉关的重点工作之一。当时条件艰苦,都是绿皮火车,车速特别慢,还经常买不到坐票。在火车上过夜是常有的事,为了能在车上休息,夏汉关不得不将报纸铺在硬座地板上,躺在那里闻着臭脚味也睡着了,有时候甚至只能睡在行李架上。

有一次,夏汉关还在火车上遇到了小偷,他到家之后脱了衣服才发现,西装被刀片划了一道很长的口子。损失点钱财都是小事,更危险的是,1988年3月24日,夏汉关还经历过一次火车相撞事故。

"这些经历现在看来难以想象,但当时我们就这样挺过来的。如今,条件已经得到了极大的改善,高铁、飞机等现代化交通工具让人们的出行变得更加便捷,但我们应该继续保持那种干劲和毅力。"夏汉关说。

随着时间的推移,粉末冶金厂遇到了一些困难,如市场需求下降、原材料价格上涨等。为了应对这些挑战,夏汉关积极推动技术创新和管理创新。他带领团队引进了先进的生产设备和技术,使厂里的生产效率和产品质量得到了显著提升。夏汉关还注重技术人才的培养,逐渐带出了一个技术团队,甚至不少"徒弟"年纪比他都大。

与"工种轮岗"一样,此后,夏汉关分管过研发、质量、生产、设备、财务、采购、销售等,几乎工厂所有的职能部门,他都管理过。"我做过工厂几乎所有的工种,也做过包括'产供销技质财'在内的所有管理工作,一步步走过来,所以遇到什么问题,我能较快找到根本原因和解决办法。另外,别人想蒙我比较难。"夏汉关笑着说。毫无疑问的是,这些经历,对于夏汉关日后走上一把手岗位大有裨益。到如今,夏汉关在太平洋精锻也有意兼顾培养专才和通才。"专才和通才要辩证来看,除了培育大量的专才之外,一定也要注重培育精干的知识面宽、管理面宽、道德正、素质高的通才,培育通才更多的前提是品德操行优秀者方可。"

"我的经历可能很难复制,当年正值工厂从小变大的过程中,企业的成长性允许你来这么历练。但我觉得,人生就像赶公交车,你需要抓住关键几步,提前到公交站等待而不是等车来。你赶上了这趟公交车,就到下一站去了。但如果没有赶上,有可能后面那辆车再也不来;如果来晚了,可能就会一直落后很多,前面的人已经跑得很远了。日积月累,两个人差距就很大了。"夏汉关话题一转,意味深长地说道,"企业也是一样,开发新产品,引进新设备,市场机会到来的时候,如果你没有把握住,往小说可能错过了一个机会,往大说可能就错过一个时代。"

夏汉关的经历,充分证明了一位出色企业家的成长,需要经历不同的角色和岗位,如此才能更好地理解企业的运营和管理。而他正是从一线工人到管理人员,不断积累经验和知识,后来终于形成了自己的管理理念和方法。夏汉关的"龙门一跃"也启示我们,人生和企业的发展都需要抓住关键时刻,提前做好准备。只有这样才能把握住偶然来临的机遇,不错过任何一个跨越的机会。

"合资公司"诞生

1992年1月18日至2月21日,邓小平视察武昌、深圳、珠海、上海等地,发表了重要讲话。南方谈话对中国1990年代的经济改革与社会进步起到了关键的推动作用。

南方谈话后，中国的改革开放进入了一个新的阶段。此前，中国的经济发展主要依赖于政府投资和国有企业。然而，南方谈话提出了"发展才是硬道理"的观点，鼓励人们自主创业和创新。

在南方谈话的鼓舞下，许多曾在政府机构和科研院所工作的知识分子，毅然决然地选择离开舒适的工作环境，踏上了创业之路。众多敢作敢为的企业家乘风破浪，投身于当时的创业热潮。这群被称为"92派"的新一代企业家，成为了时代的代表。与此同时，中国的经济体制发生了重大变革。许多海外华侨看到祖国经济发展的机遇，纷纷回国投资兴业。国家开始推出一系列开放政策，为乡镇企业提供了优越的条件，如税收优惠、融资支持等。这让乡镇企业有了更多的机会和发展空间，也吸引了越来越多的海外华侨加入到回国创业的行列中来。

在这一背景下，泰县粉末冶金厂与夏汉关的命运，即将迎来重大变化。

1992年初，江苏泰县（当时泰州尚未建市，隶属于扬州）经委的领导在南京的一次外资招商会上偶然结识了一位特殊的客人——美籍华人叶涛坚先生。时年已64岁的叶涛坚先生，曾经是一位经验丰富的老船长，他曾驾驶着巨轮在世界各地航行，积累了丰富的航海经验和人生阅历。然而，尽管他的事业取得了一定的成就，但叶先生心中始终怀揣着一个未竟的梦想：回到祖国建功立业，同时为祖国的经济发展做出贡献。

叶先生深知，当时中国制造业正处于开放兴起的阶段，具有巨大的市场潜力和发展前景。因此，他一直在寻找合适的投资机会。

随后，在县经委领导的引荐下，叶先生来到泰县粉末冶金厂做实地考察，此前，他也走访了广东、福建等地的一些企业，但始终未能作出决定。

时任常务副厂长的夏汉关，与厂长一起热情地迎接了叶先生，并陪同他参观了工厂，详细介绍了工厂的历史沿革和目前的运营状况，叶先生频频点头，并表达了自己的想法：美国被称为汽车轮子上的国家，中国的汽车产业，迟早有一天也会崛起，甚至超越美国。因此，相应的汽车生产配套产业链，具有巨大的商机。泰县粉末冶金厂具备一定的基础和潜力，同时附近也开始出现产业集群，可以说天时地利人和俱全。

叶先生的这番话让夏汉关深感振奋，他似乎看到了未来美好的前景。我们不得不感慨叶先生的远见卓识，他的预言在几十年后成为了现实：中国汽车产业取得了举世瞩目的成就，已然成为经济支柱之一，越来越多的中国企业走向世界舞台，为全球消费者提供优质的产品和服务。

其实，在20世纪90年代之前，已有中国的民营企业家，嗅到了这方面的商机。身处福建的福耀玻璃董事长曹德旺，在数年前，就做起了汽车产业的生意。当时，曹德旺到武夷山游玩，返程时他顺便给母亲买了一根拐杖。当他准备坐车时，司机大声呵斥："小心一点，这玻璃好几千块钱呢，碰坏了你赔得起吗？"玻璃厂老板曹德旺很纳闷，自己生产的一块玻璃最多几百块钱，为何一块汽车玻璃就敢叫价几千。事后他才搞明白，当时中国的汽车玻璃基本都是从国外进口的，由此造成的价格悬殊，可想而知。颇有商业头脑的曹德旺敏锐地嗅到了其中的商机，专做起了汽车玻璃的生意，直至成为"全球玻璃大王"。

彼时，就在曹德旺第一次出现资金链方面的问题，而在苦苦寻找上市之路时，未来与他同处一个产业链，也都会成为中外管理传媒忠实读者的夏汉关，却在等待着大洋彼岸的传真。让人难以料想的是，几年后，不少知名汽车会同时使用这两家企业的产品。

原来，叶先生回国后，久久没有消息。当时越洋电话很贵，也没有电子邮件，双方只能依靠传真保持联系。夏汉关决定手写一封信，探询具体情况。"信中大致就是委婉地说，感觉到您是讲信用的人，不过不知为何在我们这里考察后，便杳无音信。如果真的有什么难处的话，看看粉末冶金厂这边可以帮到什么忙？"夏汉关回忆道。

传真发过去之后，叶先生果然信守承诺，再次抽空来到泰县，与粉末冶金厂签署投资协议。见到叶先生后，夏汉关不免好奇地问："您为何最终选择了我们？"叶先生思忖了一下，随即答道："除了一些客观因素，还有两点主观原因。第一，就是你们的工厂不像其他工厂，到处都打扫得很干净。一家工厂管理得好不好，看一下这家工厂的卫生间就清楚了。另外，你们车间里的机床保养得也很好，擦得锃亮，光洁如新，由此可以看出你们对这些资产很爱惜。第二，到了你们这里，发现不像有的地方见了面就大吃大喝，不喝醉酒就谈不了事情，你们这里没有这种现象。我了解中国的传统文化，对咱们中国的人情世故很熟悉，但如果经常大吃大喝，再好的企业也会被吃垮，看到你们不但勤奋务实而且骨子里就很节俭，我很欣慰。所以，把资金投到你们这里，我觉得安全可靠，令人放心！"

"其实叶先生当时看了很多大企业，粉末冶金厂在其中算是规模比较小的。然而，他被我们现场的整洁干净所吸引。尽管没有特别好的设备，但地面干净整洁，车间井然有序，设备闪闪发光。他在国内大厂里都看到了蜘蛛网，而在我们这里却看不到。"太平洋精锻副总经理赵红军如此回忆说。

显然，叶先生的观察非常细致，他明白一家企业的成功不仅仅取决于高超技术和产品质量，还取决于企业文化和管理水平。相比于"硬实力"，"软实力"更能打动一位投资人的心。

在夏汉关的印象里，饱受中国传统文化熏陶的叶先生儒雅亲和、仁慈，语言天赋也极好，不但普通话说得好，甚至上海话、湖北话、湖南话、广东话、闽南语等方言也说得很好。富有爱国情怀的叶先生，在大陆刚刚改革开放时，就与中国五矿集团等企业进行了合作。

"叶先生规则意识极强，他认为凡事未经合法程序批准可以反对，而一旦通过合法程序，就必须遵守。那时叶先生就给我们讲，他到大陆来投资，也不会管理具体的事务，而我们必须遵守的一条就是：千万不能违法，绝对不能偷税、漏税——如果犯了其他错误还有挽留余地，但这些底线绝对不可以触碰。在追赶世界水平的过程中，他一方面主张我们要开放和包容，另一方面就是强调懂规则和守法。"夏汉关回忆说。

叶先生当时还对合资公司的高管团队们说，一定要保持专注和聚焦，避免盲目追求多元化，而是甘愿做产业链上的一块"小砖头"，并且努力成为这个领域的专家和领导者。

显然，见多识广的叶先生很清楚，专注聚焦的策略有助于企业更好地利用资源，提高效率，从而在市场竞争中脱颖而出。而这一当时国内还无人过多提及的理念，却深深地烙入一旁认真倾听的夏汉关的脑海，他将此铭记于心，并付诸实践坚持数十载。

时光荏苒，数十年后，已然是国家级制造业单项冠军示范企业、"中国造隐形冠军"掌门人的夏汉关，深深感慨叶先生对于公司以及他个人的影响之大："尽管叶先生并非工业领域的专家，但他拥有全球视野，当时他就能把海外反复验证的理念、观念传授给我们。尽管我们走过弯路，历经曲折，但是从成立第一天开始，公司的文化基因就与国际接轨，并且贯穿始终。若非叶先生当初对我们提出严格要求，比如守法经营、规范发展、保持专注、加大研发，那我们就不可能取得今天的成就。"

1992年10月23日，泰县粉末冶金厂与美国夏威夷州檀岛企业有限公司(叶涛坚先生的投资主体)共同签署了合资企业合同和章程，由粉末冶金厂出资157.5万美元，占注册资本的75%，以部分设备、厂房等资产作价投入；美国檀岛公司出资52.5万美元，占注册资本的25%，以现汇投入。

1992年12月9日，是一个值得纪念的日子。当时的主管部门扬州市工商行政管理局颁发了《企业法人营业执照》，扬州太平洋精密锻造有限公司(即太平洋精锻的前身)——当地开发区的第一家中美合资企业宣告成立。正因为是这一天拿到了"准生证"，所以此后太平洋精锻将每年的12月9日作为"司庆日"。

太平洋，世界上最大、最深、边缘海和岛屿最多的大洋，由大航海家麦哲伦命名，做过几十年船长的叶先生，选择这个词作为公司名称，显然是想取其浩瀚无际、博大胸怀之意——这是对企业未来美好发展的憧憬和期许。叶先生显然期待着未来公司能够放眼全球市场，将产品销售到世界的每个角落。

扬州太平洋精密锻造有限公司(以下简称"合资公司")可谓伴随着"南方谈话"应运而生。不过，让叶先生和夏汉关没有想到的是，辽阔的太平洋上，有阳光，也有风浪，一段机遇与挑战并存的未知旅程，正在等待着他们。

与众不同的"高起点"

成立"合资公司"前，在寻找合适的生产设备时，一件事影响了它的未来走向。

中国兵器工业第五九研究所的高级工程师胡亚民是姜堰人，他每年春节都回姜堰老家，同时参加地方政府组织的优秀人才茶话会。当时，胡亚民就想将自己研究的冷锻项目，在家乡落地，并且与姜堰一家知名企业已经做过沟通，即将展开合作。

无巧不成书，1990年夏天，胡亚民返乡时，在政府相关领导的引荐下，他结识了时任泰县粉末冶金厂副厂长的夏汉关。

得知泰县粉末冶金厂正准备投资粉末冶金同步钢环锻造成形项目，胡亚民便介绍了自己的研究课题，介绍了当时世界上较为先进的冷摆动辗压成形工艺。

"这是通过连续局部成形对被加工件实现整体成形的一种回转成形加工技术。与传统切削过程相比，摆辗技术一般可节材30%，降低制造成本25%。由于摆辗模具与坯料间的接触面积小，金属容易流动，加之模具与坯料表面间的摩擦主要为滚动摩擦，摩擦系数低，因而，摆辗工艺最适宜齿形零件的齿形成形。"——这段文字摘自胡亚民的一篇学术文章，当时，他不会说得这么"晦涩"，而是言简意赅地告诉夏汉关："你们要做的齿轮产品，通过这个工艺就能高品质地生产出来，而且，在国内独一无二。"

摆辗机，就是一种用于将金属材料加工成所需形状的机器。它通常由一个或多个旋转的辊子组成，这些辊子可以将金属板材压平、弯曲或卷曲。摆辗机的工作原理是利用辊子的旋转和压力来改变金属板材的形状，广泛应用于制造业中，它可以用于加工多种类型的金属材料，如钢、铝、铜等，其优点在于高效率和大批量生产能力。

"当时主要就是说冷摆辗工艺代表了中国齿轮生产的方向，国内的传统工艺还停留在热锻阶段。胡高工也想给家乡做贡献，政府部门也鼓励我们投资上项目，于是我们觉得这是一个绝佳的机会，决定和胡高工展开合作，将这项技术引入公司。"赵红军回忆说。

早在1984年，中国兵器工业第五九研究所就引进了波兰的一台摆辗机，用来研究摆辗机的传动原理、结构及零部件。1987年，他们利用这台摆辗机成功生产出了摩托车启动齿轮，齿形无需再加工，直接替代了日本进口产品。这给了泰县粉末冶金厂投资成立的"合资公司"充分的信心，他们相信凭借先进的设备，加上胡亚民和第五九研究所的技术指导以及相关培训，一定能够迅速生产出市场上所需的产品。

"合资公司"的管理层，一开始就有对标世界最先进的想法，因此，他们并没有采购普通的摆辗机，而是选择了高起点——直接购买当时世界最先进的瑞士SCHMID公司生产的摆辗机。

最先进，自然意味着价格不菲。赵红军清晰地记得，"合资公司"采购的第一台2000kN摆辗机，大约为64万美元，折合人民币500多万元(1994年美元兑人民币汇率约为1∶8)。后来，"合资公司"又引进了一台更大的设备——6300kN摆辗机，价格为180万美元。

这种大手笔的投资，自然引来了业界的关注，中国锻压协会甚至在"1994年大事记"中专门记录了这一事件：

> 1994年4月，我国目前最大的6300kN摆辗机在扬州太平洋精密锻造有限公司(原泰县粉末冶金厂)投产。该厂现有2000kN摆辗机一台，均从瑞士SCHMID公司进口，是国内唯一从事冷精锻汽车差速器、直齿锥齿轮的专业厂。

这些先进设备，立即让"合资公司"成了"国内唯一"。对于当时年营收不过500万元的"合资公司"来说，这样的投资确实堪称巨额。不过，"中美合资"的定位也决定了他们不可能小打小闹，向世界优秀同行看齐，一直是他们的底层认知。

有同行也"震撼"于"合资公司"与众不同的起步，他们摸不清，这家后起之秀究竟想要做什么？

"合资公司"团队无暇顾及这些"闲言碎语"，他们立即组织人手前往瑞士培训学习，赵红军正是其中一员。"当时我们5个人去接受技术培训，在那学习了20多天，直到搞透了基本原理并能熟练操作。我们其实都是'半路出家'，刚开始从事的粉末冶金工艺和冷锻工艺还是有很大差别，都是在实践中逐步学习和成长的，只能克服困难一点点领悟。"

好在冷锻工艺所需模具和粉末冶金的模具有相通之处，学成归来的赵红军，在经历了多次反复后，终于研制出了第一款模具，解了燃眉之急。

也许有人会好奇，"合资公司"哪来的这么多资金，可以"财大气粗"地购买先进装备，这里面，另有故事。

力夺外汇指标：戏剧性的全省唯一

泰县粉末冶金厂投入"合资公司"技改项目购置设备的资金，绝大部分来自于世界银行的贷款——一个刚刚成立的"小企业",竟然能够成功申请到这样的贷款,其难度之大,无需多言。

1990年代初期,外汇兑换受到严格管制,根据项目的轻重缓急,由人民银行总行统一分配外汇使用指标,并规定其用途和期限。有了这个指标,企业才能在用汇指标内申请使用外汇。

南方谈话后,中国经济一片火热,各地都在奋起直追地上马新项目,外汇指标炙手可热,极为稀缺。这相当于先有蛋后有鸡,即便地方有资金想支持,但指标这个"金蛋"必须先拿到手。

"1992年美元兑换人民币的官方汇率大概是1∶5,而在一些'地下市场'里,这一比率甚至达到了1∶10以上。"夏汉关用一个数据,说明了当时外汇的"洛阳纸贵"。

然而,只要定好了目标,夏汉关的决心、毅力便表现得淋漓尽致。他的锲而不舍、执着坚持,可以表现在空间的反复折腾上,也可以表现在时间的无尽等待上。甚至,他可以不问结果,不求当下,不顾概率,不论成败,即便有万分之一可能,也要付出百分之百的努力。这正是企业家的独有特质,不轻言放弃,并且毫不动摇,他们的精神世界里,只有两句著名的广告语:Impossible is nothing(没有不可能的事情)、Anything is possible(一切皆有可能)。

夏汉关的这一特质,在竭尽全力申请外汇指标的经历中,得到了生动的展现。

彼时,负责审核这一指标的是国家计划委员会(简称国家计委)能源司。得知这一途径后,夏汉关立即联络县乡二级政府分管工业的领导,希望他们能一同前往北京,说明具体情况,争取拿到指标。几位地方领导都很支持,于是他们一起"北上"赶到了国家计委。

但好事果然多磨,而且也很戏剧,这颗"金蛋"似乎非要"刁难"一下夏汉关。国家计委的接待人员说,"你们从江苏来的啊?我们领导就在江苏啊!"原来,国家计委能源司的主管领导当时正在江苏常州开会,夏汉关等人来不及停留,立即订机票返程飞回南京,几经周折,他们马不停蹄地赶到了常州的会场。

更加戏剧性的是,幸好夏汉关"跑"得快,要不然他又要和能源司领导完美错过——他们在宾馆门口照面了,能源司领导开完会正要坐车离开。一心达成目标的夏汉关不顾那么多,立即拦住了能源司领导,并诚恳地说明了来意,同时简要介绍了公司情况和申请指标的来龙去脉。

在得知夏汉关戏剧性的"折腾"后,能源司领导说,"这么重大的事情,现在没法答复,还是得有时间再去北京谈。"

"有时间,肯定有时间,我们过两天就去。"不达目的不罢休的夏汉关,当即答复。

几天后,夏汉关和县乡二级领导如约再次来到了国家计委。能源司领导看见"打飞的"来回奔波的夏汉关,被他的执着所打动,抽出时间详细听取了夏汉关的汇报。

随后,能源司领导面露难色,他表示很理解夏汉关的勇气和进取心,但外汇指标是国家在外汇管理上量入为出,保持外汇收支平衡的重要手段,在当时经济强劲增长的背景下,额度确实很紧张。

此前,夏汉关和县乡二级领导在路上商量过各种"预案",其中一种便是,即便这次无法成功,也要让国家计委给些"印象分",以便争取下一次机会。于是,县乡二级领导立即表态:"无论国家批不批,我们地方都坚定支持这个项目,也有一定资金随时准备资助。即使暂时没有指标,也希望国家计委能够列入项目计划中。因为这个项目肯定要进口欧洲的设备,迟早都需要外汇。"

能源司领导对于这样的坚持很是赞赏,显然"泰县粉末冶金厂"给他留下了较为深刻的印象。

这就为夏汉关后面的"拨云见日"埋下了伏笔。

第二年，泰县粉末冶金厂投入"合资公司"的技改项目，通过地方支持成功立项，正如前文所述，当时准备上马的冷摆辗项目，是一种国内还没有的精锻技术，要获得政府的支持显然并不容易。

1990年代初期，我国正处于计划经济向市场经济转型的关键时期。对于企业而言，要想获得项目资金和政策支持，必须经过一系列流程。首先项目必须符合当时的产业政策，其次还需要得到各级政府和各个部门的认可。因此，企业需要进行大量的细致准备工作，这其中涉及技术、资金、生产等各个方面。

太平洋精锻高级工程师秦钧，被誉为公司里的"国宝级"人物，与共和国同龄的他见证了太平洋精锻的风雨历程，并多次被夏汉关挽留返聘。回忆起当时的情形，秦钧仍能清晰地记得那段充满挑战的岁月。"当时为了争取项目立项，夏汉关不辞辛劳，奔波于姜堰、南京和北京之间，住在简易旅馆，通宵达旦地整理立项材料更是常有的事情。所有资料夏汉关都要学习、都要掌握，费的力气可想而知。为了这件事，他不知跑了多少趟国家计委、国务院生产办(工业和信息化产业部前身)，真可谓"磨破嘴，跑断腿"。

当事情终于有了眉目，夏汉关前往南京报送申报材料时，他从扬州经委的朋友处了解到，他们苦苦追求的外汇指标，以前是"从上到下"的渠道，现在也可以通过"从下到上"的方式申请。

得知此消息的夏汉关，觉得这是天赐良机，他立马赶往江苏省计划委员会咨询此事。没料到，那颗"金蛋"又开始捉弄起了夏汉关。

"早不巧，晚不巧，我们正在上报一批项目，不过不好意思你来晚了。"江苏省计委的一位处长遗憾地告知。

夏汉关又吃了闭门羹，但他显然不会轻言放弃。"一点机会也没有了吗？能不能给我们一个机会，这个申报文件现在到哪里了？"

"我们的文件已经在上报，除非文件还没有发出，你可以去打印室看看。"处长答复道。

"走路带风"（中外管理传媒私董会伙伴如此评价）的夏汉关，立即三步并作两步跑至打印室，他惊喜地发现文件尚未发出，在征得工作人员同意后，便喘着粗气拿着文件又跑上了楼。

刚一进门，夏汉关便诚恳地说明了泰县粉末冶金厂的种种难处，以及他曾经"打飞的"往返于北京的经历，恳请处长能支持一下乡镇企业的发展，把他们的材料补充进去。

处长显然感受到了夏汉关为乡镇企业生计奔波的敬业和用心，于是和另几位同事讨论了一下：这批项目能不能通过中央的审批还不清楚，能批多少也不知道，多一个不多，不如就再加上一个吧。

于是，那位处长在申报文件的空隙中，手写了泰县粉末冶金厂项目的相关内容。

戏剧性到极点的是，江苏省申请外汇指标项目的文件报上去之后，最终只有一家获批，而这仅有的一家，居然就是搭上末班车的泰县粉末冶金厂！企业不仅拿到了梦寐以求的外汇指标，还额外获得了央行200万美元购汇的配套人民币贷款资金支持。

"在当时的大环境下，我们还能拿到稀缺的外汇指标，这极为不易。当时人民银行总行就说，给你们一个吉利数，配套人民币贷款资金额度808万元——这对于当时的泰县粉末冶金厂和'合资公司'来说，如甘霖一般珍贵，为公司的发展注入了强大动力。"夏汉关回忆说。

"外汇指标和低息贷款，在夏总的带领下我们都争取到了。从设计方案的制定、可行性评估的严谨审查、专家评审的严格把关，再到政府立项的各类审批，每一个环节都需要我们精益求精、一丝不苟，一关一关地通过。"秦钧说，"毕竟，把纸面上的设计真正变为现实，需要克服各种困难与挑战，尤其这项技术在国内还属于空白的情况下。"

事实证明，夏汉关此前的努力没有白费，当时的国家计委和国务院生产办相关司局处室的主管领导，估计都留下了"这家企业不简单"的印象。

2017年，有一部名为《冈仁波齐》的电影，讲述了西藏腹地古村普拉村的10个普通藏族人和一个孕妇一起，从家出发，前去2500公里以外的冈仁波齐朝圣的故事。这部电影当时在整个企业家界产生深深共鸣，"人生没有白走的路，每一步都算数"更成为众多企业人士自我激励的箴言。

创业之路很像朝圣之路，其中充满意想不到的艰辛和各种各样的不确定性，但只要心中有信念，哪怕每天只进步一点点，再大的苦难都可以化解。总有些事，是不能简单用效率，而是要用精神去衡量的——尤其在什么都缺的创业阶段。在创业阶段，精神与信念，往往是达成目标的关键。

显然，在公司创始初期，资金短缺是一个普遍的问题。在争取资金的过程中，坚持不懈、执着追求是非常重要的品质。最终，只有那些有信念、有精神、敢于行动的人才能在创业的道路上取得成功——不需要理所当然的口号，而是就如夏汉关般的匪夷所思的行动。

"尽管当时泰县粉末冶金厂的技改项目在市场定位和内部管理方面存在诸多不足，但当时包括国家计委以及各大银行的政策性贷款，我都在不遗余力地争取，我们从而充分享受到国家政策的扶持。我们后来回顾太平洋精锻的发展历程，就觉得倘若其中哪个环节做得不好的话，就肯定走不到今天。显然，只有善于把握外部资源，才能有持续发展的动力。正是这种对机遇的敏锐捕捉，让我们能够跨越重重困难，在今天有所成就。"夏汉关总结道。

第2章

初涉 艰难起步

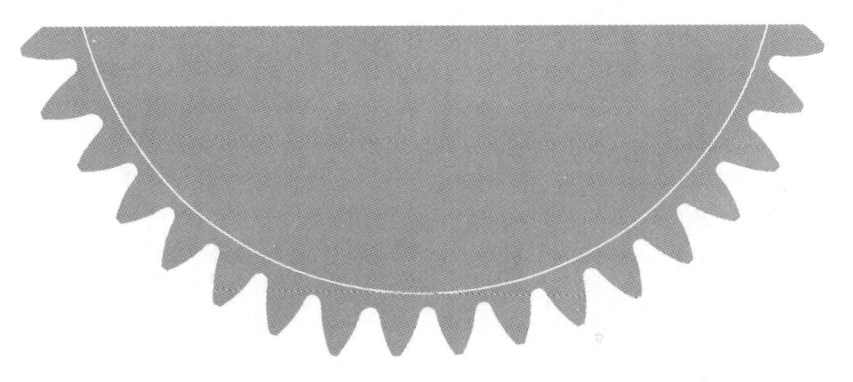

从"震撼"到"颠覆" 027
改变夏汉关的《改变世界的机器》 030
今天拼了命,也一定要去看 032
"早餐课"和"袜子课" 034
"不打不相识":结缘"你期待" 036
要现金流,还是要"金刚钻" 040
供给农用车:从"低端"做起 042
从"闭门羹"到敞开大门:切入微型车市场 044
拿下"神车"夏利:攻入轿车市场 050

从"震撼"到"颠覆"

公司成立伊始,叶先生便积极倡导对外交流与学习,而夏汉关也很早就意识到,要想在激烈的市场竞争中立于不败之地,唯有向成功的企业取经,多看看成功的企业是怎么做的,才能少走弯路,找到方向。他认为,跟优秀的人在一起,想落后也落后不了;反之,如果把成功企业的发展道路重新走一遍,无疑将四处碰壁陷入困境,浪费大量时间,并且不能进步。站在巨人的肩膀上,或许能够迎头赶上,甚至超越他们。

于是,从1993年开始,夏汉关便把汲取标杆的成长经验,研究成功企业不同历史阶段的做法及背后的方法论,继而融会贯通将之应用到"合资公司"中,作为一项重点工作来抓。

前往当时行业领先的上海汽车齿轮厂(现为上海汽车变速器有限公司)学习,是高级工程师秦钧印象最为深刻的事情之一,以至于一有媒体采访,他就会讲述这段难忘经历。

1993年初,秦钧与同事们成功地安装调试了引进的冷精锻设备,并生产出第一批样品。随后,他们一同前往各地推销新产品。当他们来到上海汽车齿轮厂时,原本是来宣传产品和拓展业务的。然而,一进入车间,他们就被眼前先进的设备震撼了。

"我们就像刘姥姥初入大观园一般,当时我们厂里只有两台数控车床,而其他都是较为落后的手摇式普通车床。而他们竟然拥有数百台数控车床,甚至还在准备更新换代。这对我们的触动和刺激很大,怪不得当时我们只能制造齿形精度不高的低端齿轮,而人家很早就给桑塔纳生产变速箱了。"秦钧感慨道。

"我们当时还是一个小企业,也没几次对外交流的经历,当时上海齿轮厂的流水线作业,真是让我们开了眼界,虽然去之前也有所耳闻,但看到那种高度自动化的生产线，还是比较震撼的。"赵红军回忆说。

秦钧和同事们看什么都新鲜好奇，问这问那，车间主任觉得这些人"来路不明"，好像是来偷学技术的，便派人把他们赶了出去。会说上海话的秦钧费尽口舌解释了半天，但仍然无济于事。

"实际上我们是去洽谈业务的，结果却被误认为是'偷师'的，太尴尬了。不过当时那些设备我们确实见都没见过。"秦钧笑着说。

其实，类似的"闭门羹"，秦钧当时还遇见过很多次。彼时，国内对冷锻技术的了解非常有限，市场需求也有限，技术人员直接配合推销，是当时市场空白下，"合资公司"不得已的做法。但即便如此，他们所面临的挑战和困难，也远比想象中大得多，依然会收到大量伤人尊严、质疑式的反馈。

有一次，秦钧前往上海浦东一家公司介绍冷锻变齿矩转向齿条技术，在介绍完这项技术的优点之后，对方自称是行业协会负责人，有些嗤之以鼻地说："你说的确实挺好，但你们不可能生产出来，因为全上海都没人能生产出来，何况你们姜堰一个乡镇企业……"

回到姜堰后，秦钧和赵红军将上海齿轮厂的所见所闻描述给了夏汉关。敏锐的夏汉关并没有感到懊恼，反而觉得这是一次十分难得的学习机会，他们从欧洲引进了先进的冷锻技术，但在加工的过程中却对齿轮精度计算拿捏不准，此时自己琢磨是没有用的，向标杆学习并看齐，了解他们的工艺流程、设备使用以及质量控制方法，正是一条捷径。

夏汉关立即对秦钧说："我们的产品之所以推销不出去，主要是三点原因：一是国内对冷锻技术了解不足，很多客户对这项技术并不感兴趣，甚至会质疑其可行性。二是我们对技术的掌握程度确实还比较低，所以有人认为乡镇企业无法生产出高质量的产品。三是客户更愿意选择国外知名品牌的产品。这三个原因，归根结底还是因为我们自身不够硬，段位还是太低，所以，既然他们'看不上'我们，我们就去向他们请教学习！"

当时，上海市的大型企业都有统一的工会组织，这些工会下面设有帮助成员单位培训工人的技术协会。几经周折，夏汉关成功联系到了技术协会，并在一番苦说之后，争取到了正式参观交流的机会。

机会难得，不容错过。于是，"合资公司"选拔了十几名年轻有为的员工跟随秦钧一同前往，把这次交流活动演变成了"第一批操作工人培训"。

站在现代化的生产线和先进的设备前，大家深感差距之大。不过，巨大的落差也坚定了这群年轻人学好本领的决心。在一通"至少落后10年"的感慨之后，他们在现场纷纷请教上海齿轮厂的老师傅，老师傅们亲自示范，他们则虚心观摩，抓紧时间作着笔记。

"参观交流之后，我们知道了'好'是什么样子，'先进'是什么状态，也找到了自己要对标的标杆和未来的发展方向。"夏汉关说，"本来我们是想来给人家做配套的，但发现差距巨大，那么接下来就只有虚心学习，自我内部更新改造了。"

在改进的过程中，夏汉关主动提出和上海汽车齿轮厂进行合作加工。他们的产品此后经常送至上海汽车齿轮厂进行外协加工，"外协"的过程，正是学习的过程。

"合资公司"的年轻技术骨干们，充满了求知欲。由于白天没有空闲车床，他们只得在夜间加班。为了让师傅多传授一些知识，他们主动代替师傅值夜班，遇到难题时，再把正在熟睡的师傅叫醒提供指导。这种团队精神和敬业精神，得到了师傅们的认可和赞扬。

经过日复一日的努力，技术骨干们的技艺日益精湛。不久之后，那些曾经只能协助师傅加工的年轻人，已经能够独立完成操作任务。随后，合资公司也引进了更多的数控机床，这批年轻技术骨干学成归来之后也成了师傅，开始向新员工传授技艺。他们在不断的学习和实践中，成长为"合资公司"技术方面的中坚力量，并帮助公司培养出了一批批优秀的技术人才。

"后来，我们终于掌握了精密成形齿轮技术，这在整个齿轮制造行业都是一种先进的工艺。曾经，上海汽车齿轮厂的配套零件都是依赖进口生产线生产的,而我们做出来的产品好于他们原有的,最终,曾经的'师傅'改为向我们采购配套零件。这无疑是国产替代的鲜活案例啊!"夏汉关说。

在彼此深入了解之后,秦钧遭受的误解与"驱逐"已然成为双方轻松愉快的谈资。"上海汽车齿轮厂的同行也很佩服我们,说我们是一个充满活力和学习精神的企业。"秦钧颇为自豪地说。

显然,有差距就要追赶,有了目标之后,就可以逆向推导自己需要做什么才能"达标",继而超越。这成为太平洋精锻后期发展的一个固有方法论,明确目标、找到不足、设定标准、持续改进,他们正是凭借这一策略不断提升自己的竞争力和市场地位,向着更远处航行。

改变夏汉关的《改变世界的机器》

1993年的一天,夏汉关收到了一个从中国台湾寄来的包裹,寄件人一栏写着"叶先生"。

夏汉关迫不及待地拆开包裹,几本崭新的书映入眼帘,上面用繁体字写着:《改变世界的机器》。随书还有叶先生的一封信,上面简单写着几句:希望大家好好看、好好学,把这本书看懂了,我们公司也就有办法了。这本由美国麻省理工学院资深教授詹姆斯·沃麦克等人撰写的经典著作于1990年出版,该书详细阐述了丰田汽车公司如何通过精益生产实现大幅降低成本、提升质量、缩短交付时间、增强顾客满意度等目标,从而给制造业带来了革命性的变化,并预示精益生产方式将对世界经济产生深远影响。

当时,中国大陆还没有引进此书,直到数年后方由商务印书馆翻译出版。所以叶先生得知中国台湾有中文版后,立即买了好几本寄往姜堰。

可以说,《改变世界的机器》不仅仅普及了精益生产,它还第一次将精益生产方式与100年来对西方经济产生决定影响的"大批量生产方式"相提并论;第一次用精益生产方式对大批量生产方式进行批判;第一次宣布"精益生产方式的原理同样可以用于全世界每一种行业,向精益生产方式转变将对人类社会产生深远的影响"。此书对于"精益"的深刻理解、归纳,对世界各国以及中国企业管理者的影响无法估量。而且这种影响力伴随着中国经济无法压抑的腾飞过程,强有力地直接作用于中国企业管理者的思想和行为,直至颠覆传统。之后,管理学者们在实践中不断发展精益理论,更多的中国制造企业先后引入这种管理模式,"精益热潮"一浪高过一浪。

这些后来大量中国制造企业逐步接触的理念,夏汉关在叶先生的指领下,和世界优秀企业几乎同步领悟了。太平洋精锻在世纪之初一跃而起,显然离不开夏汉关理念领先下的"厚积薄发"。无独有偶的是,创立于1991年的《中外管理》杂志,在创始人杨沛霆教授的倡导下,制定了"开拓视野理念领先"的办刊理念。也是在那个时候,《中外管理》便向国内读者大力推介了当时大陆还未风行的彼得·杜拉克管理思想以及丰田精益管理模式,正是因为开创先河,中外管理传媒至今沿用了"彼得·杜拉克"这一当时中国台湾的人名译法,而非现在更为常见的"彼得·德鲁克"。

如今,身为中外管理传媒联合出品人的夏汉关,在向笔者提及历史往事时,常用的开头是:"当时从你们杂志上看了一个理论,对我影响很大……""你们杂志当时也介绍过这个理念,我就想能不能在公司推行……"

"美国麻省理工派了研究团队到日本去调研丰田汽车,后来写了这本书。书的前半部分还原了手工生产到大批量生产再到精益生产的进程,分析了丰田采用精益生产管理取得成功的缘由。后半部分阐述了精益生产系统的五大要素:设计产品、整合供应链、处理客户关系、产品从下单到交货的生产过程、管理联合企业。"时隔多年,夏汉关仍然清晰地记得这本书的要点,可以看出当时看得极为用心。"这本书揭示了日本企业如何在全球的汽车大战中脱颖而出,我们就在汽车产业链上,学到了这些先进理念,就有可能超人一步。可以说叶先生真是用心良苦,眼光也超前,早在那时他就预见到未来将朝着这个方向发展。"

回首往昔，夏汉关不禁感慨万千："后来想想，1993年我们就学习了这本书，而内部精益生产的推进却历经漫长岁月。叶先生引领我们与世界最先进、最优秀的公司看齐，显然为我们指明了前行的道路。

"叶先生一生爱好学习，始终对新知识、新思想孜孜不倦地追求。在他的影响下，我们逐渐认识到什么是优秀，什么是先进，从而为实现目标付诸努力。作为一名爱国华侨，叶先生到祖国大陆来投资，并非为了谋求个人利益，真是看到大陆改革开放了想报效祖国。尽管'合资公司'的发展道路充满了艰辛，但叶先生始终给予我们坚定的信念：只要勤奋努力，终将迎来收获的曙光。"

夏汉关深情说道，"与叶先生共事相处，对我们的影响极其深远。每当我们取得进步时，他总是倍感欣慰，这是他最高兴的事情。"

读万卷书，行万里路，耳听为虚，眼见为实，叶先生深知，只有亲身经历过才能真正理解问题的本质。因此，接下来，他决定带领团队踏上一次"疯狂"的考察之旅。

今天拼了命，也一定要去看

"今天开了快1000公里了，太累了，这家公司咱们这次能不去吗？"

"不行！我们已经提前与对方预约了，现在不去打个电话说下很容易，但如果今天取消拜访，以后就再也没有机会去这家公司参观交流了。"

"你们出来一趟不容易，是应该充分利用这个机会学习更多的知识。预约好了不去确实有失信用，以后再也没有机会交流。今天拼了命，也一定要去看！"

1994年的夏天，美国西部一条高速公路的服务区里，一位年轻人正在和一位头发花白的老人对话。

年轻人正是风华正茂的夏汉关，老人是年近古稀的叶先生。当夏汉关和叶先生讨论是否取消下一个公司拜访行程时，极富契约精神的叶先生被夏汉关的坚持所感动："市场经济的运行离不开契约精神，而诚信则是这一基石的核心，大到合同的履行，小到交往交流的细节，都必须做到真诚待人，守时守信。"

此前，叶先生反复教导夏汉关等高管，经营企业，一定不能坐井观天，一定不能局限于狭隘的视野，而应具备全局观念："正如太平洋的浩瀚无垠需要经历狂风巨浪才能扬帆远航，企业的发展亦需经过挑战与变革，要想在全球竞争中脱颖而出，企业必须紧跟时代步伐，积极与国际接轨。你们一定要勇于创新，拥抱新知识与新思想，一定要多去海外交流，要开放包容，要追赶世界的潮流，你们应该努力了解全球最优秀的同行是如何运作的，这样才能确保自己的发展方向正确无误。如果没有明确的标杆，肯定就找不到未来的发展方向。"叶先生的这番话，无疑是对夏汉关的一种鞭策和提醒。

提前联系好交流企业后，叶先生便在美国等候夏汉关等人的到来。那是夏汉关第一次去美国，一切都充满了新鲜感。飞机落地后，没有过多停留，叶先生立即在机场的租车公司用信用卡租了一辆车，马不停蹄地赶往下一个目的地。"我当时就感慨，竟然还能这样'无缝衔接'，尤其是在机场很快就能租到车用，还能开到另一个城市去还车。当时就觉得美国的现代化水平真高，我们一定要努力迎头赶上。"夏汉关回忆说。

由于夏汉关等人都没有国际驾照，所以只能叶先生亲自驾驶。就这样，他们如同蜜蜂采蜜般，连轴拜访了多家美国企业。夏汉关一路极其兴奋，到了车间里问这问那，早已忘却了疲惫。甚至，夏汉关提议大家进行分工，谁去关注设备情况，谁去关注厂区布置，谁去关注物料摆放，都做了明确的指派，以珍惜这来之不易的交流机会，不虚此行——这一方法，在公司后来的对外交流过程中也屡试不爽，让他们收获颇丰。

往往，投入到极致，就不会觉得累了，觉得累时，反而是歇的时候——"后怕"，也是同样的道理。

当只剩下最后一位拜访企业时，叶先生让夏汉关带着大家去高速服务区吃了些东西。而叶先生在车上休息，倦意难以掩饰地爬上了他的脸庞。

夏汉关去看了看汽车的里程表，不看不知道，一看吓一跳，竟然一天开了快1000公里了！一路上，他们都在互相交流参观的见闻，对路途的远近并没有太多感知，没想到叶先生已经带他们跑了这么多的路。

于是，有了本文开始的一幕。

"叶先生当时已经66岁了，我们坐车的年轻人都觉得累，何况一路开着车疾驰的他。为了充分利用时间，叶先生咬牙坚持，陪我们参观完所有的客户。他那不屈的精神和非凡的人格魅力深深地感染了我们。老先生的坚韧和毅力，以及对目标的执着追求，都给我们留下了深刻的印象。此后每当我们遇到困难时，想想老先生当时的那股闯劲和拼劲，顿时就充满了力量，就会秉持着这样的信念：一切困难都不是困难，一切问题都有解，为了目标，勇往直前，永不言弃，使命必达！"夏汉关说。

行文至此，笔者突然想到了著名乐队BEYOND的一首歌《真的爱你》里的歌词："是你多么温馨的目光，教我坚毅望着前路，叮嘱我跌倒不应放弃。"的确，叶先生之于太平洋精锻，之于夏汉关，真的是一位"灯塔"级的人物，为他们照亮前路，为他们保驾护航，为他们指明方向……

"早餐课"和"袜子课"

由于夏汉关等人都是第一次去美国，也闹出了一些笑话。在纽约拜访客户时，他们住的酒店并不包含早餐，于是便和叶先生一同到酒店附近的餐馆里吃早饭。在餐馆落座后，叶先生告诉大家，他的太太将从夏威夷赶来纽约探望他，不久便会到达。叶太太有个特殊习惯，每天都会吃一根香蕉。所以叶先生说先去旁边超市买点水果，让大家先吃，不必等他。在中国文化里，当有人需要临时离开时，其他人往往会主动帮忙点好菜品，以表达对他人的关心和照顾。

但当叶先生提着水果回来后，发现自己的早餐已经被点好了，突然变得很生气："今天要给你们上一课，没有征求我的许可，你们怎么知道我喜欢吃这个东西呢？你们侵犯了我的选择权。在中国，帮别人点早餐可能司空见惯，这反映了中国人重视家庭关系、亲情和友谊的传统价值观。而在美国，这种行为并不被提倡，因为美国人通常更注重个人独立和自主。"

夏汉关等人当时感到惊讶和困惑，他们并没有恶意，只是出于好意和习惯性的行为，没想到这却引起了叶先生的反感和不满。

更令人没想到的是，除了"早餐课"，即将到来的叶太太，又给夏汉关上了一堂"袜子课"。

原来，当时对国际礼仪尚不了解的夏汉关，在西装革履的情况下，却搭配了一双白袜子。细致的叶太太发现后，委婉地说下次送他"一打"黑袜子。随后，本来暗自感慨叶太太体贴的夏汉关，意识到了其中的不合时宜。他专门去查阅了资料，才知道西方人在休闲场合，比如打高尔夫时，才会选择穿白袜子；而在商务交往中，则需要以深色西装搭配黑皮鞋和黑袜子来展现专业形象。

叶太太以巧妙的方式又给夏汉关上了一课。而这些提醒和指导，让夏汉关受益终身。他自此明白了一个道理：只有真正了解和尊重不同文化的礼仪、习惯，才能在国际舞台上获得成功。

"那个时候我们到国外去交流，没有国际礼仪方面的专业知识，也没有经过专门的训练，所以搞出不少'奇闻轶事'。"夏汉关起初笑了笑，随即表情严肃地说道，"通过一份早餐，我知道了选择权；通过一双袜子，我明白了细节的重要性。叶先生经常通过一些看似微不足道的小事，教导我们尊重不同文化和价值观，学会在多元化的环境中合作共事。这仅仅是一份早餐，假如以后因为不尊重对方的选择权,而损失了一个大订单呢?所以,这实际上都不是'小事',而是叶先生以小见大地纠正我们的一些做法,一个微不足道的细节,可能就会影响全局。"

如今,叶先生的教诲一以贯之地在太平洋精锻得到了继承和发扬,他们与国际同行不断交流,了解他们的技术和市场策略。他们关注行业发展趋势和工艺创新,努力跟上世界的步伐。他们学习借鉴同行的先进经验和管理模式,找出自己的优势和劣势,制定切实可行的发展策略——可以说,这都是太平洋精锻后期取得成功、高歌猛进的原因所在。

"不打不相识":结缘"你期待"

笔者翻阅中国锻压协会的历年大事记发现,1997年5月,该书记录了这么一件事:第二届中国国际锻造会议在北京西苑饭店举行,此次会议的主题是"中国锻造业面临的挑战——市场、竞争、效益",吸引了来自欧、美、亚三大洲锻造行业的专家和企业家们参加。来自美国、瑞士、日本、德国、意大利的业内大咖纷纷发表了演讲,他们分享了各自企业的先进技术和管理经验。

其中,有一个演讲引人注目:日本"你期待"公司杨国彬介绍日本最新精密锻造工艺。

"你期待"公司,是日本著名的精密锻造模具制造商"你期待"株式会社。"你期待"这个颇为有趣的名字,源于它的英文名字"NICHIDAI","你期待"是这个英文名的完美谐音。

"你期待"公司在太平洋精锻历史上扮演了重要角色,可以说是他们的关键引路人。而"你期待"公司上海代表处首席代表杨国彬博士,这位为中日锻造行业友好交往做出特别贡献的重要人物,可谓是夏汉关的"贵人"。

"20世纪90年代中后期,是太平洋精锻最困难的时期,但即便如此,我们也没有封闭自己，而是选择走出去，去参访世界上做到行业中最主流的企业。其中，日本的'你期待'株式会社就是一家非常出色的企业，通过与他们的不断合作与交流，我们收获颇丰。太平洋精锻从一开始的齿轮模具设备还比较落后，到2000年之后就已经具备完全自主生产模具的能力。这离不开去'你期待'的参访学习，和'你期待'怀着生态共生理念的不吝赐教。"夏汉关如是说。

而夏汉关与创立于1959年的"你期待"公司的结缘，还源于一次尴尬的"模仿"。

从1990年开始，"你期待"株式会社的负责人田中先生，便感知到了中国市场吹来的春风。彼时，每年都有好几拨来自中国的同行，到他们公司交流取经。这些来访者，为田中先生打开了一扇了解中国市场潜力的大门，短短几年间，中国市场的活力和发展速度，让此前对中国市场一无所知的他，很快认定汽车配套产业的未来就在这里。因此，"你期待"株式会社开始积极布局中国市场。

"当时中国的发展前景让田中先生十分感兴趣，他鼓励大家去中国的同行那里看看，以更深入地了解这个潜在市场。"杨国彬说。

1993年，中国的市场经济正处于快速发展的关键时期，这个时期对于许多企业来说，都是一个充满机遇和挑战的阶段。在此背景下，"你期待"公司也来到中国参加模具展会，寻求更多的合作机会。夏汉关则代表"合资公司"前去参会，他此行确实充满了期待。

夏汉关对于大名鼎鼎的"你期待"公司此前有所耳闻，而他万万没有想到的是，他带去参会的企业样品册，竟然就是"学先进"学来的——样品册的封面，赫然印着"你期待"公司的一张"老照片"！可能是当时"合资公司"的生产环境并不足以登上"封面"，所以营销人员便找了一张类似图片复制下来。

尴尬的场面在后面，夏汉关看到有合作机会的公司，便不遗余力地上

前介绍公司的实力。在看到"NICHIDAI"几个字母后，夏汉关更是从人群中挤出一条缝，

热情洋溢地打起了招呼。然而，"你期待"公司的工作人员并没有听说过刚刚成立一年的"太平洋精密锻造有限公司"，只是礼节性地与夏汉关握了握手，然后继续与其他人攀谈起来。

而夏汉关不管对方能否听懂，拿起手中的样品册便"话术"般地介绍起自己来，他希望给对方留下深刻印象，以便今后能够去日本实地拜访交流。突然，"你期待"公司的一位员工看出了破绽，他觉得夏汉关手中挥舞的产品册的封面，看起来很眼熟，确认无误后，便让坐在一边的杨国彬替他翻译："他们用错图片了吧，不知道的还以为是'你期待'公司的中文手册呢！这是几年前公司的一张老照片，其中的机器设备已经更新换代。"

杨国彬一直关注着这位颇富激情的中国同行，他委婉地打断夏汉关，说明了"雷同"的情况。

夏汉关一时愣住了，才明白手中样品册所配的"虚图"，就是人家公司的"实图"。虽然不是有意为之，但这次还真是遇见"李逵"了，要多尴尬有多尴尬。

面对如此局面，夏汉关有些懊悔，他原本期望通过这种方式展现公司实力，却未料"弄巧成拙"。他心中暗想："这再给对方留下不好的印象，甚至影响到今后的合作，就太不值得了。"

不过，夏汉关此前的那股激情劲儿，这位工作人员实际上已经感受到，他并未生气，反而对这家刚刚起步的中国同行企业，心生了几丝敬佩，同时也产生了兴趣。"没事儿，不用紧张，既然会有中国公司用到这张图片，这也说明我们已经名声在外了。我们也是这样过来的。"这位工作人员笑着说。尽管在翻译之前，夏汉关一句也没听懂，但他从对方的神情中，已然看懂了话里的善意和诚意。

早期，日本企业确实也在很多领域紧跟美国企业的创新步伐。当时，日

本企业在汽车制造、电子设备等领域，长期向美国企业学习先进技术和管理经验。在这个过程中，日本企业不仅学习、借鉴、吸收了美国的创新技术，还在此基础上发展出了独特的技术和产业体系。

比如，丰田、索尼、松下等企业就是在这种环境下崛起的。赫赫有名的丰田汽车，在从美国福特和通用汽车那里学习了生产管理经验后，通过实施精益生产模式，提高了生产效率，降低了成本，从而在全球市场上取得了巨大成功。

于是，起初略觉尴尬的夏汉关，瞬间恢复了坦然和自信，他诚恳地说："用了贵公司的照片实在抱歉，不过我们确实很认可贵公司。我们刚刚起步，很多东西还在摸索中，但我们对未来充满信心，因为我们有着强烈的求知欲和学习精神。这次就是想认识一下，希望双方建立友谊，为未来的合作奠定基础。如果有机会，我们非常期待能赴日本进行实地考察和交流，因为我们都在同一产业链上，相信未来会有很多合作机会。"

这番话，让"你期待"的工作人员对夏汉关更加刮目相看，他们当时就感到，这是一家极具潜力的小企业。真是"不打不相识"，一次图片的"撞车"，让双方反而更加深度地交流起来，这次意外的相遇为他们带来了意想不到的收获，两家公司之间的不解之缘就此开始。

"后来'太平洋'在'你期待'一下子就有名了，大家对夏汉关本人印象都很深刻，这为两家公司今后的合作做了很好的铺垫。"杨国彬笑着说。

可能双方当时都没想到，两家公司结缘后，友谊长存至今，他们之间密不可分的关系，已经不能用"合作"来形容。

正所谓"心随境乱，则万事皆乱；境乱心安，则一切皆安。气定则心定，心定则事圆"，在面对棘手的局面时，夏汉关并没有"走为上策"，而是巧妙地化解了尴尬，他的表态充满了诚意和决心，让人深信公司具备光明的未来——按照夏汉关的"赶公交"理论，错过了这一趟，也许就没有了下一趟，错过了这次机会，也许就永远错失了一次良机。这一次，夏汉关带领着公司及时地"上了车"。

要现金流，还是要"金刚钻"

1994年，"合资公司"从知名的日本小松公司引进了两条先进的全自动生产线，正是"你期待"公司为其提供模具。

"瑞士的冷摆辗设备还是人工操作，1分钟可能生产不了五六个零件，而小松的自动化设备，理论上1分钟可以做20~25个零件。"杨国彬说。

当时，中国汽车年产量尚在100余万辆，引进如此自动化的设备，并不多见——不，是当时根本没有，"合资公司"是国内第一家引进这一级别生产线的公司。"合资公司"取法乎上地超前引进设备，一方面是因为他们对于世界先进技术的追求；另一方面，他们可能过早地预估中国汽车产业的红利期即将来临。

夏汉关曾经说过的几个理念，反映了他的所思所想："实施技术创新必须打造一流的创新平台，只有一流的创新平台才能开发一流创新成果、育引一流人才……要使企业在行业技术创新能力上始终保持领先一步，产品技术含量上始终保持高人一筹，从而为企业持续创新发展提供源源不断的新动力。""企业家要有远见卓识，看到别人看不到的东西。今天做事，先不追求'对与错'的死理，先要决断的是'做与不做'的后果。"

"当时感觉他们的眼光非常超前，做什么都要领先于其他同行，我们就觉得这家公司和一般公司不太一样。"杨国彬说，"不过当时中国汽车市场还是没有明显的起色，大批量的自动化生产一度没有派上用场。"

"合资公司"在努力地学做高考题，而整个国内市场却还处于"小学生"的状态。

引进两条生产线后，还出现了一个小插曲，从中也可以看出"合资公司"的志存高远。

这两条自动化生产线分别用于生产差速器齿轮和车载空调齿轮,其中生产车载空调齿轮的模具,"合资公司"在1996年验收时,发现齿轮顶部的填充不够理想。同时,客户也觉得这样的产品不合格。

"合资公司"于是与"你期待"公司沟通,但日方认为,这并非不合格,而是工艺不同,一点也不影响产品的使用。

"如果采用传统的机械切削加工工艺,一块钢料经过车铣刨磨,不论是圆角还是尖角,都能精确地达到设计图纸上的尺寸。而采用锻造工艺,是依靠金属流动成型的,一个模具的边边角角,不可能填充的那么饱满,否则模具可能会因为压力过大而破裂。这就像包饺子一样,不可能把上面的弧形搞成90度。虽然这并不影响使用,但严格追究的话,确实没有达到和图纸完全相符。"杨国彬说。

双方各执一见,因此还有些不愉快。不过,因为这项合作是"交钥匙工程",强调依合同并且完整地交付。于是"你期待"公司又做了好几次改良,但依然没有达到"合资公司"的客户所期望的水平。

投资了这么多设备,经营上又有很大的压力,如果被下游客户索赔,再与供应商闹掰,"合资公司"将陷入进退两难的境地。

按理来说,日本企业对产品细节还是非常讲究的,这次分歧确实是因工艺不同造成的。

最后,经过双方反复交涉,"你期待"公司提出,无法赔偿现金,可以赔偿价值1400万日元的模具加工服务。"当时为了达成一致,我和日本同事一起往返'太平洋'好多次。日方还是比较遵守契约的,确定要赔偿,就是怎么赔偿需要协商,最后我们还担心'太平洋'会不会答应这个方案。"杨国彬回忆说。

然而,当时资金已经捉襟见肘的"合资公司",并没有强硬地继续要求现金赔偿,而是退让一步,同意照此执行。

此举不但解决了争端,反而让"你期待"公司变成了"合资公司"海外研发中心，在此后的3年时间里，"你期待"免费为他们加工了3套模具。

在开发的过程中，双方自然需要保持密切的沟通和交流，对"合资公司"团队来说，这是绝好的学习机会，可以学到更多的知识和技能。这与赔偿现金"两清"相比，孰轻孰重，不言自明。

可以说，"合资公司"是"因祸得福"，他们在技术层面有了突飞猛进的提升，为其未来的自主创新奠定了坚实的基础。

要1400万日元（约合85万人民币），还是要交流学习；要眼下的现金流，还是要未来的"金刚钻"，"合资公司"做出了最为正确的选择。

供给农用车：从"低端"做起

起初，"合资公司"的定位目标就是要做汽车齿轮，根本不考虑摩托车和农用车的配件产品，然而，事情并不总是如人所愿……

当年，太平洋精锻成立的时候，差速器齿轮市场已经牢牢被国外企业占据，回忆起当初和国外的差距，夏汉关记忆犹新。"我们整条生产线的装备不太好，这是硬件；软件方面，齿轮的冷温锻精密成形理论，齿轮修形制作理论，基本上我们国内是空白的，精锻的齿轮只能用在农用汽车上面。"——《焦点访谈》的报道，直接说出了问题的根源。

一个小小的差速器，看似不起眼，可能对许多人来说都是个陌生的词汇，然而，如果缺少了这个小小的部件，汽车在转弯时就会出现各种麻烦，比如空转、打滑等问题，如果稳定性极差，甚至还可能导致翻车等严重后果。

大家知道，圆的半径越大，周长也就越长。当汽车在拐弯时，内侧和外侧车轮所走过的路径长度并不相同。如果两只轮子能够自由转动，那自然没问题。但当它们要共享同一个驱动力，并且还要保持同样的转速，那么顺利地完成拐弯或者应对复杂路况，就变得困难起来。

差速器的出现，成功解决了这一问题。通过多重齿轮、传动轴的配合，差速器能够使各个驱动轮以不同转速转动。

如此重要的差速器，对精度、品质要求非常高，同时，与传统的圆柱形齿轮切削加工方式不同，锥齿轮的制造主要依靠精密锻造技术，它具有许多显著优势，然而，这也对模具设计、生产工艺以及自动化水平提出了更高的要求。

了解了这个背景，就不难理解为何当时欧美、日本等国的企业，长期垄断着全球差速器齿轮市场。

"当时国内的锻造技术尚未成熟，无法满足汽车的配套需求，一线工人对关键技术、生产过程、设备工艺等都非常生疏。此外，冷锻技术在国内的应用还在试水阶段，仅有少数企业能够进行一些简单的零件制造。"秦钧如是说。

而赵红军则从另一个角度说明了只好从"低端"做起的缘由。"1990年代初期，国内汽车市场规模太有限了，当时能有一辆桑塔纳轿车就相当引人注目，甚至是一种地位的象征，普通人能够拥有一辆桑塔纳简直是一种遥不可及的梦想。有时去客户那里洽谈项目，我们甚至还专门去借一辆桑塔纳，来装点门面。"

以上种种原因，造成"合资公司"在成立初期，不得不依靠生产摩托车用启动棘轮和农用车齿轮，来维持发展。

太平洋精锻质量总监贾建平提起那段艰苦岁月，仍历历在目。他从一个微观的视角，还原了那段时期的艰难。1992年，学机械专业的贾建平和其他五六十名员工一起进入公司接受统一培训。在培训结束后，他们参加了统一的考试，然后被分配到不同的车间实习。

1993年底，"合资公司"接到了历史上的第一个订单——为江苏句容金猴农用车生产齿轮。对于当时的"合资公司"来说，这个订单可谓是雪中送炭。用贾建平的话形容，就是"来了订单就像饥饿的人看到面包一样"；"那时候公司好不容易有个订单，偶尔有个产品来开发一下，可能做一下就完成了。所以我们每天都盼望着能开发新的客户和订单，好有产品去做。"

在"合资公司"成立初期，工人们的主要工作是接受培训，基本没有实质性的操作。这使得具备一定实操技术的贾建平有些无所适从，"我们在那干活，还有一大帮人在看我们干活。"

因此，在贾建平和另外两位师傅被抽调至"金猴农用车"这个紧急项目后，他们都有些迫不及待。

不过，凡事"事缓则圆"，一着急就容易出事情。因为这款齿轮不容易在机床上固定，并且外缘不规则，走刀量难以把握，导致齿轮时不时会旋转着"飞蹦"出来。为了赶工期，加上当时整体的防护意识都不强，一个高速飞转的齿轮，竟然直接"砸"向了贾建平的手臂，他的手臂被划出了5厘米长的伤口。"同事们带着我紧急去医务室包扎，止血后还是继续上岗，当时根本就不考虑那么多，因为订单很'珍贵'，工期又不等人。"贾建平说。

如今，贾建平手臂上的那道伤疤依然清晰可见。这道伤疤，也是太平洋精锻发展历程的一个历史见证，它见证了太平洋精锻从无到有、逐步壮大的过程。

正因为市场先行者在新兴领域中承担着探索和创新的重任，因此他们通常面临着更多的挑战和风险。在这个过程中，他们需要不断地试错、学习和改进，以便更好地适应市场的变化和需求。这也意味着，在国内没有可借鉴的成熟经验的背景下，刚刚萌生出来的"合资公司"的每一趟路，都是一次试水，甚至，可能是一场冒险……

从"闭门羹"到敞开大门：切入微型车市场

成功打入江淮汽车的供应链，是"合资公司"发展史上的经典一役，也是关键一步，这一合作使他们从农用车辆的供应领域跨越至轻型汽车供应领域，并且起到了极好的示范作用，具有里程碑式的意义。

1994年，"合资公司"就在业内率先从瑞士引进了冷摆辗成形工艺及装备，凭借这一当时在国内独一无二的技术，他们成功地研发出了汽车差速器锥齿轮。但公司面临着巨大的财务压力，急需将产品推向市场以缓解资金短缺的困境。

不过，当时中国汽车产业还处于"小步慢走"的阶段，年产量仅超过100万辆，即便加上农用车，年产量也未必能够达到300万辆。因此，即便"合资公司"的冷锻加工工艺在国内绝无仅有，但他们的产品依然遇冷。

对此，太平洋精锻工会主席沙风喜说出了背后的原因："在那个时候，我们几乎没有机会与汽车生产企业合作，因为它们大多是从国外进口CKD（全散件组装）零件。在国内组装的汽车中，关键零部件很少是由国内厂家生产的，如变速箱、差速器和发动机等，基本上都是从海外进口的，德日美韩等国的企业垄断了这些产品。因此，我们很难进入这个市场。"

而当时分管销售业务的夏汉关觉得，产品销售给农用车只能解决温饱问题，从长远考虑，必须切入汽车市场。其中的第一步，是打入轻型汽车领域。因此，他指导销售团队对全国范围内的潜在客户进行全面梳理，并且进行分工，锁定目标客户后，撒网般出去走一趟，逐一拜访并推介。

当时是营销科副科长的沙风喜分到了南片区（即江苏以南）这一组，眼看着生产出来的产品销售不出去，这位"销售老兵"也很着急——用他自己的话说，就是"热血沸腾"。做了一番功课后，他和同事决定去江西昌河、奇瑞汽车、合肥汽车制造厂等企业上门推销。

没想到的是，沙风喜等人竟然连这些企业的门都进不去！

彼时，中国的汽车工业还不是很发达，制造汽车的企业多有军工性质，有的在生产汽车的同时，还生产直升机，甚至还造坦克。所以，要想进这些企业的门，显然不是容易的事——要么有熟人，要么有介绍信。

费尽周折让公司开来介绍信的沙风喜，终于进入位于景德镇的"江西昌河汽车公司"的厂区，没想到被一句话回绝了：我们的整车在这里组装，但配件都在陕西铜川。并给了一个地址：陕西铜川二号信箱。

这个"神秘"的地址，显然也是一家军工企业。

了解到这个情况后，沙风喜便前往当地邮电局排长队，打电话给正在北片区(江苏以北)带队跑业务的夏汉关。夏汉关得知"二号信箱"这个地址后，与销售科长钱文双一起来到陕西铜川反复询问，方才找到"陕西省东风机械厂"，并与这家企业的设计部门做了详谈。

"一边是还没啥名气的'小厂'，一边是有着军工背景的大厂，两相悬殊，不要说走到企业里面，就是敲开人家的大门都不可能，更谈不上见经理、技术员和业务厂长一面了。"沙风喜回忆说。

随后，沙风喜立即从景德镇赶赴安徽合肥，此前，他打听到，江淮汽车的"后桥"是由其子公司合肥汽车制造厂生产的，他意识到这是推销汽车差速器锥齿轮的重要目标。

但沙风喜依然吃了"闭门羹"，这次连介绍信都不管用，没有熟人的介绍，根本别想进厂门。

无奈之下，沙风喜决定先回公司，过几天再来。但即便后来沙风喜多次前往，甚至专门等保安换人后再去尝试，也无济于事。"业内不知企业的名字，产品没有行家的点赞，销售没有大腕的引荐，虽然我们多次前往和多方努力，也只能把无功而返的遭遇复制一遍，甚至连进入厂区交流的小小请求都得不到满足。"沙风喜一连用几个排比句，说出了当时的无奈。

然而，四处碰壁后就要放弃吗？沙风喜绝不肯"求售无门"后就"失望而归"，面对这为数不多的目标客户，攻坚战不行，那就打持久战。

于是，沙风喜决定在距离合肥汽车制造厂最近的一家私人旅馆安顿下来，因为他觉得江淮汽车全国各地的供应商可能会住在这里，说不定就能搜集到一些有用的"情报"。

被誉为经营之圣的稻盛和夫曾经说过：面对难题，"这也不行，那也不行",正在苦恼烦闷、陷入绝境时,如同神的恩赐一样,突然获得解决问题的灵感。我把这称作为"神对我说的悄悄话"。在我的人生中,有过好几次,当我困顿烦恼、计穷策尽时,神灵或自然向我伸出了援助之手。我的理解是,在困难的状况中,如果能咬紧牙关,持续付出不亚于任何人的努力,这种顽强的态度就会感动神灵,因而赐给了我们意料之外的解决问题的启示和灵感。

也许正是沙风喜"顽强的态度",让他有如神助般地得到一消息:这个小旅馆竟然是合肥汽车制造厂的一位退休工程师开办的。

真是天无绝人之路,沙风喜没事儿就找退休工程师聊天,很快就熟络起来。听到沙风喜屡次碰壁的经历后,这位退休工程师说道:"江淮这类企业都有专门的配套体系,比如兵器工业内部的工厂,体系外面的小企业肯定是很难进入的。你说你是去推销的,门卫肯定不会让你进门。看着你挺实诚的,你们的工艺也确实挺先进,这样吧,我找机会带你去见厂里的技术负责人戴勤发,他是清华大学的高才生,是一位很有专业技术素养的高层次人才,但很平易近人,用不用你们的产品,他可以一锤定音。"

沙风喜喜出望外,连忙称谢。于是他在这位退休工程师的引荐下,顺利通过了层层关卡,见到了戴勤发本人,并如愿以偿地介绍起"合资公司"的冷锻工艺。

听着沙风喜的介绍,戴勤发仔细研究了他带来的设计图纸,以及汽车差速器锥齿轮的实物,显得十分兴奋。因为他之前只听说欧洲国家能够采用冷锻工艺加工锥齿轮,而在国内,汽车差速器锥齿轮的生产几乎完全依赖传统的切削加工和热模锻加工。

不过,戴勤发的这一问,戳中了"合资公司"的软肋:"你们引进这么先进的锻造技术有几年时间了,目前国内哪个汽车品牌用了你们的产品?"

但,还没有人第一个吃螃蟹。

在得知这款产品在国内还无人问津时,沙风喜明显感觉到戴勤发开始有些疑虑,他连忙说:"正因为国内之前还没有这项技术,我们才来找您,希望江淮的汽车上能够第一个搭载这样的好产品。您如果还不太放心，我们诚挚邀请您到我们公司进行实地考察。"在沙风喜的再三请求下，戴勤发终于同意与江淮汽车集团的总工程师和总装厂工艺负责人进行沟通——至少还有机会，沙风喜一直紧绷的心弦稍稍松弛了一些。

其实，戴勤发之所以给"合资公司"留有一线生机，一方面是因为他看好这项工艺的前景，另一方面，他也正在为江淮旗下一款产品迟迟不能通过当时机械工业部的优质产品验收而烦恼。那就是合肥汽车制造厂为"江淮汽车五十铃"生产的差速器总成，总存在"后桥"异响的问题，这直接导致屡次验收的失败，同时也影响到了江淮的品牌形象和市场竞争力。

得知这一消息后，夏汉关立即赶赴合肥汽车制造厂，再次向戴勤发详细介绍了冷锻技术的优势——具有更高的精度、更低的噪声以及更加顺畅的平稳度，相信可以解决"江淮汽车五十铃"的异响问题。夏汉关主动请缨，协助合肥汽车制造厂进行技术攻关，这让戴勤发颇感欣慰。

几个月后，江淮汽车集团同意试用"合资公司"的产品，为他们开发江淮汽车五十铃NPR行星半轴齿轮，同时要求进行反复试验。

"毕竟是第一家使用，江淮汽车也寄予厚望，所以他们要求进行破坏性试验，同时进行化学成分的分析。我送去了6套样品，他们把这些样品安装在了内部物流运转的卡车和中巴车上，随后，戴总工就定期跟进，向司机们了解驾驶体验和感受。这些司机当时就反馈很稳定，噪声也比较小，戴总工心里就有数了。使用一段时间后，他们又将齿轮拆卸下来，察看磨损程度，结果显示没有任何问题。"沙风喜说。

江淮汽车集团的研究院也对"合资公司"的行星半轴齿轮进行了多项化验，检测报告证明，完全符合要求。

这样的试验进行了近半年时间，期间，夏汉关带着团队全力配合，不断调试，在合肥和姜堰之间来回跑了不下20次。功夫不负有心人，1996年初，"合资公司"如约向合肥汽车制造厂交付了产品，并且确保了一次装配成功,顺利通过了耐磨和抗疲劳试验等各项验收。

江淮汽车五十铃系列轻型载货车和轻型客车长期存在的差速器异响问题,如愿以偿地得到了解决,同时,齿轮强度不高的潜在问题也得以改进。随后,面貌一新的"江淮汽车五十铃"被机械工业部评为了"优秀产品"——当时的"部优""国优",是企业产品的至高追求。

合肥汽车制造厂时任厂长缪仁刚及戴勤发为此受到了江淮汽车集团的表彰,他们在职工大会上回顾了与"合资公司"合作的详细过程,并建议给予沙风喜江淮汽车集团"荣誉职工"的褒奖——这对"合资公司"来说,是莫大的鼓励。

由此,"合资公司"成功打入了江淮汽车集团的供应链体系,他们研发的冷锻差速器锥齿轮也顺理成章地成为江淮汽车开发新车型的指定产品。

这次"没有机会也要创造机会"的合作,具有举足轻重的历史意义,它标志着"合资公司"的市场从农用车领域升级至轻型汽车领域。

万事开头难,有了江淮汽车的背书,"合资公司"的销售团队攻城略地般拿下了江铃汽车、庆铃汽车、一汽小解放、江西昌河、奇瑞汽车等客户,这些当时门都难进的大企业,终于向"合资公司"敞开了合作的大门。

而当"合资公司"几经辗转终于找到陕西省东风机械厂,夏汉关将他们生产的齿轮样品交给对方配套处高处长后,却引起了对方的怀疑:这不是国产的,而是冒用的进口产品。

即便夏汉关再三解释,对方仍然将信将疑,甚至第二天便派人随夏汉关一起来到了"合资公司"的生产车间,一探这样一款与进口产品相媲美的齿轮究竟是怎样生产出来的。随后,陕西省东风机械厂成为"合资公司"的第一个微型车车桥差速器锥齿轮配套客户。

"这家企业当时用的是日本进口的CKD零件,在对我们的产品进行各种检验、装配后,他们甚至认为比日本进口的还要好,由于之前并不知道国内有能力生产出这样的产品,所以就产生了怀疑。"赵红军笑着回忆说,"但这也一下子增强了我们的信心,证明我们生产的齿轮的品质还是非常高的。首先我们的设备是当时国内最先进的,模具也是日本制造的,只要生产过程规范,品质没有理由不好。"

由此,"合资公司"的合作范围得以充分扩展,成功地进入了一个更具潜力的市场,并且获得了更多的资源和支持。

回忆起这段经历,沙风喜称之为一场"推销的马拉松",同时还特意撰写了一段"打油诗"般的文字来记录:一年四季在外奔波,早早晚晚风雨兼程;吃过无数次闭门羹,见过好多张冷面孔;沿途宣讲口干舌燥,急走紧赶饥肠辘辘;蜷缩旅店辗转反侧,遥望家门牵肠挂肚……

"如果拥有强烈的热情和激情,那么不管是睡着还是醒着,从早到晚,整天都会冥思苦想。这样一来,愿望就会渗透到潜意识,在不知不觉中朝着实现这个愿望的方向前进,让一个人走向成功——这是稻盛和夫先生的话,我们在整个发展历程中,就是这么做的,千方百计地达成目标,否则,根本坚持不到今天。"夏汉关说。

拿下"神车"夏利:攻入轿车市场

在1990年代,夏利轿车风靡一时,凭借卓越的稳定性、经济性和低廉的价格,它成为中低端乘用车市场的霸主。在北京等大城市,夏利出租车随处可见,特别是在上下班高峰期,红色两厢夏利出租车一度占据了半壁江山。可以说,在整个1990年代,夏利成为了出租车的代名词。

在此之前,北京的出租车多为黄色的"大发"面包车。随着夏利的加入,市场上出现了一种新的组合,被戏称为"番茄炒鸡蛋"。为进入这两款"神车"的供应链,"合资公司"当时下了不少功夫。

其中,进入夏利供应体系,更富有进阶的意义。此前,"合资公司"的产品,都还用在农用车、轻卡、微型面包车上,未能进入轿车业务。

1998年，夏汉关意识到，要想在轿车市场上崭露头角，提升客户层次至关重要。于是，他将目光投向了当时保有量极高的夏利汽车。

于是，夏汉关和时任技术部部长董义等人一同前往人生地不熟的天津杨柳青镇。

天津夏利的采购主管接待了他们，但这位主管似乎对国产化并不感兴趣。"当时的夏利汽车售价高达十几万元，他们的生活过得非常滋润，根本没想到进行国产化，齿轮都是从日本进口的，即便这样成本很高，他们也不太在乎。另外这位主管可能对冷锻技术也不是很懂，所以就感觉有些话不投机。"董义回忆说。

随后，天津夏利一位分管技术的副总闻讯赶到，如果你们愿意等的话，那就下午两点继续交流。"

由于彼此并不熟悉，人家也没有"管饭"的意思，夏汉关等人只好到厂区门口的一家小饭店简单吃了点饭。当时正值冬天，正午的太阳难得一晒，小饭店也有闭门谢客的意思。夏汉关便提议坐到厂区门口的路牙上，边晒太阳，边商讨接下来的对策。

夏汉关说道："别看我们现在挺寒酸的，我们做的业务好像得求着人家，将来总会有一天，他们会主动找上门来。"

"当时夏总就和大家畅想未来，他表现得极其乐观，并说我们一直没有轿车业务，假如这次突破成功了，就更上一层楼了，将来公司就更加有希望了。我们来一起努力，一起见证历史。"董义回忆道，夏汉关的话语充满了信心和激情，这种乐观的态度也感染了每一个人，大家都对公司的未来充满期待。至今，董义的脑海里经常浮现起当时的画面，几个人坐在路边并不干净的路牙上，有说有笑地憧憬着美好的未来，一切受挫的痛苦，被冷落的感觉，在这一刻都变得微不足道，取而代之的是一股强烈的动力。

到了下午，志在必得的夏汉关表现出了极大的真诚，除了介绍产品的优势和特色外，他还推心置腹地说："将这些配件国产化是我们的饭碗，对贵公司来说也是降本的机会，也许这点成本对你们不算什么，但对我们来说却是进一步升级的重大事件。我们不可能长期依赖进口，否则国家发展就会停滞不前，请扶持一下产业链的小伙伴，打造一个共同进步的生态链。"

听了这些话，技术副总田国庆被打动了，同是搞技术的人，他对此有着强烈的共鸣：寄人篱下永无出头之日。于是，他决定让"合资公司"一试身手，尝试进行配套业务。几个人欢欣鼓舞，满怀信心地迈出了天津夏利公司的大门，彼此击掌相庆。

随后，"合资公司"迅速展开专项开发，不久便为天津夏利制造出了优质的差速器齿轮，并且一次性成功配套。

"神车"夏利成为使用"合资公司"产品的第一款轿车，天津夏利在1999年也成为他们的第一大客户。这具有划时代的意义，标志着"合资公司"在中国汽车制造业的布局迈出了重要的一步。踩着农用车、轻卡、微型车的台阶，他们终于将触角延伸到了附加值更高的轿车领域。

夏汉关和同事们一起见证了公司的突破性发展，而这一切，都源于那个冬日午后的"路牙会议"，那个充满阳光和希望的地方。

第3章

痛定 变革求生

毫无退路：从800万到1个亿 055
孤勇者：谁说污泥满身的不算英雄 057
悬崖边缘，从合资变为独资 058
至暗时刻：一切似乎成了"死结" 062
接手"烂摊子"：必须按我的套路来 065
扭转乾坤的"管理改革二十条" 068
连"皇亲国戚"都敢动，还有什么不能改的 072
天下大事，必作于细 074
吃干榨净，变废为宝 077
十字路口上…… 079
临危受命：夏汉关扛起重担 082

毫无退路：从800万到1个亿

从最初投资800万元启动冷摆辗项目，短短几年间，"合资公司"总投资额已迅速攀升至5000多万元。这期间，在数次技术改造下，"合资公司"的产品实现了多次升级换代，从开始生产摩托车用启动棘轮和农用车、微型车用锥齿轮，升级到可以为轿车提供配套。

虽受制于自身产品品质与国际一流企业产品的差距，以及中国汽车产业尚未出现突破性发展，"合资公司"几年间并没有盈利，但在夏汉关的努力下，公司在资金方面仍可维持运转。尤其是夏汉关竭力申请下来的外汇贷款，以及政府财政给予的贴息补偿，这都大大降低了"合资公司"的财务压力。期间，"合资公司"遇到过购买钢材却没有资金的困境，但也被夏汉关的一招巧妙化解。

彼时，正逢国有企业在进行各种改革，钢材市场呈现出紧俏的状态，有钱也不一定能买得到，甚至还需要找关系"批条子"。当时的上海钢铁五厂，正想借机将自己的产业链延伸拓展，即将钢材加工为成品再对外销售。

得知这一情况后，夏汉关主动与上海钢铁五厂取得了联系，说明情况后，对方派总工程师来到姜堰。夏汉关带着这位总工程师参观了"合资公司"的生产线，并对技术工艺做了详尽的介绍。

这位总工程师很快产生了兴趣："你们公司很有潜力，而且和我们的产业高度相关，钢材切断以后，在模具里面经过加工成型就把齿轮生产出来了。"

于是，经过进一步沟通，上海钢铁五厂决定给"合资公司"投资价值1000万元的钢材3000多吨，双方深度合作。

如此，有了钢材的合资公司又活血化瘀般获得了充沛的原材料采购所需流动资金。

但不久,"合资公司"的现金流出现了较大问题。一方面,当时的贷款期限多是5年期,所以到了1997年银行贷款纷纷到期。另一方面,亚洲经济危机不可避免地冲击了中国经济,"合资公司"自然也被裹挟其中。

虽然当时我国还未放开金融市场,避免了国际金融大鳄的直接攻击,但是当时我国经济的对外开放程度已经较高,东亚经济的恶化首先对我国的外贸和外资领域造成严重影响,不少产品出现过剩,而国内需求不振,失业人员骤增,企业周转困难,社会上形成严重的三角债,很多企业被拖垮。加上正逢国有企业改革,大量国企职工下岗分流,内忧外患之下,当时的中国经济出现了较大的震荡。

羽翼未丰的"合资公司",也遭遇了内忧外患。

"当时公司经营已出现了很大的问题,不是大家不努力,而是大环境使然,中国汽车市场还处于缓慢增长的阶段,那时候私家车很少,市场容量很小,导致需求不足。'合资公司'的投资项目日益复杂且规模不断扩大,技术含量也随之提高。然而,公司的产品开发能力并未能满足外资品牌国产化的要求。而我们的技术也没有完全掌握到位,无法满足对外贸易的需求,国内销售市场开拓也不是很顺利。所以只见投入,不见成效,自身造血出现了问题,内忧外患交织在一起,导致公司长期处于亏损状态,直至资金链发生断裂。"夏汉关从外部和内部两个方面,分析了当时出现危机的原因所在。

而走先进技术开发路线,是一条不归路,意味着小投入后面还有意想不到的大投入。直至后期,"合资公司"一共投资了约1亿元人民币。

"起初,我们引进了锻压设备,但随后意识到还需要模具设备和机加工设备。为了提高产品的耐磨性和韧性,我们还需配置热处理设备。锻造的上下游一条龙设备都需要配置齐全,才能生产出过硬的产品。在这个过程中,我们不得不投入大量资金购买这些先进设备,都属于重资产,可以说入不敷出。因此,公司一直处于亏损状态。"赵红军说,"如今回想起来,当初20倍于营收的投资或许略显激进,但既然选择了零配件国产化的道路,就只能勇往直前了，根本没有退路。"

孤勇者：谁说污泥满身的不算英雄

1998年，"合资公司"在引入第三台冷摆辗设备时，已经处于资不抵债的状态。但为了扩大生产并为更多车企提供配套服务，它们依然投入巨资买下了设备。购买设备的资金，叶先生支持了不少。

当时处境之艰难，通过下面的故事可见一斑。

谁也难以预料，由于市场持续低迷，拥有世界尖端设备的"合资公司"在支付设备维修费用时，竟然还得依靠一个一个农用车齿轮的"零售资金"，方能凑齐。

设备在使用期间，难免会出现问题，当时让瑞士SCHMID公司的技术人员维修，每次都需要十几万元。

1998年，"合资公司"正在赶一批"急货"，偏巧设备出现了大问题，需要请外援。而"合资公司"手头根本没有这么多钱，更为棘手的是，由于拖欠银行的资金，它们的对公账户已经处于"被关注"的状态，这意味着只要有资金进来，马上就将被银行划走。又要给SCHMID公司支付维修费，又不能走对公账户，这一下成了两难。

不过，再困难，手上的"武器"总得修好，保证生产的进行，才能有继续造血的可能性。于是，夏汉关请SCHMID公司的技术人员无论如何先修好设备，费用的问题他们努力想办法解决。

万不得已下，"合资公司"只好面向农用车市场展开了"地推"服务。也就是在山东、安徽等农用车保有量较大的地区，他们的销售人员撒网般拿着农用车齿轮配件，寻找汽配修理部——大部分农用车出现故障，都会去这些地方维修。

当时，销售队伍几乎跑遍了这些地区的每一个乡镇，看见汽配修理部就去询问，需不需要齿轮。当时有汽修部老板还纳闷，这家公司的服务怎么这样贴心，直接给的厂家直供价，还送货上门。

"这些汽配修理部显然不会囤货，但哪怕只需要一个，都可以卖给你，只要给现金。甚至可以先把产品放在那里，等过一阵有人使用了再去回收现金。"回忆起这段经历，太平洋精锻设备总监黄辉充满了感慨。

靠着这样的"终端业务"，"合资公司"终于攒够了有零有整的十几万元的维修费。当夏汉关把几个鼓鼓囊囊装满"零钱"的信封，交给SCHMID公司的技术人员时，他们很是吃惊，没想到用着世界最先进设备的公司，竟然艰难到如此地步——而这，确实是现实。

不过，黄辉在述说这段经历的同时，还说了一个细节，即便在当时那么困难的情况下，公司依然派他和同事前往俄罗斯的锻造设备企业学习。这个钱，则是借来的。

两件事放在一起，就很说明问题：即便面临再大的困难，"合资公司"也要用世界最先进的设备，这样才有可能生产出最优秀的产品；即便再揭不开锅，他们也要定期去世界最杰出的同行处充电，这样才有可能培养出最优秀的人才。

这么看，"合资公司"很像一位孤勇者——"谁说污泥满身的不算英雄，谁说站在光里的才算英雄"。

悬崖边缘，从合资变为独资

持续的高投入，却不能"立竿见影"，无疑给"合资公司"带来了沉重的财务压力，最终导致出现流动性危机。

后来，太平洋精锻的招股说明书也描述了当时的困境："1992年至1998年期间，由于公司投资项目技术含量高，投资规模大，建设周期长，高负债经营，而当时中国汽车行业产量不大、发展缓慢，公司产品的市场需求不旺,公司一直处于亏损状态,企业经营十分困难。"

同时,"招股说明书"从四个维度,进一步进行了分析。

第一,当时中国汽车工业发展缓慢,1992年,汽车产量约106万辆,到1998年还不足200万辆,公司成立时产品的主要目标车型微型面包车产量更少,市场局面打不开,投入产出比不高,至1998年,公司年销售额仅2374万元,销售费用很高,经营十分困难。第二,公司成立以前,合营双方从未从事过精密锻造业务,在较长时期里公司未完全掌握模具制造、精密成形工艺技术和高精度齿轮制造技术,产品精度不高,仅能配套微型汽车,质量水平难以达到轿车配套要求,生产规模小,供货能力不足,当时国内轿车企业的齿轮等关键零部件采购主要靠进口,公司很难打入收益较高的轿车市场,影响了市场拓展和经营效益。第三,由于企业投资总额大(设立时合同总投资额为400万美元。1996年3月,合营双方变更合资经营合同,总投资额变更为980万美元),除股东缴纳的注册资本外,需大量向银行举债,财务费用较高;第四,管理水平较低,运作不规范,管理成本高。

银行贷款陆续到期,新的贷款却又借不出来。所以"合资公司"只能想尽办法,比如拆了东墙补西墙,比如"短贷长投",以期渡过难关。但即便还了以前的债务,新的债务又如一座无形的大山压了过来,一时看不到未来。资金问题导致生产经营陷入瘫痪,员工们心中充满了忧虑和恐慌。在这个风雨飘摇的时刻,"合资公司"似乎已经走到了生死存亡的十字路口。

可以说,由于市场、产品、成本、费用、管理等多方面原因,"合资公司"到1998年已经极度困难,偿债压力巨大,融资能力丧失,经营难以为继,濒临破产边缘。

在那个时刻,"合资公司"就像一个将要坠海的人,一只手扒在悬崖边缘,岌岌可危。太平洋精锻的招股说明书告诉了我们一个确切的亏损数字："截至1998年4月30日，公司累计亏损达3158.49万元人民币，银行借款余额6422.12万元，加上应付工资等其他应付款项，负债总额为9845.24万元，净资产仅为466.14万元，资产负债率高达95.48%。公司的偿债压力很大，且受行业环境的影响，公司的经营情况短期内难以改观。"

资产负债率高达95.48%，这一数字充分说明了凶险程度。眼看着公司要"黄"，但可以宣告破产吗？

答案是否定的。当时还没有正式的破产法，而且，在"合资公司"发展的过程中，当地政府和工业经济主管部门都给予了大力支持，主管领导也对"合资公司"的未来寄予厚望，已然投入了这么多，如果此刻选择放弃，岂不是太可惜！

因此，在只有两条路可选的情况下，要么关门，要么调整公司股东进一步增资，当时压力极大的"合资公司"管理层和地方主管领导，都不约而同地选择了后者。

彼时，国家政策鼓励加大开放力度以解决国有企业困难，地方政府也鼓励企业改制。"合资公司"当时最大的困难是负债金额巨大，急需发展资金，但由于公司已经丧失融资能力，控股股东泰县粉末冶金厂又无能力给"合资公司"注入资金。在此情况下，当地政府意识到公司起死回生的唯一机会是由外方股东全面接管公司，由其追加投资并改善公司管理。

那么，作为外资代表的叶先生，是否会继续投入资金，以挽救公司于危难之际呢？

事实上，在1996年9月，叶先生就曾经以进口设备投入进行过增资。太平洋精锻的招股说明书显示：

1996年1月11日，经董事会决议，公司注册资本由210万美元变更为500万美元，由现有股东同比例增资，即：粉末冶金厂增资217.5万美元，以厂房、设备投入；美国檀岛公司增资72.5万美元，以进口设备投入。

1996年9月9日，江苏姜堰会计师事务所出具《验资报告》，审验结果为：①粉末冶金厂于1996年9月9日，以机器设备1台、房屋3450平方米，作价217.5万美元增资投入。②美国檀岛公司投入进口设备价值为78.197675万美元，超出72.5万美元增资部分作为公司对美国檀岛公司的应付款项。

1997年时，主管部门就找过叶先生，询问他是否有意向继续增持股份，将"合资公司"转变为外商独资企业。

叶先生表态说："如果不增持，之前的投入都打水漂了，所有的努力都付诸东流。我为这家公司付出了大量心血，实在不忍心看着它关门。公司在发展方向上没有任何的问题，只是需要等待发展的时机。所以，原则上我是同意增持的。"

毫无疑问，尽管面临着诸多挑战和未知因素，叶先生依旧对"合资公司"的未来充满信心，他坚信这只是时间的问题。

随后，当时的姜堰镇人民政府与叶先生历经了多次谈判后，叶先生同意美国檀岛公司受让中方的股权，并向公司追加投资60万美元。

"为挽救公司，经多方协商并经上级人民政府批准，姜堰镇人民政府决定将中方拥有的75%股权(土地使用权除外)转让给外方美国檀岛公司，公司成为外商独资企业，承担原合资公司的所有债权债务，承担和保障原合资企业的所有人员包括在职、退休等人员应享受的合法权益和工资劳保等福利、承担被征地农民的失地补偿安置义务。考虑到公司已经濒临破产，公司还将承担职工和被征地农民的安置义务，除无偿收回公司的土地使用权外，姜堰镇人民政府和粉末冶金厂未再另外向美国檀岛公司提出股权转让对价要求。"太平洋精锻的招股说明书如此记录这一段历史。

股权转让工作紧锣密鼓地推进着：1998年4月12日，"合资公司"董事会正式作出决议，同意中方股东将持有公司75%股权转让给外方股东美国檀岛公司；1998年5月20日，粉末冶金厂和美国檀岛公司签署了《股权转让协议》；1998年6月11日，美国檀岛公司汇入追加投资60万美元。

自此，公司也有了新名字："江苏太平洋精密锻造有限公司"(以下简称太平洋精锻），正式成为外商独资企业，一个新的历史阶段开始了。

　　回美国前夕，叶先生召集太平洋精锻所有中层以上管理人员开了一次会，其中，叶先生的一番话让在场的每个人都深受感动，也给时任质保部副部长贾建平留下了极为深刻的印象："叶先生当时提到，他在投资这家工厂时并没有考虑任何回报，如果把太平洋精锻看做是一块地，他现在买下了这块地，并把它变成一个农场，然后转交给我们，让我们自己去耕种。不说别的，至少打的粮食能够养活自己吧——意思是我们都要努力，至少能够自给自足，他不求任何回报，只希望我们能够共同成长。"

　　叶先生的增资，将太平洋精锻从悬崖边拉了回来，为其带来了一线生机。但公司能如他所愿，扭转困局吗？一切还都是未知数。

至暗时刻：一切似乎成了"死结"

　　在增资后，公司已经100%属于叶先生，他完全有权利调整管理团队，安排自己的"人马"。但事实上，叶先生自始至终都没有安插"亲信"进入公司，只是每年派遣美国的会计师到公司做一次审计。

　　作为一位充满爱国情怀的企业家，叶先生坚信在中国的企业应由中国人自己来经营。他相信公司拥有一批年轻有为的人才，经过几年的历练，已经逐渐成长起来并对这个产业了如指掌。因此，叶先生并未对公司的管理层做出任何调整。他认为，只要已然知道"标杆在哪里""优秀是什么"的年轻员工，按照自己的思路去做，太平洋精锻肯定会有光明的前景。

　　此时，时任总经理是一位极富事业心的女性，她在1998年向叶先生"打了包票"：只要资金解决了，所有事情都会好起来，并且设定了一个高目标，到1999年，公司一定会扭转困局，迎接一个美好的未来。

　　不过，事情并没有按照设想的进展。到了1999年，太平洋精锻的至暗时刻，反而到来了。

外商增资，给了太平洋精锻充足的"换气"和"缓气"时间，而这只是单纯的输血。此时，应该强其筋骨，激活其骨髓让它自己造血，从而"缓"过来，直至气血畅通，逐步走出困境，恢复生机。

然而，输血后的太平洋精锻当时并没有任何反思和改变。

事实上，眼看着公司举步维艰，管理层中的"年轻一代"多次给时任总经理提出过变革或改进公司经营管理的建议，但最终决策权仍然掌握在时任总经理手中，他们并没有足够的决定权，因此这些想法往往就"只能想想"。

即便在企业性质上转为了"外商独资"，但太平洋精锻的管理思路并没有迭代升级，主要负责人的观念也没有"转弯"，甚至还停留在把毛利润视为净利润的阶段。

不可否认的是，老一代的乡镇企业管理者，普遍对公司财务缺乏理解，在他们眼里，企业的营收减去材料成本，减去工资，就是利润，而忽视了一家公司还有管理费用、销售费用、融资费用等成本。因此，在他们的认知中，实际亏损的公司往往被误认为是盈利的。

而在夏汉关看来，懂财务将会多一份理性经营，少一份盲目竞争。他认为，总经理（厂长）必须读懂三份财务报表：资产负债表、损益表、现金流量表。同时，企业必须关注的主要财务指标有：偿债能力指标：资产负债率、流动比率、速动比率、利息保障倍数；运营能力指标：资产周转率、应收账款周转率、存货周转率、营业现金比率；盈利及成长能力指标：毛利率、营业收入增长率、利润率。

"不懂财务管理，重价格战，轻成本管理，轻技术积累，给未来发展留下隐患。企业的法人代表、高管要注重学习财务和经营管理知识，要对形势有清晰认识，方向对，慢一点不要紧；方向不对，反作用很可怕。避免决策失误，企业的危机往往是决策失误造成的。要防范患急病，慢性病总是有机会的，而急病是不留挽救机会的。"夏汉关说。

于是，到了1999年，资不抵债的太平洋精锻再次陷入了严重的财务危机，一切似乎成了"死结"，一切似乎回到了1998年增资前的状态，甚至情势更加恶劣。据后期统计，当年太平洋精锻亏损高达900多万元，1999年900万元与今天的900万元在概念上不可同日而语。这也相当于，仅一年时间，公司就让叶先生的新增投资全部化为泡影。

公司连着6个月发不出工资，上门要债的接连不断。作为"粉末冶金厂"的元老，周稳龙用一个部首之差，就形象地为我们描述出当时的危急情形："摆辗机"成了"摆展机"。"因为没有原料，这些摆辗机只能作为'展品'摆放在工厂里，无法真正参与到生产过程中去。"

一时间员工人心惶惶，普遍对未来失去了信心。几乎每位太平洋精锻的受访者，都对这一低谷时期刻骨铭心。

"我们的员工都知道，一个企业做不好，发不出工资是什么样的日子。那时，银行对我们失去了信心，不愿向我们伸出援手，企业融资变得很困难。没有人想跟我们打交道，甚至连供应商都避之不及。每当我们与外界接触时，都会受到冷嘲热讽：这家企业怎么做成这个样子，连工资都发不出来。"夏汉关回忆说。

对于这一点，当时杨国彬已有所感知——太平洋精锻支付尾款的速度明显变慢了。"有的款项可能都拖延了两年多，'你期待'公司也没有特意去催，一方面我们认为有外资一直在支持着他们，应该不会出现什么问题。更重要的是，社长田中先生在合作开发过程中，看到了他们的学习劲头，于是日方就认为太平洋精锻有着巨大的潜力和很好的发展前景，即便有什么问题，也是暂时的。"

此前，发展道路相当坎坷的太平洋精锻，也有发不全工资的时候，但往往到了年底还能"足额拨付"。

"当时效益不好的时候，还有另外一种特殊的工资发放模式，就是每个月只发20%，比如月薪是500元，结果每月只能领100元。剩余部分怎么办？到了年关再发。"贾建平如此形容当时"上顿不接下顿"的局面,"有人觉得这样有风险,万一到了年底还是没钱怎么办,毕竟辛苦付出了这么多,于是便选择了离职拿钱走人。"

这种现象显然是应付账款过高、回款又不及时的表现。所以在贾建平的印象中,经常到了农历腊月二十之后,大家就天天盼着公司的业务人员尽快从客户处带回货款。"当时用的都是现金,那个时候国内治安情况还有些不好,所以业务人员都不敢坐火车,而是坐飞机把大量资金带回来,因为飞机还是安全一些。落地之后,公司会派专车去接,生怕这些当时的'巨款'出闪失。而一旦得知业务人员回来了,大家都会兴奋起来,迫不及待地准备去领工资过个好年。"

如今,外部需求不振,内部机制不畅,在煎熬中发展的太平洋精锻陷入了更加困难的境地,并且在亏损的泥潭中越陷越深,到了必须做出改变的时候了。

接手"烂摊子":必须按我的套路来

无疑,情况没有好转,反而每况愈下,到了年底,与之前设定的目标相去甚远,这对于任何一个投资者来说都是非常沉重的打击。如果这样下去,公司无疑还是要倒闭。远在大洋彼岸的叶先生,得知这一状况后,立即来到了姜堰。

"我不求回报,只希望你们至少能自给自足"的话语仍然余音绕梁,但一年后,归来的叶先生只看到了更加严峻的现实。

"这一年都经历了什么?"了解公司现状后,叶先生的心情变得十分沉重。他看到一些员工因为工资拖欠而生活困顿,看到了部分设备因资金断裂而无法正常运转,这让他感到十分痛心。

随后,叶先生跟所有副总经理逐一做了交流,又跟主要中层逐一谈心。

他发现，大家普遍反映，公司里存在一定的官僚主义，"一言堂"现象比较严重，好的建议经常得不到很好的采纳，管理机制上也存在较大问题，导致沟通不畅。

时任总经理的年龄比"年轻一代"大不少，长期在泰县粉末冶金厂工作，拥有较丰富的经验和深厚的行业背景，可以说在公司成立初期也发挥了重要的作用，立下过汗马功劳。甚至，"年轻一代"都是跟着时任总经理成长起来的，也是她"带"出来的，一方面大家都很尊重她，一方面她也极具影响力和权威性，在很多事情上有自己的见解。在这种情形下，时任总经理往往不会把"年轻一代"提出的建议当回事儿，更谈不上虚心采纳了。

在海外观察了七年之久的叶先生，显然也意识到，仅仅将精力集中于引进技术、扩大生产规模和市场份额，却疏于及时调整企业的管理团队和人才结构，已然不可行。企业在不断发展，市场在持续变化，原有的掌舵人却仍然坚守过时的经营策略，没有进行实质性的改革。这一年来的徒劳无功，正是源于此。

人，始终是企业最为关键的因素。解决人的问题，才是根本出路，方能重整旗鼓。已然有了主意的叶先生，与时任总经理进行了一次深谈，他提议年龄已经不小的总经理保持原职务不变，但不再负责一线管理工作，而是放手让年轻人来改进公司的管理和运营。同时，他提出应该增加与年轻人的沟通交流，了解他们的想法和需求，给予他们更多的决策权。时任总经理也知道，当时公司已经是一个"烂摊子"，如果再不有所改变，确实难以为继，便答应了。

叶先生口中的年轻人，其实就是同为创业班底的时任常务副总经理夏汉关。在叶先生眼中，极富工作热情的夏汉关始终有着积极向上的心态，勇于创新，敢于担当，一直承担着一线工作的重任。工作这么多年来，夏汉关积累了丰富的行业经验和专业知识，对公司的各个业务线了如指掌，并且关注客户需求，努力提升产品质量和服务水平，为公司在市场上赢得了良好的口碑。因此，夏汉关是堪此大任的不二人选。

随后，叶先生将情况反馈给了管理层。大家得知消息后都很兴奋，其他几位副总经理和车间主任都找夏汉关说："夏总，我们都看好你，叶先生也对你寄予厚望，公司由你来挑大梁，肯定会有希望！这个时候你必须站出来，否则我们可能永远没有机会了。我们一起来努力挽救公司吧！"面对这样的鼓励和支持，本来尚在考虑中的夏汉关，立刻下定了决心。他找到叶先生说："感谢您对我的信任，感谢您给我的这一次锻炼机会，我一定竭尽全力，我也肯定会提出大量的变革方案，争取让公司重新焕发生机。"

其实，在一线工作了将近20年，各个工种都历练过，各个职能岗位都主管过的夏汉关，对于公司的弊端和顽疾，早已心里有数。此前，只是他所处的"二把手"的位置，有些事无力改变，有些话说了也没用。现在，既然叶先生大力支持他，他就要好好地归纳总结一下，采取果断措施，进行大刀阔斧的改革。

1999年10月，太平洋精锻召开董事会，叶先生首先表态，危难时刻，在此一搏，必须学会放手，让年轻人大胆去闯。时任总经理也主动宣布："从今天开始，公司的日常经营管理工作将全部交给常务副总经理夏汉关负责。有什么事大家直接找他就可以。"

"既然大家都信任我，那我就试一试。我一定会全力以赴，不辜负大家的期望和领导的培养。但是，既然要我来负责，那就必须按照我的管理理念和方法来改革，必须按照我的'套路'来，否则的话，我宁愿不干！"夏汉关的表态里，充满了变革的味道。

显然，直接换帅，可能会带来一定的人事动荡，同时可能会有人不服气。而选择让时任总经理来宣布夏汉关的"任命"，并设置一定的过渡期，显然是更为艺术的做法，使得公司能够更加平稳地进行管理层的更迭。如果夏汉关的"上任"并未得到时任总经理的支持，那么矛盾可能在一开始就会显现出来，夏汉关将更加难以施展拳脚。

毫无疑问，夏汉关在承担这一重任时也承受着巨大的压力。毕竟，如果他能够带领公司走出困局，那自然再好不过；然而，如果公司依然没有任何起色，有些人自然会看笑话：看看吧，不是我们做不好，这帮年轻人不一样干不好？

可以想象，面对大家期待的目光，夏汉关需要在众人面前表现得胸有成竹、信心坚定，然而背后，他必定要承受无数次的苦闷思索和无尽的心理煎熬。

他要酝酿一个大计划！

扭转乾坤的"管理改革二十条"

夏汉关把自己关在办公室里，闭门谢客。远离繁杂的管理事务，身心充分的放空，让他不再匆忙赶路，而是有时间思索前行的方向。几天时间里，夏汉关一直在反复思考着走出困境的路径，从早到晚，没有一刻空闲过，甚至，连做梦都是这个"话题"。

所谓万丈高楼平地起，基础不打牢，楼房建不高。夏汉关认为，在急速发展的过程中，管理层往往忙于计划未来的发展大计，而忽略了管理内部的缺陷，尤其是一些关键性但无法于短期内解决的问题。而这些问题，往往成为面临困厄时的"致命伤"。

"企业的战略就是不断寻找获利成长的空间，一个企业拼命干而不赚钱，就要思考其战略是否有问题，其战略方向是否正确？"按照这个思路，果然，夏汉关找到了突破口。

通过对公司历年财务报表进行深入的数据分析，夏汉关发现公司经营中存在恶性循环的现象，而根源在于公司的成本结构和管理环节存在问题，需要进行大力变革，以打破这个僵局。

在对生产、销售、管理等各个环节进行全面梳理后，夏汉关发现，公司在成本控制方面存在很大的浪费,部分成本是由于管理不善导致的。与此同时,公司的组织结构和管理制度存在一定的弊端,影响了运营效率。比如,部分部门之间的协同不足,导致资源浪费;管理人员的决策过于保守,缺乏创新意识等。

解决这几个主要矛盾,辅之以配套措施,让公司的方方面面焕然一新!夏汉关为之一振,开始动笔……

没过几天,太平洋精锻再次召开高管会议,夏汉关在会上公布了自己连日"奋战"出的"管理改革二十条"。

显然,勇于突破的夏汉关要紧紧抓住叶先生给予他的这个宝贵机会,结合市场动态和行业发展趋势,为公司制定出一系列切实可行的改革措施,推动公司实现全面升级,完成一次蜕变。

数十年后,当笔者逐一研读这份近4000字的"二十条"时,感觉用改革方案来形容它,更为贴切。

能在短时间内设计出如此详细的改革方案,显然不是临时起意、凭空想象出来的,只有此前对公司存在的症结充分把脉,才能如此快地开出"药方"。

从1980年起,还是懵懂少年的夏汉关进厂工作,到"受任于败军之际,奉命于危难之间",这期间夏汉关曾经历过无数的挑战和困难。他曾在生产一线摸爬滚打,为了提高产量和质量,他不惜熬夜加班,甚至牺牲了个人的休息时间。他在管理岗位上也屡建奇功,通过自己的努力,成功带领团队完成了一个个看似不可能的任务。然而,随着时间的推移,他逐渐发现公司的管理模式和体制已经不再适应全新的市场环境,一些陈旧的观念和做法也在阻碍公司的发展——可以说,这"二十条",在他心中早已有了框架。

同时,这份面面俱到的改革方案,甚至和商鞅变法有几分相似。当年商鞅为了改革秦国的政治、经济和军事制度,提出了废井田、重农桑、奖军功、实行统一度量和建立县制等一整套变法求新的发展策略。在商鞅变法的推动下，秦国的经济得以迅速发展，军队战斗力不断提升，逐渐崛起成为当时最强大的国家。商鞅变法的成功，正是因为敢于突破陈规陋习，勇于创新，并且讲究路径、方法和次序。这些特点，也在"管理改革二十条"中得以充分体现。

无独有偶的是，海尔集团创始人张瑞敏在1984年接管海尔的前身"青岛电冰箱厂"时，发现工厂缺乏有效的规章制度，于是制定了"青岛电冰箱总厂劳动纪律管理规定"，一共13条。其中，第一条是"不迟到、不早退、不旷工"，第二条是"不准代他人划出勤卡"，第十条竟然是"不准在车间里大小便"。这些今天看来让人啼笑皆非的规定，成为中国企业管理史上的经典印记。

"管理改革二十条"中，也有类似的基础问题，那便是购置电脑考勤机，进行考勤制度改革："制定实施细则，纪律面前人人平等，杜绝人为因素，减少管理人员。"

在次序方面，"管理改革二十条"的第一条便将"大斧"砍向了不合理的部门设置。其调整的依据放在当下依然具有现实意义："内部一切工作以生产现场为中心，外部一切工作以顾客需求为中心"。

其中最为关键的两项调整，是一分和一合："将企管办与经理办合并，组建新的经理办公室，行使原企管办和经理办职能，对外统一使用经理办印章；将齿轮模具车间分开，独立成为齿轮车间和模具车间。"

将两个办公室合并，目的显然是为了力出一孔，打破"各自为政"——"坚决克服部门小据点，加强全局观点，发扬团队协作精神"。而将齿轮模具车间一分为二，有助于提升模具板块的独立性。在不断的海外交流中，太平洋精锻的模具加工能力与此前已不可同日而语，将其独立则是凸显其重要性。相关的配套措施则是："提高模具车间的技能工资"。作为太平洋精锻未来核心技术之一的模具制造工艺，就这样通过机构调整，站上了"历史舞台"，逐渐发挥出了优势。

在"管理改革二十条"的附件《机构改革方案和部门工作职责》中,从经理办到财务部、采购部等7个部门,再到精锻车间、齿轮车间等4个车间,直到工会,夏汉关都按条目详细列出了其工作职责,笔者统计了一下,足足有134条。甚至连外文资料翻译这样的细节工作,都做了明确的职能分工。他要求"严格按部门负责内容办事和考核,不许扯皮推诿",可见此前不少工作存在"真空区"。

显然,谁都负责往往意味着谁都不负责。唯有传递责任,才能够实现真正的管理,我们才有可能看到组织中每一个人的工作质量、每一个人努力的方向、每一个人的相互帮助和支持。换句话说,管理只对绩效负责,没有个人的责任也就没有绩效可言——夏汉关要做的,首先就是理顺机制,明确责任。

接下来,夏汉关将目光瞄向了人浮于事的现象。他提出对各部门职能科室精兵减员,提高办事效率,因事设职,因岗设人,提倡一人多岗,富余优化人员经培训后重新安排工作,充实生产第一线——这是向臃肿的非生产岗位开刀,并且将生产一线作为重中之重。毕竟,只有"造血"多于无谓"失血",企业的体魄才能强健起来。

与此同时,夏汉关提出了自己的人事管理理念:"严格执行定岗定编,新增人员必须以一线需要为原则,人才引进必须以需要和发展为原则。"显然,淘汰不合格的人才,引进有潜力并且需要的人才,整个公司才不会是一潭死水。

"管理改革二十条"里,还分别针对几大重点部门,提出了直击要害的变革方案。比如针对销售部,首先是力争达到"按需定产",避免盲目生产:"销售部必须提前10天下达下月的对外供货计划,提前30天下达下下月的对外供货准备计划,提前90天下达下一季度对外供货指导计划。"同时,夏汉关针对当时不少公司仍然存在的通病有的放矢:"老业务,必须降低提成标准,不能躺在功劳簿上吃上多年,而对开拓新业务要鼓励;销售人员收入不但要看销售额,同时还要看回款率;必须对销售价格负责任,降价幅度大,销售人员收入必须降低。"为此,夏汉关还要求财务部门将外部销售价格的降价费用,量化到内部各项费用成本支出中予以消化——只要降价就会有损失;只要有损失,就必须有人担责。

在销售人员的考核上,也有很大的革新,根据新要求,年度销售目标计划修正和销售回款指标必须量化到人。同时,将在对客户年度总销售费用进行总承包的基础上,结合各协作点的市场占有率考核,实行销售回款基本任务工资制+超额任务奖励制——这将有助于激发销售人员的积极性和创造力,提高整个团队的业绩水平。

同时,为了一改过去销售人员自行定价的乱局,夏汉关要求产品销售价格和对外各类协议涉及价格及费用等,必须得到公司批准方可对外签订有关合同和协议,销售人员无权做主。

无疑,这些做法都改变了销售人员只要将产品卖出去,就能"躺平"的做法,引入的多个指标,将刺激他们不能再像以前那样"四平八稳"。

连"皇亲国戚"都敢动,还有什么不能改的

所谓开源节流,解决了"进"的问题,当然要规范"出"的问题。采购部门是降本增效的"大户",很多企业都是通过规范采购,杜绝灰色空间,降低了生产成本继而走向了正轨。夏汉关自然也要在这方面发力,他主要采取了三招。

第一,采购部应根据年度供货预安排计划编制年度原辅材料预采购计划,除非急用,一切都应按照预算和计划进行;第二,采购部应对常用物资必须制定合理的库存计划,各类物资要贯彻集中采购的原则,努力降低采购成本;第三,采购人员对采购物资的质量和价格负责,部分物资的采购可由销售人员或设备维修专业人员代办,并实行最终使用部门验收认可报销制度。

此外，为了给采购环节上紧"紧箍咒"，夏汉关还利用财务手段进行了约束："财务部门要对1999年购进物资的价格进行登记造册和审核，2000年购进物资全部实行采购物资比价比质管理，无正当手续的相比1999年提价的物资一律不予报销，资金使用按部门最低限度划拨使用。"

其中的每一招，都是从当时存在的问题出发的。

太平洋精锻的采购成本居高不下，与一位主管的任人唯亲密不可分。当时公司长期合作的一家贸易公司，竟然就是这位主管的侄子开的，导致钢材的采购价格明显要高于市场价格。除了价格高昂，交付还经常不及时，这里面充满了说不清道不明的潜规则。

不管是谁，损伤了公司利益，就必须彻底解决，夏汉关毫不犹豫地挥起改革的利剑。为此，他还专门将此事作为"管理改革二十条"的第17条，单独列出：原材料直接到钢厂采购（自购或委托采购均必须与上钢五厂直接签约），杜绝从二级市场购买，按采购规程和技术协议采购，确保按质按量完成采购计划。

随后，夏汉关主动找到贸易公司的负责人商讨，说明利害关系，要求对方按照市场供货比价原则，下调供货价格，否则将不再合作。这位"背后有人"的负责人，并没有把夏汉关的话放在眼里，依然我行我素。

而他哪里知道，从1992年开始，所有一线市场的开拓、项目的立项、银行贷款的申请以及同钢厂的谈判，都是夏汉关牵头推进的。"既然你不改变，我只能改变别人了。"一看这边行不通后，夏汉关立即联系了上钢五厂的项目经理，说道："咱们两家公司之间的业务往来不太正常，一直有个中间方在其中倒买倒卖，我们公司现在正在进行变革，想直接向你们采购钢材，希望你们能给予支持。"

项目经理对于这种"空手套白狼"的做法本来就不满，自然愿意支持夏汉关，并承诺给出最优惠的价格。后来，即使在市场价格急剧攀升的背景下，"上钢五厂"仍然选择为太平洋精锻维持原价。

这样，贸易公司负责人彻底"走投无路"了。而太平洋精锻在钢材采购环节，极大地压缩了成本，每吨钢材节省近1000元——这相当于当时一线工人两个月的工资！

到了后期，太平洋精锻的采购出现了一种"奇妙"的现象：尽管价格持续下降，但品质却得到了显著的提升。以钢材为例，采购价不仅下降了数百元，而品质则升级到了更高等级的钢材。在电器配件领域，部分产品的价格从过去的80余元骤降至20余元，更为关键的是，产品质量与过去相比有了明显提升，供货厂家的品牌反而更好。

夏汉关的改革行动很快在公司内部引起了轰动。一时间，公司里传得沸沸扬扬，夏汉关为了降本增效，连"皇亲国戚"都敢动，还有什么不能改的？

天下大事，必作于细

夏汉关制订的"管理改革二十条"，既有方向性的战略思维，也有细化到极致的微观操作，这都离不开他此前的敏锐观察。

比如，为了解决工具管理混乱的问题，夏汉关专门提出在生产制造部下设工具管理科，对各车间、部室保管的工模夹具登记造册，实行领借用制度，统一对全公司的工模夹具进行管理。显然，这一举措源于之前公司发生过不少"有借无还"或者工具损坏的事情，所谓积少成多，这些小问题积累起来也会造成巨大的浪费。

在针对车间的改革方案里，有一条特别针对早班和晚班的作息时间问题："生产制造部应考核各车间，充分用足各班次工时，克服目前部分车间早班中午休息时间过长，近似常日班作息，以及个别车间工人操作到晚上9时左右下班的不足，以充分利用电力和压缩空气动力等公用资源，提高用电质量，努力降低制造成本。"

原来，当时供电局实行的是"峰谷平"用电政策（高峰用电高于平价、低谷用电低于平价,目的是减少高峰用电,鼓励低谷用电),而高峰期与低谷期每度电相差近0.5元。夏汉关发现公司每月电费高达15万~20万元,如果在生产调度时注意用电平衡,同时让全公司上下都重视起节电问题,那么每月节电上万元都是有可能的——对于当时举步维艰的太平洋精锻来说,节省任何不必要的支出,都是必要的!

细致入微的夏汉关此后还将这一做法继续细化:"我们在用电时间调度和用电质量方面存在问题。鉴于此,磷皂化工序必须在夜班工作;空气压缩站是耗电大户,我们上早班的员工中午休息时间应严格限制,否则空压机在开着用电,而车间大多数机床不干活,电价又高,其浪费是可以想象的;水泵房可在深夜班抽水。各部门人员都能做到人走灯熄,多方改进必然使用电质量提高,这就需要每个员工自觉和改进,尤其是我们的管理干部。"

在2000年初,夏汉关将年度用电耗用指标进行了详细的量化:控制在含税产值的4.35%以内。

老子《道德经》第六十三章有云:"图难于其易,为大于其细。天下难事,必作于易;天下大事,必作于细。"的确,解决复杂的问题要从简单的事情入手,完成伟大的事业要从细微的环节开始,夏汉关考虑得面面俱到,正是为了今后公司的蒸蒸日上。

还有一件事情,夏汉关也意识到,必须刻不容缓地去做,否则将严重影响公司的可持续发展,那就是强化设备保养。在"粉末冶金厂"阶段,公司就有爱惜设备的企业文化,而后期引进多个进口设备后,这项工作也一直在做,但并未形成一套完善的机制,导致人为干扰因素过大,随机性太强。

因此,夏汉关提出了"三个挂钩":装备部及下属和各车间维修人员的收入与设备完好率指标挂钩考核、电工人员的考核还需要与节能降耗指标挂钩、设备维修费用与个人保养机床责任挂钩——这三项挂钩,直接切中"干多干少一个样""事不关己高高挂起"的要害,既提高了员工的工作积极性,也将责任传递到了个人。

夏汉关还要求制定详细的设备管理规定和操作流程，如一保、二保管理，并明确考核奖惩，发放机床保养费，该奖励的务必奖励，有责任的必须受到经济处罚。显然，这些措施都是为了确保设备的正常运行和延长设备的使用寿命，从而提高公司的生产效率和经济效益。赏罚分明之下，责任到人之后，太平洋精锻的这些"利器"，自然会发挥出他们的战斗力，从而成为核心竞争力。

对于研发一直高度重视，多年来不设投入上限的太平洋精锻，要进行变革，自然意味着对技术革新和新品开发提出了更高的要求。

在"管理改革二十条"里，夏汉关要求技术发展部明确每年具体的工艺改进和重大突破目标，并列出了一系列实际且具体的项目："电火花加工时间的大幅下降、结合齿模具寿命的提高、模具车间的模具抛光专用工装及工具配备、气动量仪检具的使用、锻造工艺的重大改进……"在激励手段上，夏汉关用了一个词，十分有创意，那就是：明码标价。这一做法无疑相当前卫，重赏之下必有勇夫，有了明确的目标，终会有解决之道。

具体执行时，夏汉关还把"明码标价"升级为"公开招标奖励"："组织生产、技术、质量、装备等方面的有关人员，就企业现有公认之技术难题讨论立项，从而作为技术攻关之目标，明码标价，实行项目攻关目标公开招标奖励制度。"

夏汉关还鼓励全公司员工在各自岗位上提出合理化建议，如小革新和小发明，以提高工作效率，努力降低生产制造成本和质量成本。同时，对于那些确实具有实效的项目，夏汉关提出要额外给予物质奖励，以激发全体员工的创造热情，让他们在工作中感受到成就感和归属感，为企业创造更多的财富。

在新产品开发方面，夏汉关提出，为了推动新产品尽快进入大规模生产阶段，必须对新产品的开发给予政策倾斜，包括提供更多的资源、技术和资金支持等。同时，还要对新品开发有功人员实行计划外奖励，以激励他们的积极性和创造力。

为了让技术人员更接地气,听到"一线的炮火声",夏汉关提出了两点创新:其一,在新产品试制过程中,项目负责人和部门负责人都必须在生产现场积极主动协助工作,与工人们"同上班同下班",以对工作过程和进度进行全面把控;其二,将技术发展部一部分技术人员作为一线工艺员划归车间,业务上受技术发展部领导,但工作地点在车间。

显然,这都是为了避免"闭门造车"。如此,可以让技术人员了解一线的需求和困难,及时调整产品设计方案,从而在产品设计和研发过程中充分考虑到实际应用的需求。同时,这种做法也有利于提高团队协作能力,有助于打破技术人员与一线工人之间的隔阂,形成良好的沟通氛围。

稻盛和夫曾说,答案在现场,一线有神灵。企业的经营者必须详细掌握生产一线的具体状况,这样才能追根溯源,找出症结。同样,华为创始人任正非也曾说:"华为下一步变革的方向,就是让听得到炮声的人来做决策。"一家公司的技术人员如果整日吹着空调,喝着茶水,不切实际地进行产品改造和开发,这家公司必然会被市场无情淘汰。而夏汉关作为从一线磨炼出来的"技术人员",自然明白这个道理,他的这套技术开发方法,目前还在太平洋精锻沿用,并且多次升级迭代。

吃干榨净,变废为宝

夏汉关的关注点,是所有可以产生价值而被浪费的事物,比如,"管理改革二十条"中专门有一条,是针对废旧物资的管理,夏汉关要求对此形成文件化制度,明确责任部门并按规则办事。

原来,太平洋精锻每年都会有不少生产废料以及工艺不良品,此前,这些废旧物资处理不仅很随意,而且不透明,甚至没有纳入公司的财务账目,而是由工会管理收支。

抱着节约一分钱就等于多赚一分钱的心态，夏汉关将这方面的优化管理提上日程。他安排人员专程到废品市场了解收购行情，不断进行比价，择优合作。

此后，太平洋精锻还专门开会研究过"废旧物资销售价格调整"的问题。一份记录于2000年5月4日的会议纪要显示，当时原辅材料价格普遍上涨，废旧物资的收购价格也相应上升，夏汉关召集公司高管研究讨论后决定，上调部分废旧物资的出售价格，以适应市场变化，从而充分合理地利用现有资源，节支增效。

这份会议纪要记录得很清楚："废铁屑750元/吨，废齿轮1000元/吨，废铜屑13000元/吨，废铜件14000元/吨，慢走丝线切割废铜钼丝8000元/吨。"也就是说，公司可以采取招标方式对外销售，但售价不得低于这个底价。

没过多久，夏汉关又要求将所有废旧物资及配件销售所得统一纳入公司财务"大账"，进行统一管理核算。同时，在废旧物资出售时，必须有值班干部现场监磅，并形成相关制度。

经过这样的"一提一改一监"，到了2000年9月一算账，当年前8个月，仅废铁屑就累计销售8万余元，比往年同期增加1.7万元。而到了2000年底，废旧物资竟然销售了将近19万元。更令人惊喜的是，因为合作愉快，太平洋精锻还提前收取了废品收购公司来年的20万元预付款——这都在某种程度上缓解了公司的资金压力。

那几年，几乎每次开全体员工大会，夏汉关都会公布废旧物资销售增收的情况，可见对此事的重视程度。夏汉关预判的没错，只要重视起来，并形成合理机制，经过"吃干榨净"，变废为宝，任何地方都可以成功地开源节流。

夏汉关的做法也启示我们：在经营中，往往最容易被忽视的角落里，可能隐藏着极大的潜力和价值。只要用心去发掘，就一定能够找到实现降本增效的新方法。

十字路口上……

"管理改革二十条"里，夏汉关引入了目标成本管理，这是一种以实现企业战略目标为导向的成本控制方法，它要求企业在产品开发和生产经营过程中，通过对目标成本的分解、计算和监控，确保产品的实际成本不超过预定的目标成本。这样可以有效地降低企业的成本支出，提高企业的盈利能力。

"二十条"的最后一条，是一个重头，明确了全新的收入制度，其中要求各类管理人员的收入与产值、质量指标(设备完好率)、新品完成产值等挂钩，并对原有的奖金发放制度进行了改革。

夏汉关详细罗列了工资、津贴、奖金的具体计算方法，甚至列出了详细的公式：效益奖金=产值系数×质量系数×基准奖金额×个人考核系数×职务系数；生产一线计件人员收入=计件单价×计件数量×质量系数+津贴+考勤奖金+级数工资补贴——这每一个系数，每一个要素，都是夏汉关深思熟虑后制定的。

为了更好地体现工作成果与收入的关系，夏汉关提议对一般员工和中层及以上管理干部的绩效考核制定一套具体而公正的方法。

"对于一般员工，我们将重点关注他们的工作质量、工作效率以及团队协作能力等；对于中层及以上管理干部，我们则更加注重他们的专业技能、计划执行能力、组织协调能力、问题解决能力和责任感。我相信，这套考核机制将有助于提高我们的工作效率，提升员工的职业素养，从而推动公司的整体发展。"在太平洋精锻的董事会上，当夏汉关掷地有声地说出这段话后，所有参会人员纷纷鼓掌，他们看到了希望，看到了未来。

"管理改革二十条"无疑是极富魄力的，其核心就是：降本增效、革除弊端、科学考核、充分激励。可以说,"二十条"所针对的问题,即便放到今天,也是很多公司存在的通病,如今看来,仍然都不过时,仍然都是很实用的管理决策,有着极强的指导意义。一个计划从设想到成功,必须经过五步:沉醉于梦想,激发出热情,撬动潜意识,冰冷的理性,周密的当下。而夏汉关的"管理改革二十条",正是在践行这五步。所以说,任何成功都不是偶然的,在其不可控的表象背后,都有着顺势而为的逻辑。

我们今天看到了后来高速发展的太平洋精锻,所以可以"纸上谈兵"地反推夏汉关当时决策的正确性、果断性,但是谁也无法预知未来,在当时信息不对称、走向不确定、形势不掌控的情况下,夏汉关所承受的压力和必须做出的努力,是无法用语言文字道尽的。

有变革就会触动既得利益,就会打破舒适圈,阻力自然就会随之而来,与历史上的所有变革者一样,夏汉关所面临的,不是变革成功,为人所称赞,就是自己被"变革"进历史的旋涡之中,为人所叹息。

在太平洋精锻的十字路口上,一切还充满了变数。

在这场改革与反改革的较量中,肯定要面对的,是既得利益受损者的阻挠和"反扑"。

此前,在夏汉关全面"接手"时,他曾与时任总经理进行了一次坦诚的交流。夏汉关说:"您还是总经理,我在这里做变革也是替您干,如果按我的变革思路进展,公司向好的方向发展,功劳还是您的,干不好由我来承担责任。"这番话充满了诚意,于是,起初几个月,时任总经理对于夏汉关的"管理改革二十条",没有做太多干涉,她也意识到这次改革对于公司的重要性。

改革势必触动各方的利益。作为公司的元老级人物,当时任总经理看到夏汉关的改革措施逐渐侵蚀到她的权力时,开始担忧起来。公司高管的办公室都是相邻的,时任总经理看到下属们都去找夏汉关汇报工作,而不去找她,心里难免有些失落。

2000年初，夏汉关主持工作已有数月，公司改革进入了攻坚阶段。一天，时任总经理在车间里"转悠"一圈后，对一位高管抱怨说：改革改了几个月，也没见什么明显成效，有的环节还越来越乱了，再这样搞下去可不行吧！你看看夏汉关的工作劲头，翅膀的羽毛越来越硬了，就是拿钢剪也剪不动了。

于是，日子不再舒服的利益受损者，便开始酝酿，如何阻止这场变革，甚至"拿掉"夏汉关。尽管时光已进入了新的世纪，太平洋精锻的部分人却依然想维持自己的"旧世界"。

自古以来，没有哪一场变革没有巨大的阻力，如旧有势力的抵制、保守思想的束缚、利益集团的阻挠等，甚至，即便变革成功了还有复辟。而且历史的洪流也总爱朝着阻力最小的方向奔腾，因此，许多变革都以失败告终。

之前，夏汉关为了尽快让改革方案落地，尽快让公司享受变革的红利，同时也为了表示自己破釜沉舟、激流勇进的决心，在没有任何人提起的情况下，他主动给自己和团队定下了6个月的"试用期"。

在改革初期，很多顽疾都迎刃而解，大量繁琐的流程和环节也得以理顺。然而，到了后半阶段，夏汉关逐渐发现大家刚开始的"激情澎湃"已经损失殆尽。原本积极投入的员工开始变得消极懈怠，部分人甚至开始敷衍了事，阻碍变革的力量也愈发强大。

因为，改革就意味着工作比之前要累，管理比原来要严，事情比以往要多。在过去，一些员工习惯于按照既定的模式和流程工作，而现在需要他们接受全新的管理方式和工作方法，部分员工在短时间内难以适应这种变化。尤其是那些长期处于舒适区的员工，他们开始对夏汉关的管理方式表示质疑和不满，认为他的改革过于激进，给员工带来了"不必要"的压力。

同时，有不少事情，时任总经理刚开始要么支持，要么默许，但后来夏汉关发现双方的理念差异越来越大。甚至，时任总经理开始直接干预起了决策，对一些原本符合改革方向的做法提出质疑。

夏汉关认为，改革是为了提高企业的竞争力，而不仅仅是为了追求短期的利益。然而，时任总经理却称，改革可能会给企业带来不稳定因素，影响到企业的"正常"运营。

原本只给夏汉关汇报的下属，此时觉得有些为难，做事情也开始变得犹犹豫豫，瞻前顾后。

尽管面临着重重困难和压力，夏汉关并没有退缩，他坚信自己的变革措施都是正确的，只要坚持下去，一定能够取得成功。于是，他给团队打气说："大家都再努把力，好歹在这六个月内按计划推进变革，如果六个月到了，公司还是没什么起色，内部阻力还是这么大，我到时候也会不干了！"

但情况越来越不妙，面对这个"什么都敢改"的"副手"，时任总经理开始动用起自己雪藏许久的人事权。她专门开会调整了几位副总的分工，让夏汉关去主抓新产品的开发，而其他事情需要她点头了才能执行。

这相当于"架空"了夏汉关，叶先生授权夏汉关全面负责经营管理，而他的权限甚至被压缩到比原来还要小。加上夏汉关自己，他只能调动不超过10个人！

这很像一场跌宕起伏的历史剧，目标不同，动机就不同。动机不同，所作所为就千差万别。如果太平洋精锻的变革以这样的结局收尾，那么现在中国汽车产业乃至全球汽车产业就少了一家优秀的标杆企业，中国汽车齿轮的国产化进程也会延误很多年。然而，各类组织里格局不够大的管理者，不会考虑这些，他们只会在维护自己"一亩三分地"的时候，坏掉大局，在自己也清楚的错误方向上，继续一意孤行，不管不顾地偏航下去。

临危受命：夏汉关扛起重担

不变革，维持现状，继续躺在舒适圈无疑是阻力最小的方向，刚刚扑腾几下翅膀的太平洋精锻，还没学会飞翔，却正在朝这个深渊中跌落。

除非，有人能力挽狂澜，给已然无力的变革者以新的力量，公司方能勇往直前，逆流而上。

叶先生，正是这位"给力"的人。

此时已是2000年4月，夏汉关的"试用期"已届期满。太平洋精锻来到了命运的关键节点。

显然，在这样的关键时刻，需要一个强有力的领导者来稳定局势，引导公司走向正确的道路。身处大洋彼岸的叶先生，其实始终关注着企业的发展动态，此前，他一直在静观其变，并没有直接干涉公司事务。而当公司新旧两股力量的对抗进入白热化阶段后，夏汉关主导的变革已然风雨飘摇时，叶先生"介入"了。

或许，叶先生一直在寻找这样一个"一锤定音"的时机，而不是回来做安抚两方的"裁判"。

在从美国到中国的时间选择上，叶先生也是经过"精心设计"的。他提前给公司高管打了招呼："我计划5月份到公司。"但并未透露具体的回国日期。此前，叶先生到中国都会提前告知各位高管，目的在于让他们预留好时间，在此期间尽量不要出差。

时任总经理得知消息后很高兴，在她的计划下，将在叶先生参加的董事会上，提出终止夏汉关的变革并调整其职位的建议，恢复到以前的"旧体系"。

当时，时任总经理已经安排好了5月上旬出差的行程，于是，她便询问叶先生具体什么时候到中国，并说明自己已经定好了行程。叶先生用传真回复了简短的一句话："我知道你的情况了，我将于十日后来公司。"

这是一句模棱两可的话，关键字是一语双关的"十日后"，到底是发传真日期后的"5月10日后"来到公司，还是等时任总经理出差回来的"十日后"到中国，真是怎么理解都可以。

时任总经理结合"上下语境"，做出了自己的"阅读理解"：叶先生知道她5月上旬要出差，会在她出差返回后再回国。

于是，时任总经理迫不及待地安排好了5月上旬的出差行程，期待着在董事会上向叶先生汇报自己出差的"战果"。然而，她并不知道，叶先生已另有安排。

2000年5月10日，叶先生突然"空降"至姜堰。风尘仆仆的他一到公司，便立即说："不管多大的事情，都让总经理立即赶回来，有要事商量。"这一消息如同一颗重磅炸弹，瞬间让太平洋精锻的气氛变得紧张起来。

时任总经理接到电话后，有些吃惊："叶先生不是说等我出差后再来吗？怎么这么快就来了！我这边正在拜访客户，等我处理好这边的工作再回去吧。"叶先生回复她：不论什么事情，都先放下，现在就回来。

随后，叶先生与所有中高层管理人员做了深入交流，还到车间实地察看。他心里有了数，夏汉关的改革是卓有成效的，这样改下去，公司将一改颓势，大有希望！

紧接着，叶先生前去拜会地方政府的相关领导。即便在公司转为独资后，叶先生依然与政府部门保持着良好的沟通，在公司重大调整方面，他还是会充分听取政府部门的意见和建议。

几天后，时任总经理急忙赶回。叶先生召集所有董事和副总经理参加"董事会扩大会议"。当叶先生走进会议室的那一刻，所有人都知道，这场改革与反改革的较量已经到了最后的关头。

"您不是说10天后到吗，怎么搞了一个'突然袭击'，我在外面的事情都没处理好。"时任总经理先抱怨说，"不过您回来的正好，我正好把公司的情况汇报一下。这个公司，不能再这样改下去了，有的方面改得面目全非……"

颇为强势的时任总经理，把这半年来公司遇到的种种问题，都罗列了出来，并且将之全部归因于夏汉关主导的改革。

最后，时任总经理说，这个会议对公司来说确实很重要，她希望这次会议对公司未来各方面的发展重新定调，公司领导层肯定要做一次调整，工作重新分工，夏汉关就不要再负责全面管理了。

面对时任总经理的先发制人，叶先生没有打断她。直到她的"演讲"结束后，叶先生环顾了一圈在场的高管，然后缓缓地说："你的意思是终止夏汉关的变革并调整其职位，而我的看法恰恰相反。我追加投资，公司成为独资公司已经快两年了，但我此前还是看不到前景，在夏汉关的变革之前，甚至没有一点起色。现在，我终于看到公司有些希望了。我提议你彻底退下来，让年轻人独当一面，放手一搏，这样公司才可能发展下去。"

会议室里的空气立即更加凝重了，场面僵持不下，时间在那一刻仿佛停止了。在数秒钟的沉默之后，对于这一局面毫无预料的时任总经理有些举止失措，变得非常情绪化："如果这样的话，不要我干，我就不干了，给我把账算清楚！"随后夺门而去。

叶先生站起身来，用坚定的眼神看着在场的每一个人："我们都知道，夏汉关的改革是为了公司的长远发展和员工的利益。而有些人现在所做的，无异于自毁长城，让公司陷入困境。我希望大家能够清醒过来，重新审视这个问题，为公司的未来负责。"

随后，叶先生宣布："即日起由夏汉关担任公司总经理，负责公司全面事务，这一任命也已得到政府领导的认可和支持。"

整个高管团队听到这个消息，都极为振奋，终于可以名正言顺、大刀阔斧地继续推进改革了！

然而，时任总经理的"安抚"工作还必须做好。其实，叶先生的本意是让时任总经理卸任而不离职，退居二线挂一个"副董事长"的头衔，毕竟这么多年没有功劳也有苦劳。这样，既能保持公司的稳定，又能给予时任总经理应有的尊重。

没想到的是，时任总经理和叶先生僵持到不再直接沟通，而是通过中间人反复传话。自知无力回天的她抛出了一个惊人的数字：几百万的离职补偿。这一举动让叶先生感到非常意外，因为在他看来，时任总经理在关键时期没有尽到自己的职责。因此，这个要求显然有些过分。

叶先生没有直接回应她，而是再次征求政府部门的意见。他希望能够得到一个权威的、公正的判断，以便更好地处理这个问题。最终，主要领导给出的答复是："政府此前已为其安排了公务员岗位，身份已转为国家工作人员，不能提出过分的要求，也不能给予任何补偿。"

最后，在地方政府的积极介入下，时任总经理得以在另一家公司担任要职。这场人事风波，方才得以平息。

2000年5月，夏汉关在经历无数挑战和困难后，正式担任太平洋精锻总经理一职，这一决定让太平洋精锻的员工们看到了希望和曙光，他们为之振奋，充满了信心和期待。

在叶先生回美国之前，他再次召集高管召开董事会。叶先生略微有些沉重地说："现在公司管理层已经调整好了，也理顺了。但是我想让你们明白一件事情：即使这家公司继续亏损，也不会影响到我的生活质量。但是我不会再追加投资了，我把公司比作一个农场，我买了这块地却没有收取地租，你们自己耕种吃不饱，这只能说明你们没有能力去经营它。如果你们还是不能改变现状，继续亏损下去的话，那我只好选择关闭公司了。"

随后叶先生话题一转，继续说道："如果公司倒闭，吃最大亏的是我，但我不会舍不得，在公司没有赚钱之前，我不会先讲个人的得失。但是你们必须破釜沉舟，全力以赴地去改善公司的经营状况，没有退路可走！作为公司的高管，你们要有担当，要有勇气去面对现实，去解决问题。我希望你们能够团结起来，共同努力，带领公司走出困境。只要你们用心去经营这家公司，一定会有一天，它会焕发生机。到时候，我会为你们感到骄傲的。"

在叶先生先抑后扬的鼓舞下，整个高管团队都下定了决心，一定努力扭转公司的颓势。他们知道，这是他们为自己、为团队、为公司争口气的机会——甚至是最后一次机会。

"你放手大胆干!我在海上航行多年,见惯了狂风巨浪,也练出了好眼力!'船长'的这副担子,交给你没有错!"会后,叶先生拍拍夏汉关的肩膀鼓励道,语气中透露着充分的信任与支持。

这番话犹如一股暖流,瞬间温暖了夏汉关的心田,一下子点燃了他心中的希望。他感受到了前所未有的力量,仿佛整个世界都在为他加油鼓劲。夏汉关紧紧握住叶先生的手,深情地说:"谢谢您,叶董事长。我会珍惜这次机会,不辜负您的期望。"

"当时感觉叶先生如此信任我,在这么关键的时刻,把公司交给我来管理。叶先生对我信任到什么程度?除了不能卖公司的股份,其他事情都交给我了。这种信任是一种幸福,更是一种责任。那时我就只有一个想法,怎样让叶先生的投资得到良好的回报,能够按时给员工发工资,同时大家的收入水平都能逐步提高。"夏汉关回忆说。

当晚,夏汉关在办公室加班到深夜,直到星空璀璨。他凝视着窗外远方的城市灯火,内心充满了憧憬。他清楚地意识到,这一天,将是他人生的一个重大转折点,也将是公司发展历程中的一个历史拐点。

在崭新的世纪里,太平洋精锻也即将开启一段全新的历史征程。

第4章

发力 枯木逢春

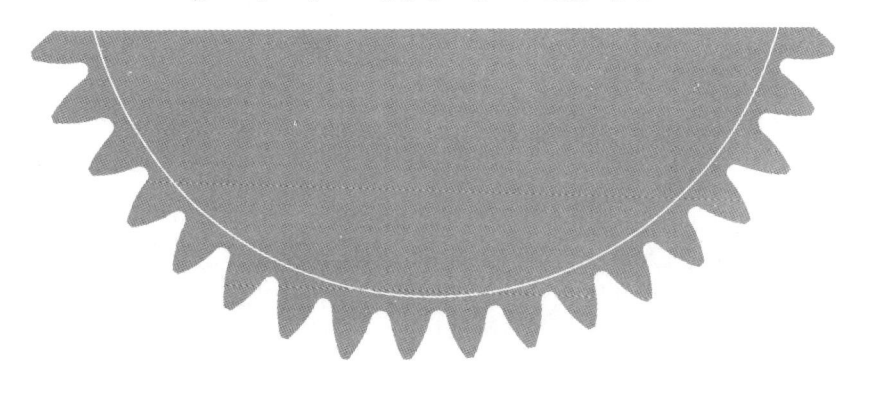

选定产品,远离苟延残喘的竞争 091
别人做大,我做专 094
永不服输:26套房产押来启动资金 097
企业即人,管理即借力 100
"认证"军令状:年底前必须过关 102
"你们太好学了,必须通过" 107
"九月大会":用数据说话 111
夏汉关的断言:公司将在2000年走出困境 116
面对谣言与拆台,用诚意留住客户 119
力排众议,打造全国"独一份" 122

选定产品，远离苟延残喘的竞争

在夏汉关升任太平洋精锻总经理不久，他还陪同叶先生走访过本地的几家银行。他们拜访的目的是为了破解公司的融资难题，以便为未来发展做好规划。

当他们来到一家银行时，分管行长看到叶先生来了，立即打趣道："您终于来了，您不来我们正要找您去，如果你们公司再不改革，再不换总经理，公司肯定做不下去的，我们就准备'收摊子'了。"这位行长的意思是，知道太平洋精锻当时的经营状况很差，并且主要负责人还很保守，如果再不改变，就准备收回相关贷款，以避免产生更大的风险。

叶先生听后笑了笑，指着夏汉关说："我今天来找你，就是告诉你，我们要继续改革，也换总经理了，新任总经理就是夏汉关。"这位行长立即说道："换夏总行，换别人可不行！"

原来，夏汉关此前一直负责公司的融资业务，和各家银行负责人都熟悉，并给他们留下了良好印象。他们对于夏汉关的人品和能力都十分信任。在得知夏汉关负责全盘后，这位行长心中的疑虑终于消散了，于是，太平洋精锻的抽贷问题也迎刃而解。

"行长，您放心吧，我们正在推进变革，一定会让公司扭亏为盈。"夏汉关向行长保证道。

"我相信你们一定能够做到。"行长点了点头，"不过，你们需要加快进度，时间不等人啊。"

叶先生看着行长的表情，心里也松了一口气。他知道，夏汉关在银行的人脉和信誉都是非常重要的，如果没有这些支持，公司的改革将会面临更大的困难。

银行不会抽贷，但也不会轻易放贷，一切还得靠自己。

夏汉关知道，要想在竞争激烈的汽车行业中脱颖而出，必须紧跟时代潮流，抓住市场的脉搏。管理只是基础，要想把公司彻底拉出泥潭，除了管理上做出改革之外，归根到底还得开发出具有核心竞争力的过硬产品——并且，一定要是市场需要，而别人做不出来的产品。

"要以积极的方式参与市场竞争，必须摆脱找饭吃，有什么就干什么，仅仅为了企业基本的生存而苟延残喘的竞争方式。所以，一定要选择适合自己并能发挥自己特长的产品和市场竞争策略。"其实，抱有这一理念的夏汉关，在这方面早有准备。

中国锻压协会2000年1月的大事记里，记录了这么一件事："为增强与中国国内锻造业同行的技术交流和业务联系，日本著名的精密锻造模具制造商'你期待'株式会社在上海正式开办代表处。"而首席代表正是杨国彬。

得知这一消息时，正在力推"管理改革二十条"的夏汉关的脑海里，立即浮现出多年前"你期待"公司一位部长，潇洒地画出"两个圈"的画面。

那是1995年，"你期待"公司再次来到中国参加模具展会，夏汉关在对方的展台前驻足了很久，并仔细研究起"你期待"的最新样品册。他心中一直困惑着：在未来，究竟哪种产品才最具潜力，最有可能实现"供不应求"？于是，夏汉关把这个疑惑说给了"你期待"公司的一位部长。这位部长听懂夏汉关的意思后，并未多言，而是直接拿起签字笔，在夏汉关手中的样品册上潇洒地画了两个圈：一个圈住了"差速器齿轮"，另一个圈住了"结合齿轮"。

当时，夏汉关看到这两个"圈"，心中一动。他知道差速器齿轮和结合齿轮正是汽车非常重要的两个部件，也是未来汽车产业发展的关键所在。这两个"圈"，看似画得随意，可背后极有深意。于是，当时夏汉关心中便暗自下定决心，将来，一定要将这两个部件研发成功。

吉利集团董事长李书福有一句经典论述："造汽车很简单，就是四个轮子加两个沙发"。然而，实际上，一辆真正的汽车要复杂得多，精密得多。

这么说应该更准确，一辆汽车主要的零部件就是发动机、变速箱、前后桥，然后再加一个壳。而这两个"圈"，分别对应前后桥和变速箱，每辆车都要用，并且至关重要。

"'你期待'的部长显然不会随意给一个陌生人指点的，他们之所以愿意给夏总指明方向，是因为他们已经与'太平洋'交往了一段时间，彼此都非常了解，他们觉得夏总是一个值得信任的人。"杨国彬说，"同时这也能看出'你期待'的专业素养，画一下就让'太平洋'有了非常精准的定位。一个行业短期能赚钱的事情，可能都能看到，但长远有前途的事情，就很难看准了。"

谁也没想到，这件似乎微不足道的"小事"，竟然对太平洋精锻产生了深远的影响，直接决定了他们的未来走向。这两个"圈"，也画出了重大的战略意义，后期产生的价值，不可估量。

差速器齿轮，此前经过多年的开发，已经成为太平洋精锻的"吃饭产品"，并成功应用于轿车领域。而用于汽车变速器的结合齿轮，因为其属于世界上先进的节能节材高新技术产品，当时国内还少有人问津。

当时，经过对市场的深入研究和分析，夏汉关发现乘用车市场的增长潜力巨大，尤其是在个人消费方面。随着经济的快速发展和生活水平的提高，人们对于出行的需求也在不断升级，越来越多的人开始选择购买私家车。而在乘用车的众多零部件中，变速器精锻差速齿轮和结合齿轮作为传动系统的重要组成部分，其质量和性能直接关系到汽车的驾驶安全和舒适性。

其中，高端乘用车变速器结合齿精锻齿轮，具有很大的市场潜力，一旦研发成功并投入生产，定将会为公司带来丰厚的利润。

因此，夏汉关认定，只有生产出"高端产品"，才能在市场上持续占据优势地位，从而让公司进入正向循环。

此前，夏汉关带领团队投入了大量的研发资源，引进了先进的生产设备和技术，相信在严格的质量控制体系下，公司可以生产出具有良好的耐磨性和抗冲击性的优质产品。

事关重大,夏汉关即便已有九分把握,但他还是决定,去咨询一下业内专家。

别人做大,我做专

为了佐证产品定位是否正确,夏汉关专程赶赴北京,请教中国锻压协会秘书长张金。

彼时,面对加速的全球化进程,中国企业家不得不开始面对内心:"我为了什么而做企业?我要把企业做成什么样?"

于是,在得知"世界500强"这一概念后,进入21世纪并开始迎接全球化挑战的中国企业,不论国企还是民企,都纷纷不再追求"省优、部优、国优",而是把"进入《财富》500强",作为自己企业的使命目标。为了迅速求大求规模,以至于那几年"拉郎配""舢板变航母"成为了现象级热潮。

在这个大环境下,夏汉关却很冷静:中国巨大的机会市场,加上有的人骨子里"普天之下,莫非王土"的情结,以及华尔街打开的贪婪"潘多拉之盒",从而使众多企业拼命地"做大做快"。虽然宣称是"做企业",事实上仍是"走江湖",本质是在"赌人生"。

夏汉关认为,在企业经营过程中,战略聚焦和专注是非常重要的,必须保持定力,明确战略目标并集中精力,不能三心二意,对于看好的事情要坚定不移地做下去。

当时,中国锻压协会也眼光独到地提出了"专精特"这三个字,在行业内积极提倡走专业化的道路,希望通过专业化、精细化和特色化的发展,提升企业的核心竞争力,推动整个行业的繁荣发展。这比国家后期提出的"专精特新"战略,只少了一个"新"字。

因此,在张金办公室楼下的一个餐厅里,他告诉夏汉关的第一句话便是:"千万不要什么都想做,麻雀虽小、五脏俱全的事情不能做,有时鸡蛋就得放在一个篮子里,一定要向专业化发展,专注于自己擅长的领域,这样才能成功。"

"确实,如果对一个行业还不足够了解,放着金山你也不能去搬。如果看别人搞也眼热的话,很可能是企业的灾难,这对很多企业家都是一个挑战。为了企业的良性发展,必须压制这种冲动。"夏汉关回应道。

紧接着,张金又说:"在某一领域达到专业化的程度时,可以选择将这种专业化再进一步延伸到定型化。定型化就是在专业化的基础上,通过不断的实践和创新,形成一种固定的、可复制的工作模式或方法,如此便能提高工作效率,降低生产成本。"

在张金看来,只要一家公司的产品定位清晰、员工稳定,且领导者的决心坚定,那么这家公司就已经成功了一半。

这与夏汉关的想法不谋而合,他也觉得,企业大不等于强,企业大不等于有竞争力。一个企业要想在竞争激烈的市场中脱颖而出,必须具备独特的产品定位。这意味着企业需要深入了解市场需求,精准地找到目标客户群体,提供有竞争力的产品。而领导者的坚定意志是企业成功的保证,一个优秀的领导者需要具备远见卓识、决策果断、执行力强等特点,否则不可能带领团队走向成功。

"您的领导力我了解,只要下了决心,肯定不达目的不罢休,关键是产品的问题。世界上只有两种产品:一种是已经有人在做的,另一种是没有人做的。不论是有人做还是没人做的,只要能做好、做绝、做大,那么就可以在市场上有一席之地。一方面,可以去尝试开发新产品,占领先机。另一方面,如果能力有限,就先从有人做的那一类入手,做到极致,出类拔萃,肯定能击败竞争对手。"张金说,"咱们之前也一起走访了很多海外企业,外国企业能做好,但现在中国企业还没人能做好的,肯定就有巨大的商机。"

而在国内市场上,高端乘用车变速器结合齿精锻齿轮的生产和研发一直处于空白状态。这意味着，如果谁能率先抢占这一领域，谁就有可能在激烈的市场竞争中占据优势地位，成为行业的领军企业。

事实上，在这一领域，中国企业并非毫无基础，反而有得天独厚的地方。因为早在1970年代，国内就有专家开始研究如何用精锻齿轮制造变速器结合齿，之所以这一领域没有得到充分发展，很大程度是因为汽车市场规模未能跟上。同时，由于精锻齿轮制造技术本身较为复杂，且成本较高，因此在过去几十年里，这一技术在国内并未得到广泛应用。

"中国人以后肯定能够享受到与美国人和欧洲人相当的生活水平，一旦生活质量得到提升，购买汽车将成为一种必然趋势。所以，中国汽车市场迟早有蓬勃发展的那一天，这时候提前布局，肯定错不了！"张金说。

在一旁侧耳聆听的夏汉关越听越激动："技术有基础，市场有潜力，我们也都见识过世界最先进的企业是怎么生产的，此时不干何时干！"

"是这样！我建议你们，资金哪怕再紧张，也一定要引进海外最先进的装备，这样才能和海外竞争对手站在同一个起点上，否则以后升级换代更麻烦。"张金点拨道，"还是要继续去海外多考察交流，每次去都会有新的收获。"

不知不觉间，两人在餐厅从中午12点聊到了下午5点，直到他们注意到餐厅已有人来吃晚饭，才意识到已经深入交谈了5个小时。一旁的服务员都有些纳闷，这两人在"密谋"什么大事，时而低声细语，时而热烈讨论……

有了行业专家的指点，夏汉关更加有底气了，他坚信自己的选择是对的，靶心已经确定，接下来就是努力拈弓搭箭了。在那个世纪之交，不少浮躁的企业还在"拼大拼全"，仍沉浸于追求规模和全面，而夏汉关和张金却早早意识到，做专做精，甚至只做产业链上的一块"积木"，才是未来的正确方向——这已然领先不少企业半步。

数十年后，当让张金用两个关键词来描述夏汉关时，他很快给出了答案：好学，专注。在他看来，夏汉关是一个善于思考的人，同时也非常乐于倾听他人的建议，哪怕是与自己观点相悖的意见。

好学与专注，确实相辅相成，相得益彰。好学下的专注，就意味着并非固步自封，而是保持开放的心态，不断地学习新知识、掌握新技能，以适应持续变化的环境。而专注力滋养下的好学，便能集中精力，增大压强，攻克一个又一个难题。

确定目标后，夏汉关一坚守就是几十年，他将自己的全部精力都投入到了这一领域，从不分心，从不懈怠。几十年的时间里，他始终不断地学习、探索和实践，果然带领公司"做强做绝"，乃至全球顶尖。

这，就是专注的力量！

永不服输：26套房产押来启动资金

梦想固然宏大，但回到现实，一切还都需要资金。

夏汉关接手时的太平洋精锻，资金短缺可以用"极度"来形容，造成这一被动局面的原因之一，是因为1999年提前挪用了2000年近650万元资金。这种寅吃卯粮的做法，让太平洋精锻陷入了严重的财务困境，承受着巨大的资金压力和债务问题。

当时的太平洋精锻，吃了上顿没下顿，能抵押的都已经抵押了，银行不抽贷已是万分照顾，想从"只会锦上添花"的银行再借出钱来，那简直比登天还难。

万难之下，为了解燃眉之急，只能使用"非常规"手段了。经过和银行反复沟通，夏汉关终于想到了一招：抵押自己的房产。然而，当时刚刚进行房改，房价普遍不高，一套房子抵押进去，银行也只会批贷10万元。这对于项目投资来说，无异于杯水车薪。

让公司骨干承担风险一同参与抵押借款，投身到一个前途未卜的项目中，他们会愿意吗？他们的家人会同意吗？如果这次投入还见不到成效，公司就有可能破产，难道连带着个人也要生活困顿、一败涂地，甚至血本无归、流离失所？

然而，在生死攸关的时刻，夏汉关必须做出抉择。"绝不能服输！否则企业将会破产，员工将面临失业，银行数千万元债权将蒙受重大损失，我们将成为既对不起前人、又对不起今人、更对不起后人的罪人。"夏汉关心里默默地告诉自己。他知道，这是一场必须取胜的战役，只有"置之死地而后生"，才有可能改变公司的命运。

"人生能有几回搏！自当保持永不服输的韧劲，越是艰难、越要向前。"——多年后，夏汉关如是写道。

当时，夏汉关找来25名公司骨干，在详细剖析了公司未来的战略规划和落地步骤后，他诚挚地说："我们公司叫'太平洋'，就像一艘行驶在大海上的船，大家都是这艘船上骨干力量。这艘船是满载而归还是触礁搁浅，取决于船上所有的船员是否齐心协力，同舟共济。每个人都主动、高效地完成工作，用心打造属于大家的'船'，这艘船才会一帆风顺、破浪前行。每位船员的命运都和这艘船紧紧捆绑在一起，同生死，共命运。我们不但要贡献自己全部的能力，还要保护它，让它不在中途抛锚。"

夏汉关看到大家纷纷点头，紧接着说道："大家也都知道，改革的阻力已经消失了，现在我们就需要合力攻坚，既然叶先生也信任我们，我们就应该抓住这个机会拼一拼！现在，为了让这艘船能继续行驶，我们每位船员都必须一起使劲，相信船只要发动起来，会越开越快，直到胜利的彼岸！"

这25名公司骨干，对于公司的未来都充满信心，对于正在进行的改革也十分认同，夏汉关上任后更是干劲十足，他们听了这番话，十分振奋。"现在可谓万事俱备，只欠让资金循环起来的东风。骨干这时不出力什么时候出力？"一位高管用拳头敲了敲会议室的桌子，激动地说。

"我们管理层大部分都是搞技术出身的，在产品开发过程中与客户进行了频繁的交流。当时在发达国家，街头巷尾都是小轿车，这让我们深信中国的汽车产业未来一定会有辉煌的明天。我们还看到了中国人口众多这一潜力，所以，就缺点燃市场的一把火，只要把当时的艰难局面挺过去，公司肯定会发展壮大。"赵红军的话代表了多数高管当时的想法。

最后，加上夏汉关自己，总共26位骨干员工，没有一个人选择"弃船"，他们用26套房屋总共向银行贷款260万元。

当时，沙风喜甚至是瞒着家人，偷偷拿家里的房产去做抵押贷款的。"那时公司身处困境中，也不会想那么多。"沙风喜说。

实际上，260万元仍然无法满足太平洋精锻的资金需求，到了年底，公司仍然无法按时支付工资。不得已之下，沙风喜就和夏汉关一起去找位于江苏溧阳的上海汽车齿轮五厂的熟人。"当时银行转账还不是很方便，都是取现金，我们开着车去，写了一个借条，终于借回来30万元把大家的工资发了。如今看来，30万元并不算太多，但在当时，可是我们的救命稻草。"沙风喜感慨说。

甚至，因为口碑好，原来"粉末冶金厂"时代的客户都来帮助太平洋精锻渡过这个难关，相继借来一些资金。

关于做决策，夏汉关后来有这样的心得：决策的检验是延后的，认准的事就要下决心干，而不是犹豫，机会对谁都是平等的，谁抓住谁就赢得主动、抢占先机，要耐心沟通，然后想尽一切办法让决策执行到位，但更重要的一点是，如果实践证明决策是错误的，应立即放弃。

"大家都愿意相信我，把企业的事业当作自己的事情来对待。我们都共同期待着美好的未来，认为国外的企业和行业发展得如此出色，我们同样有能力做得很好。正是这种信念的力量，让我们展现出了超乎想象的潜能。"夏汉关说，"如果当时只看到风险，犹豫不决，那么我们今天就不会取得这样的成就。"

央视《焦点访谈》栏目，用一句话概括了这段重大历史节点："积累的过程很漫长，成立之后的10年间，太平洋精锻连续亏损，最艰难的阶段，甚至连续6个月发不出工资。夏汉关只能和一些员工拿出自己的房产作为抵押，从银行贷款渡过难关。"看似简短，实则充满了复杂多变的历程。

26本房产证，26个"安身立命"的家，夏汉关拿着这笔沉甸甸的启动资金，更觉得肩上的担子重了，许多人也为他暗暗捏了一把汗。

而夏汉关觉得，只要这260万元产生正向循环，催生飞轮效应，将会有更多资金纷沓而来。

和不少企业家一样，夏汉关也信奉飞轮效应：为了使静止的飞轮转动起来，一开始你必须使很大的力气，一圈一圈反复地推，每转一圈都很费力，但是每一圈的努力都不会白费，飞轮会转动得越来越快。最后，即使你没有用更大的力量去推动它，它也能够依靠自身的重力和动力进行加速，于是飞轮就以不可阻挡的动量持续向前转动着。飞轮将越转越快。这就是吉姆·柯林斯提出的"飞轮效应"，揭示了企业在困境中持续努力、不懈奋斗的制胜法则。

夏汉关明白，要让太平洋精锻这个飞轮转动起来，就必须有愚公移山般的精神和毅力，就必须付出比别人更多的努力和汗水，而非轻易放弃，遇到困难就退缩。况且，他们根本没有退路！

企业即人，管理即借力

新产品开发终于有了启动资金。这笔钱该用在何处？夏汉关将其用在了刀刃上：立即采购生产急需的原辅材料。

于是，为天津夏利配套的乘用车变速器结合齿精锻齿轮，急如星火地开始打造。

夏汉关为此提出了一项重要要求：确保新产品按时交付并保持内部产品质量控制。

此外，为了让公司的有限资金更好地流动，夏汉关在资金的调用次序上也下了很大功夫。比如，在2000年6月的用款问题上，他要求银行利息和税款承付、还贷排在优先级第一位，生产必须用款居次，采购物资对外付款及外协用款居末。

同时，夏汉关要求制定详细的用款计划，以便更好地规划资金运作。显然，这有助于公司更好地掌握资金流动情况，确保在有限资金下高效运作，避免因资金问题导致生产中断或经营困难——巧妇难为无米之炊，太平洋精锻的"少米"之炊也被他安排得妥妥当当。

在那个非常时刻，姜堰镇政府为太平洋精锻的发展提供了大力支持。姜堰镇是城关镇，2000年时正在开展城市化改造。改造后周边村庄焕然一新，富裕起来。村委会将闲置资金存入农村信用合作社，这些资金是集体组织的，由村委会负责管理。虽然这些闲钱有增值的需求，但却没有合适的投资渠道。夏汉关想到，是否可以借用部分资金来缓解公司的困境。在当时姜堰镇政府的协调下，加上公司里不少员工都来自附近村庄，几个村委会都同意了这一做法。因此，在镇政府和村委会的鼎力支持下，太平洋精锻获得了部分流动资金，从而减轻了银行的还款压力。他们向村委会支付了较高的利息，双方得以"双赢"。

夏汉关的做法，让笔者想到了"张瑞敏去村里借钱给员工发工资"的故事。

1984年的海尔，还是个亏损147万元的小厂。张瑞敏上任没有多久就到了"年关"。这对张瑞敏来说真是一关，因为距离春节只有短短几天了，而工厂却连发工资的钱都没有，更别提像其他单位那样发放年货了。然而，正是在这个困境中，张瑞敏展现出了他的智慧和决断力。他决定前往附近的村庄寻求帮助。经过一番沟通与争取，终于在腊月二十七这一天，村里答应了借钱给海尔。

当时，厂里的财务科科长顶着寒风，骑着三轮车，奔波五里路，终于赶到信用社取回了资金。张瑞敏不仅按时发放了工资，还给每个人发了5斤鲜美的带鱼。工人们深感新领导是如此关爱员工："他敢为大伙借钱发工资过年，咱也要争口气，好好干，挣了钱把钱还上！"就在这种激情下，海尔员工在张瑞敏的领导下，开始走上了"要么不干，要干就要争第一"的艰难而又辉煌的创业之路。

张瑞敏之所以这么做，就是因为他经常对高管们说："要让员工心里有企业，企业领导就必须时刻惦记着员工；要让员工爱企业，企业领导首先就要爱员工。"

夏汉关借钱，虽然不是为了发工资，但两个故事有着异曲同工之处，都体现了张瑞敏曾说过的"企业即人，管理即借力"。无论是张瑞敏借钱发工资的故事，还是夏汉关的充分借力，都是领导者在关键时刻，勇于承担责任，为企业和员工着想的经典案例。

可以说，历届地方政府都十分关心太平洋精锻的发展，他们的大力支持为企业运营提供了强有力的保障，太平洋精锻也为当地的经济发展做出了贡献。这也充分体现了政府与企业之间的良性互动关系，对于推动地区经济的繁荣和发展具有重要意义。

"认证"军令状：年底前必须过关

新产品开发的同时，夏汉关将另一件至关重要的事情提上了日程，那就是在2001年底前，必须通过QS-9000和VDA6.1质量体系的第三方审核。

夏汉关专门召集高管开会研究此事，他在说"必须"二字时，专门加强了语气——意即势在必得，毫无商量余地。

QS-9000是一种质量体系标准，由美国三大汽车巨头克莱斯勒、通用、福特联合制定。当时，美国三大汽车公司生产的重点已不再是汽车零部件，而将中国视为最大的潜在的零部件供货基地，这正是中国零部件生产企业的一个良好机遇。而成为这三家美国汽车公司供应商就必须通过QS-9000认证，同时，我国的三大汽车厂(一汽、二汽与上汽)也在逐步以通过QS-9000认证作为选择供货商的重要条件。

VDA6.1则是德国汽车工业联合会(VDA)制定的德国汽车工业质量标准的第一部分，即有形产品的质量管理体系审核。想成为德国汽车工业的供应商，就必须取得VDA6.1证书。

可以说，一个是美国汽车市场的"门票"，另一个则是德国汽车市场的"护照"。

20世纪90年代，美国三大汽车巨头每年在全球的采购量达1300多亿美元。无疑，通过这些汽车工业发达国家制定的认证，就意味着与国际最先进的管理规则接轨，获得打入国际汽车零部件市场的"入场券"。

彼时，中国加入世界贸易组织的谈判正在紧张进行，夏汉关直觉地认为，以后将不可避免地面临世界汽车工业的强有力竞争，但只要按照对方的"游戏规则"来，达到国际标准，反而是我国汽车零部件生产企业打入国际市场的极好机会。

"新品开发过程中的审核要求越来越高，公司原有的ISO9002质量保证体系已不能再满足顾客的要求，从公司发展的需要看，拖下去将越来越被动，然而一旦通过，可以大幅提高产品的质量和信誉度，增强市场竞争力，拓展海外市场。因此申请通过QS-9000/VDA6.1质量体系的第三方认证已势在必行!"在高管会上，夏汉关掷地有声地说。

因为没有退路，所以只能拼尽全力，一往直前。

于是，一个由夏汉关任组长的认证攻坚团队迅速成立，这个团队汇集了时任质量保证部部长的赵红军以及周稳龙、刘凤山等资深高管，还有三十几位中高管共同参与。可以说，当时同时进行的两项重大任务:开发新产品，通过国际认证——每一项工作都艰巨而复杂，但还是那句话:每个人都在船上，再不拼搏，就要被淹没了。

夏汉关当时之所以要求必须尽快通过认证体系，是因为他知道，外资车企只认这个，即便你的产品再厉害，没有这些认证，也会被拒之门外。反之，只要通过认证，更多的机会和发展空间就在眼前。

"我们当时已经与通用和大众在结合齿产品上建立了初步意向，然后他们提出了通过认证的硬性要求，所以我们就必须遵守。"赵红军回忆说。

夏汉关首先要求，为了配合QS-9000/VDA6.1第三方认证的需要，必须在全公司范围内推行"5S"运动。

早已熟读《改变世界的机器》这本书的夏汉关，对于与丰田精益管理相辅相成的"5S"，即整理(Seiri)、整顿(Seiton)、清扫(Seiso)、清洁(Seiketsu)和素养(Shitsuke)，有着深刻的认识，他知道通过认证不是应付检查，不是治标，而是治本，必须从源头处下功夫。

"'5S'作为一项基础性管理要求，我们应该在全公司积极推广。公司有必要成立'5S'运动推行委员会，具体负责活动的宣传、策划、指导及检查工作。"在夏汉关的要求下，太平洋精锻设立了一些关键绩效指标，如整理、整顿、清洁、清扫的完成率、质量问题的处理速度等，以便让"5S"落到实处，而非喊喊口号。"只要认真，工作就能做好；熟练工人是靠师傅带出来的；按计划完成生产就可以；'5S'没有生产重要——这些都是执行'5S'过程中不当的管理意识，我们一定要克服。"

夏汉关甚至留意到了公司工作服不统一的问题，并决定"为了塑造企业形象及员工精神面貌，增强凝聚力，公司将组织重新制作，统一工作服"。

当时中国制造企业普遍存在的问题是，制造过程较粗放，产品质量可以达标，但却无法实现大规模的生产。就好比一个小学生拿到一个中学的竞赛题，虽然最终把问题回答了，但是求解问题的过程很不规范。

夏汉关给2000年全年重点任务的定调是："新品上批量，新品为重中之重，抓紧开发在全司上下必须形成共识"。而"5S"管理通过一系列的规范，正可以解决这一问题。

与此同时，夏汉关号召全体总动员，让每个人都清楚公司志在必得的目标。"为了确保我们公司'5S'活动和QS-9000/VDA6.1质量体系审核的顺利进行，我们需要在全公司范围内进行广泛的宣传和动员工作，以便让每个员工都能够充分理解这两个重要活动的背景、目的和意义，从而提高大家的积极性和参与度，并充分发挥团队协作的力量。"

当时太平洋精锻资金实在紧张，恨不得一分钱掰成两半花，因此，夏汉关还特别提出："我们不必花费额外的费用去聘请认证咨询机构提供协助，我们完全可以自己摸索。但请一些质量专家做做咨询、讲讲课还是很有必要的，这样针对个人，可以节省咨询费用。"

这种情况下，就意味着当时的攻坚团队，尤其是公司质量保证部必须更加努力，"自学成才"，把自己变成专家。

为了能一举攻克两项国际认证，夏汉关制订了一个周密的奖惩计划。"如果我们在年底前顺利通过这两个体系的认证，公司将拿出20万元奖金，奖励给全体员工（相当于一个月的工资）。此外，我们还将额外拿出10万元，表彰在认证工作中做出突出贡献的优秀员工。"夏汉关停顿一下，继续说道，"然而，如果我们无法如期达到这一目标，将取消全体中层以上管理干部的年度奖金，并扣除他们一个月的工资。这是我们对未能达成目标的严肃态度，也是对我们全体员工的明确要求。"

既然必须拿下，唯有分秒必争、全力以赴。

在夏汉关的组织下，认证攻坚团队迅速展开工作。他们制定了明确的实施计划，确保认证工作的有序进行，此外，他们对公司的质量管理体系进行了全面的梳理，找出了存在的问题和不足。随后，他们深入研究国际认证标准，结合公司的实际情况，制定了一套切实可行的认证方案。同时，他们制定了详细的工作计划和分工方案，要求团队成员严格遵守时间表，确保每个环节都严格按照计划进行。在这个过程中，赵红军作为时任质量保证部部长，发挥了关键作用。

"QS-9000/VDA6.1较ISO9000标准增加了要求条款，其强调的精神在于持续改善。比如改善机器设定、改善非计划性的停机时间、改善厂内无附加价值的事项、改善人工及材料的浪费等。通过QS-9000认证有很多益处，比如改进质量，提高效率，改善交付能力，改进公司的经营状况，改进公司内外部的交流。

而认证的目标则是建立基本质量体系，持续地改进质量，加强预防缺陷，减少在供应环节中出现质量变差及浪费。"时隔多年，赵红军在说起QS-9000/VDA6.1的特点时，仍然印象深刻。

"你不能把产品质量完全寄托在人身上，因为人是最不可靠的，要有一套手段。"赵红军说，太平洋精锻很早就认识到依靠系统才能保证质量的恒定。之前虽然太平洋精锻长期进行自力更生式的产品开发，具有较强的解决问题能力，但研发的严谨性，以及制造和质量管控体系与外国企业有较大差距。

太平洋精锻还另辟蹊径，为了节省资金，他们没有请咨询机构辅导，而是寻找已经通过相关质量体系认证的客户，前来赋能。

"有一家客户与我们挺熟的，因此我们请他们的质量部经理来提供一些指导，他为我们提供了宝贵的建议。"赵红军说，这无疑是一个高效的捷径。"从相关标准出发，需要编写程序文件和质量手册，同时还要遵循各个要求进行规范。我们要对员工进行反复培训，确保他们能够熟练掌握各项工作流程。"

当时赵红军承受着巨大的压力，因为公司董事会给他下了军令状。以至于到后期，对于两个标准体系的内容，他都能倒背如流，每个环节需要注意的事项都搞透了。"当时最大的动力就是，我们一定要按照这个体系的要求做好，一定要为大众和通用供货。在这个信念的支撑下，我们只能全力以赴，确保每一项工作都能达到质量标准。每一个环节都严格把关，力求做到最好。

"你们太好学了，必须通过"

事实上，自1998年起，太平洋精锻便在努力构建各大汽车品牌的标准化配套体系，他们充分利用"走出去"和"走进来"两种方式，不断学习借鉴，补足短板。

"1998年时，尽管公司面临困境，我们还是开始了质量体系的建设工作，并成功地通过了ISO9000认证。这个认证为我们后来进入上海通用的供应体系打下了坚实的基础，当时就通过了潜在供应商的评审。"赵红军回忆说。

"当时去别的企业参观交流，我们会积极寻找所有对公司有价值的内容，比如现场管理方法和相关记录、表单等信息。无论是主动索要、复印还是拍照，我们都会通过各种途径收集这些资料。回到公司后再仔细研读，找出哪些方面值得我们借鉴和学习，并立即记录下来。这样做的目的是确保我们能够迅速将别人的优点和成功经验应用到公司中，从而不断提升我们的标准化体系。"时任质保部副部长贾建平回忆说。如今，他仍然珍藏着这些"复印件"。

同时，当客户"走进来"时，太平洋精锻的质保部团队也从不错过任何可以学习请教的机会。当时，太平洋精锻还未涉足乘用车供应领域，有时知名汽车厂商会来公司进行"潜在供应商审核"，也就是寻找"后备梯队"。在这个过程中，质保部团队总是积极主动地请教，甚至索取一些有价值的资料信息。"比如丰田、日产、通用、大众和福特等重要客户，包括国内几大客户，每当他们来访时，我们就把对方的审核要求、提纲标准等都要过来。然后，通过深入研究和理解，再将这些需求和标准融入到我们自身的管理要求中。我们并不需要完全吸收所有的内容，而是选择那些对公司有益的部分进行吸收。"贾建平的话，充分还原了当时太平洋精锻的策略——择其善者而从之。

就这样，在持续的学习与探索中，太平洋精锻总能深入研究各类理念，然后巧妙地将其融入到自身体系中。这种方式使得公司在借鉴他人的同时，又能够保持自身的特色和独立性，达到"以我为主，博采众长，融合提炼，自成一家"的效果。

然而，体系认证是一项错综复杂的工程。从调查研究、策划方案、标准宣传、培训教育、文件撰写、修改调整、审定审核、内部审查、管理评审、模拟审核以及第三方认证审核直至注册发证，每一个环节都必须严谨细致，精益求精，不容许出现任何瑕疵。

"对于当时规模尚小的公司说，认证是一项巨大的挑战。"全程参与认证工作的贾建平说，"我们以前做产品就是结果导向，反正把产品做出来，能用就行。然而，要想通过认证，就必须证明你的产品满足规定中的每一个要求。符合标准是最困难的，特别是西方人制定的标准，因为东西方的思维方式往往存在差异。"

为了把问题逐一击破，太平洋精锻专门成立贯标小组，他们组织骨干员工赴客户现场进行学习，了解客户的需求和期望，以便更好地为客户提供优质的产品和服务。在培训和实地考察的过程中，贯标小组甚至还邀请了"甲方"的质量经理进行指导，使骨干员工能够了解客户的需求和期望，做到"有的放矢"。

在推进认证的过程中，标准化的配套体系手册是必不可少的。这些手册为生产提供了详细的操作步骤、技术要求和质量控制方法，有助于确保产品的质量和性能。然而，仅仅掌握这些理论知识并不足以保证车间的正常运行和达到预期的生产目标。

"建立标准体系必须要看到绩效，需要每年给审核公司提供运营、运行的指标，同时专家要到现场来审核确认，看运行的是否有效。体系与实际运行是两张皮，那就麻烦了，也就是理论和实践必须要结合起来。"贾建平说。

在实施这些标准体系时，部分员工自然有些不适应，因此出现了离职的情况。这是规范过程中的"阵痛"，不可避免。

贾建平阐释了其中缘由："生产同一种产品，我们的员工所投入的时间可能会比其他公司的员工多一些。这是因为我们不仅仅关注产量的提升，而是努力将每一个环节都做到尽善尽美。别的公司可能是今天做多少产品，就赚多少钱。在'太平洋'，员工不仅仅做产品，还要把其他事情做好。比如所有的检验要做记录，一旦发现不合格品，该标识就必须做标识，必须按照标准来。假如一天做了1000个产品，其中有900个合格品，有100个不合格品，这100个不合格品又分为哪几种类型，该怎么处理，都必须做相应的区分。"

经过多年的积淀和长达半年的贯标改造，当见多识广的第三方审核机构专家来太平洋精锻做认证审核时，发出了这样的感慨："你们公司看上去比较怪。你们身上有大众汽车的影子，通用汽车的影子也有，福特汽车的影子也有，真是集合了他们的很多特点。"

审核专家的另一句感慨是："想不到在这个'小地方'竟然隐藏着如此规范的工厂。你们的设备和工艺在国内闻所未闻，已经填补了这方面的技术空白。"

显然，审核专家都是"行家里手"，看到深藏于姜堰一隅的太平洋精锻能做到"国际水准"，方才这样说。

审核专家们也感受到，太平洋精锻团队展现出难能可贵的精神风貌，他们不仅在技术上不断追求突破，还在工作中始终保持着谦虚谨慎的态度，勇于向他人请教，持续完善自己。

因此，尽管当时太平洋精锻在某些方面还是有些瑕疵，但评审组依然决定通过审核。这是因为他们看到了太平洋精锻所具备的巨大潜力。他们相信，只要太平洋精锻能够继续保持这种好学上进的精神，不断提高自身的技术水平和管理能力，迟早会成为行业的佼佼者。

"几位审核专家当时还说，第二年审核时，希望你们有更大的进步。"

赵红军回忆说，这句话，一直激励着"太平洋"团队，他们牢记在心，不敢懈怠。

最后，太平洋精锻终于成功通过了倾注大量心血的QS-9000/VDA6.1质量体系认证。相应地，公司的管理体系得到了全面优化和完善，产品质量和服务水平也得到了显著提高。审核专家们对于公司的评价，无疑也给了全体员工以极大的鼓舞。

那个时候，汽车行业有各种不同的质量体系标准，有时还互不相认，这就意味着针对不同客户要符合不同的标准。比如美国三巨头的QS-9000，德国的VDA6.1，法国的EAQF，意大利的AVSQ。

这种情况下，如果汽车零部件供应商同时向主流汽车制造商供货，就必须对ISO9001、QS-9000和VDA6.1进行同时注册，甚至多次注册。这就好比"手表定律"，拥有两块以上的手表并不能帮人更准确地判断时间，反而会制造混乱。

因此，为协调汽车工业不同的质量体系标准，国际标准化组织编制了一份技术规范ISO/TS16949，从此才有了国际汽车行业的通用"语言"。

"这不是一个正式的标准，而是一个通用的技术规范。只要通过这个技术规范，就意味着满足了全球九大汽车主机厂家(美国福特、通用、克莱斯勒，德国大众、宝马、戴姆勒，意大利菲亚特，法国标致雪铁龙、雷诺)的要求，可以为他们提供配套服务。这个证书就像是考公务员一样，你必须要有教育部认可的本科以上学历，具体是哪个大学的就不再重要了。"贾建平形象地说。

自2000年开始，太平洋精锻投入大量精力和资源建立并完善认证体系。在短短3年时间内，他们成功通过了所有认证体系的审核。也就是说，他们开始有资格为所有知名汽车厂家提供配套服务了！

夏汉关履行了他的承诺，不仅当年为全体员工提供了"13薪"的奖励，而且将"13薪"纳入了公司的薪酬体系，这一福利此后从未中断过。有同行说，太平洋精锻能够在这个关键时刻给予员工丰厚的奖励，实属不易。

而夏汉关本人，也因为这一举动，再次赢得了公司内外的尊敬和信任。夏汉关在关键时刻展现出的领导力和决策能力，确实令人钦佩。在公司面临生死存亡时，在毫无退路的情况下，他毅然设定了一个时间表，坚定地带领大家攻克了主要矛盾，让公司崭露头角，进入了国际汽车巨头的视野。我们不妨延伸一下夏汉关的"公交车理论"，有时经营公司也和开车很像，一个十字路口的绿灯过去了，迎接它的将是一路绿灯，而一旦没有通过，后面就处处是红灯。

一步对，步步就对，在那个非常时刻，夏汉关带领公司成功迈出了关键的一步，太平洋精锻的加速行驶阶段，即将来临。

"九月大会"：用数据说话

时间来到了2000年9月，夏汉关在公司内推进改革已近1年，正式上任已满4个月。他发现，在研发新产品，推行QS-9000/VDA6.1管理过程中，部分员工出现了一些不满情绪，这一情绪是由于不理解造成的。因此，夏汉关决定，召开一次全体员工大会，对公司最新情况进行公开说明与答复。同时，分享公司在过去一段时间内取得的成绩，以及即将面临的挑战。

当时，部分员工对于企业的危急情况仍没有充分的认识，还是按部就班地上下班，缺乏"按时交付"的契约意识。在谈及这个问题时，夏汉关说道："新的管理理念告诉我们，员工的工资不是老板给的，而是客户——这个真正的上帝给的。反过来，要从客户那里获取收益，前提是我们要先销售出合格的有竞争力的产品，而这个产品要从我们每位员工的手上做出来。在市场竞争激烈的今天，如果我们不全力投入，客户要按时取货，而我们按部就班、不急不忙地生产，该休息照样休息，试想，如果我们不及时供货，客户和市场会不会等我们？等到我们干出来了，而用户也不要货了，这种劳动就是浪费，我们的收益和工资报酬就全落空了，企业如此下去则员工饭碗必然不保，工厂关闭破产的日子也就不远了。

"这并不是说我们不能休息，而是在有业务时加班加点工作，在业务不繁忙时适当休息或补休。我们需要先确保企业的生存，然后才能考虑其他事情。在最困难的时候，大家团结一心，共渡难关。随着形势的好转，各种待遇自然会有所改善。"

接下来，夏汉关以业内知名企业上海大众、一汽和日本"你期待"公司为例，进一步说明了"客户导向"的重要性："他们面对市场竞争，同样是以客户需要为目标，新品开发过程中不休息，突击生产时不休息，道理是一样的。"

"我们必须始终牢记，客户的需求是生产的根本出发点。如果企业经营没有产品做，大家想不休息都不可能，而且一休息就是好长时间，那种滋味反过来比不休息更难过。"夏汉关加强语气说。

"作为企业的一分子，我们每个人都要深刻理解并践行QS-9000/VDA6.1管理体系的核心理念，将客户的满意度作为工作的最终目标。只有这样，我们才能够在市场竞争中脱颖而出，创造更大的价值，同时也为自己赢得更好的发展和回报。"危急时刻，夏汉关只能通过这样的循循善诱，给大家"上紧发条"，翻身的机会只有这一次，如果再不抓住，公司必将面临更严重的困境。

夏汉关推进改革的成效，充分表现在了公司的经营数据上。2000年1月至8月，太平洋精锻实现营收2473.57万元，比1999年同期上升124.17%，公司已然朝着良性方面运转，扭亏为盈的目标已经不再是遥不可及的梦想，只是时间问题。

此外，还有一份数据证实了太平洋精锻的巨大发展潜力。在2000年1月至8月，他们向国家缴纳的增值税达到了267.58万元，比上一年同期增长了190万元。这充分表明了公司产品具有较高的附加值，意味着其市场竞争力开始增强，也预示着公司未来有着广阔的发展空间和光明的前景。

还有一个数据，也充分说明了变革的成效：

2000年1月至6月，太平洋精锻员工的人均薪资收入比1999年有较大幅度增长，不论是精锻车间、模具车间，还是热处理车间、齿轮车间，一线员工的收入均有大幅增长，甚至接近25%。这一增长无疑得益于公司的业绩提升和成本控制的改善。同时，在夏汉关的倡导下，太平洋精锻还对员工进行了培训和激励，提高了员工的工作积极性和生产效率。这些举措都为员工带来了更好的薪资待遇和发展机会。

2000年1月至8月，太平洋精锻的财务费用同比大幅下降，有了显著的改善。

在降低采购成本方面，自从对原材料采购、电器配件采购实行比质比价后，这一策略已经带来了明显的成效，进货价格明显下降。电器配件采购从当年8月起，购进价格至少平均下降50%以上。此外，他们还采取了一系列措施来降低对外付款的成本，包括采用更有利的付款条件等。这些努力都对"降本节支增效"产生了积极的影响。

与此同时，2000年1月至8月，太平洋精锻在电费和原材料耗用方面的数据已然超过1999年全年，无效支出明显减少，生产线却在开足马力，这表明公司正在扩大生产规模并提高产量，自身造血能力越来越强。

这直接反映在了产值上，2000年1月至8月，太平洋精锻的产值已然超过1999年全年，更加值得一提的是，回款额也在8个月内显著超过了上一年。这意味着公司在业务拓展、客户满意度和市场竞争力等方面取得了明显的进展。

部室精简、人员优化方面，在夏汉关的力推下，通过将原本的"七部两办"简化为"六部一办"，职能部门的职责更加明确，减少了部门之间的沟通成本和矛盾，协同效应得以增强，减少了资源浪费，提高了工作效率。

以上，都表明太平洋精锻正在稳步向更健康、更有活力的方向发展，只要公司能够继续保持这种良好的发展势头，就有望步入发展的快车道。

2000年的秋天，叶先生再次来到太平洋精锻，看到公司业务蒸蒸日上，员工团队充满活力，产品品质正在提升，顾客满意度也在不断提高，他感到很欣慰，并向包括夏汉关在内的管理层提出一项重要指导原则："守法经营，做到三方面满意——让员工满意，让顾客满意，让投资者满意。"同时，叶先生特别强调，三方面满意要同时做到，而不能偏重或轻视哪一个方面。这一价值理念，对于太平洋精锻的发展产生了深远影响。

显然，在追求员工、顾客和投资者满意度的同时，要注重平衡各方利益，则需要一定的艺术，避免片面偏重某一方而损害其他方的利益。叶先生的这一要求，看似简单的几个字，实则饱含了深厚的哲理和智慧。夏汉关经常反复念及，不断思考："这不仅是公司发展的基石，也是我们全体员工共同的责任和使命。"

不过，当时的太平洋精锻显然还是有不少短板。

比如，尽管每月生产配件量、废品量比1999年同期均有不同程度的下降，但是，这方面的质量成本损失仍然较大，还有巨大的改进空间。

"这项工作关键在于每位员工从自身做起方能见成效。可能大家不知道，根据统计，我们现在每个月生产的废品造成的损失，月平均达2.5万元左右，而1月至8月，我们累计生产配件近50万元，平均每月6万多元——由此可以算出损失率有多大。而我们全体员工一个月的工资总额也仅仅是20余万元。如果每位员工对此高度重视，每月在这方面降低质量成本几万元，我们员工的福利何愁不能搞得更好？"夏汉关结合这一数据，说明了废品造成的损失之大——这也正是太平洋精锻抓紧推进QS-9000/VDA6.1体系建设的初衷之一。

接着，夏汉关说了一句"重话"：如果不坚决压缩废品损失、不抓质量就等于自杀！"说到底一句话，公司的命运和大家的待遇，靠我们用辛勤有效的劳动来改变。报废量大，我们的生产成本就高，产品价格在市场没有竞争力，就拿不到合同和订单，因此希望全体员工理解现在推行的'5S'管理和QS-9000/VDA6.1管理中的强硬做法，给予配合和支持。一个产品在不负责任的员工手中报废，损失几十元，实际上就否决了其他员工的劳动所得，损害了大家的收益。"按照夏汉关的部署，公司质保部将组织各车间、各部门开展目视管理活动，使得全体员工更加了解其工作质量与部门、公司各类经营目标的关系。

目视管理作为精益生产的一部分，是一种现场管理方法，通过在现场公开展示相关信息，使员工能够直接看到生产过程的质量状况，可以更清楚地看到他们的工作成果如何影响到公司的整体表现，从而激发他们提升质量的积极性，及时发现问题并采取措施加以改进。夏汉关引入这种方法，显然是希望堵住质量损失的源头。

夏汉关在推行"5S"管理和QS-9000/VDA6.1管理时，的确是"强硬"的，毫无"差不多""下次再说"的可能性。"强硬"方能带来真变革，"手软"就会有更多的"通融"。

中国的工业文明里，最缺的就是规则——不，最缺的是遵守规则并维护规则，我们习惯于"法外开恩"，热衷于"下不为例"，擅长于"特殊情况"。所以，很长一段时间，我们的工业文明几乎还是一片废墟，契约精神在这片土地上难寻踪迹，相反，违背公平正义的"三十六计"倒是人人皆知。

而夏汉关认为，"标准"就是公司的法律，这种强硬的态度，虽然可能会让一些员工感到压力，但却能够有效地保证公司的规范运作，确保各项规章制度得到有效执行。

有些员工认为夏汉关过于严苛，不留一点"过渡"的空间；有些员工则因为达不到要求而受到了处罚，导致情绪低落。夏汉关却一直没有动摇自己的决心，他坚信只有通过这样的标准化管理方式，才能使公司不断进步，走向成功。此外，一次改变不代表彻底改变，关键是将管理改进的成果固化，变成良好的工作习惯和行事风格。

当时太平洋精锻距离精益管理的另一个明显不足，是在设备管理方面的差距。

太平洋精锻的核心资产主要是各种设备，当时总价值超过8000万元。这些高精准度的设备是公司持续发展的关键，因为一旦设备的精度下降，就难以生产出高质量且可靠的产品。这意味着，太平洋精锻必须比其他公司更加重视设备的维护与保养。之前，夏汉关组织了一次调查，结果发现，部分已经使用了七八年的设备，保养状况令人担忧。

"有的员工操作上百万元、上千万元的设备而不勤于保养，这方面我们的干部和职能部门也有责任。车床、钻床的维修次数增多，这是否与员工不按照规定操作以及平时不注重保养机床有关呢？不可否认，当然有！试想，如果设备是你家的，你能忍心蛮干吗？不会！这就是一个主人翁意识的问题。"夏汉关一番自问自答之下，直接说明了这一问题的症结所在。

紧接着，他又让所有员工意识到这个问题与每个人都息息相关："如果大家都不爱护我们赖以生存的工具设备，时间一长，设备精度提前下降，导致提前报废，或者设备维护成本上升，则企业的负担就加重，资金就更紧张，大家的收益自然就下降了。"

随后，夏汉关提出了标本兼治的解决办法：许多设备因维修质量问题导致工人操作生产不顺。因此，公司决定从现在开始，对维修人员进行重新考核上岗，统一调配和考核。同时，设备管理制度也将进行修订。"未来，我们将对设备维护保养的考核力度进行严格把控，希望全体员工能够理解、配合并给予支持。让我们共同努力，确保设备的高精度和稳定运行，为企业的可持续发展保驾护航。"夏汉关再一次把"丑话"说在了前面。

夏汉关的断言：公司将在 2000 年走出困境

在太平洋精锻的"9月大会"召开之前，传来了一个"特大利好"：根据中国汽车工业协会最新的统计数据,太平洋精锻已经成功跻身全国生产行星、半轴齿轮前五强企业之列。这一消息引起了各大汽车变速箱生产厂家的关注,他们纷纷前来参观考察,并与太平洋精锻就新产品开发业务展开洽谈。

众多厂家所关注的新产品,正是高端乘用车变速器结合齿精锻齿轮,在这一产品研发的过程中,太平洋精锻始终坚持着再难也要投入的原则,从未在研发投入上有所限制。

"只要项目有价值,就会全力投入资金、资源进行开发。这种研发模式从公司成立之初一直延续至今,未来也将继续保持。我们不会对研发的预算设限,而是'该用的就必须用',根据实际需要投入足够的资金。这笔钱绝对不能省!"夏汉关说。

"目前,我们在天津、重庆等地的结合齿项目以及上海通用齿轮和停车制动爪项目上,已经累计投入了至少100万元。此外,加上之前的投入,我们已经在新产品领域投入了近300万元。一旦新产品实现批量销售,将为我们公司带来质的飞跃。"夏汉关对全体员工公布了这一数据,并提前"吹风"。300万,对于当时的太平洋精锻来说,着实不是一个小数目,比一年所有员工的工资总和还要多。

彼时,太平洋精锻正全力以赴地攻克新产品的关键难题,要为2001年的发展奠定坚实基础。因此,为了给新产品保驾护航,太平洋精锻当时在设备技术改造方面也不遗余力,以提高生产能力和效率。"同时,我们下一步的技改大项目也已立项和完成可行性研究报告,并上报董事会,计划投资1500万元左右,为公司的发展添置关键设备。"夏汉关说。

之所以敢于继续大手笔投资,是因为夏汉关预见到,公司新产品的供求关系将发生巨大变化。当时,很多客户都是主动上门询问,一改过去销售人员"磨破嘴、跑断腿"的局面。尽管当时中国汽车市场的增长速度并不算快,但太平洋精锻的业务量却明显在快速增长。

因此,夏汉关当时就断言:公司将在2000年走出困境!

太平洋精锻终于迎来困境反转的曙光，伴随着台下雷鸣般的掌声，夏汉关接着说道："我们管理层对未来充满信心，历经风雨，我们共同渡过了这个艰难的时刻。从今年技术部人员的忙碌身影中就可以看出，我们有一个充满希望的未来！"

台下的掌声更加响了，如同春雷滚过，震撼人心。原本还有疑虑的员工，此时心中的困扰已经烟消云散，此前对改革抱有怨言的员工，也彻底扭转了认知。甚至，还有人流下了激动的眼泪，毕竟，公司已经成立8年了，他们第一次看到未来是如此的明晰。

不过，夏汉关迅速让场面冷静下来，他诚恳说道："我们还是要意识到，公司的技术工作仍有许多提升空间，在产品质量先期策划和工艺革新改进方面，还有很多工作要做。尤其是在工艺改进的技术难题攻克方面，我们还未全面取得突破。因此，公司将重新对年初的技术难题招标项目采取任务制分工，分配给相关攻关小组和专业人员，使其成为公司的实际行动目标。同时，我们希望一线员工能够提出更多合理化建议。如果建议被采纳，公司将按照相关规定给予奖励。让我们共同努力，推动公司的技术工作不断向前发展！"

夏汉关时任姜堰市政协委员，从政协提案制度受到启发，一直倡导公司员工多提建议和意见，他知道，一家企业的衰败，往往是从组织沉默开始的。组织沉默的根源是管理者内心住着两条"火龙"：一条叫做"内隐管理理念"，另一条叫做"对负面反馈的恐惧"。两条"火龙"盘踞在管理者心里，喷出熊熊火焰，烧退那些胆敢来犯的"侵入者"，直接影响了组织的结构、策略以及管理风格。

夏汉关认为，组织沉默导致企业缺乏不同观点的碰撞与负面信息的反馈，扼杀着企业的活力与激情，任何想要完全挖掘和利用员工全部智慧的组织，都要摆好姿态、搭好戏台，让员工要说、想说、敢说、会说，从而塑造一种开放、活力、激情、阳光的人性化文化环境与组织氛围。

所以，夏汉关当着所有员工的面，说道："欢迎全体员工给我和公司多提建议，书面的或口头的，不管正确与否，我都虚心接受，以利于工作改进。即使建议不合理，也不会因提建议而使工作受影响。相反，多提建议的员工，充分说明他关心和热爱企业，这种行为应受到保护和鼓励。"

这一做法，被后来的太平洋精锻长期保留并升级为"员工提案"制度，他们还多次举办了"我为企业献一策"活动。

面对谣言与拆台，用诚意留住客户

正当太平洋精锻上下为新产品的开发忙得不可开交时，没想到外面却"谣言四起"，始作俑者，竟然是前任总经理。

前任总经理去了另一家企业后，似乎总觉得太平洋精锻欠她点什么，并没有就此"善罢甘休"。于是在外面散布"太平洋精锻快不行了，干不到年底就要垮了"的谣言，极尽惑众之能事。

甚至，前任总经理还跑到太平洋精锻的核心客户合肥汽车制造厂，将自己已经离职的事"公之于众"，并把正常的人事调整描述成一场有预谋的"内斗"。她还鼓动合肥汽车制造厂不要再使用太平洋精锻的齿轮，并说自己会推荐其他厂家更优质的产品，以满足他们的配套需求。

巧的是，当时沙风喜正在合肥出差。合肥汽车制造厂的厂长打电话给沙风喜，让他到厂里来一下，却没有说什么事。沙风喜以为是有业务要洽谈，便风尘仆仆地赶去。没想到，一见面，厂长便委婉地说："你们公司最近是不是变动挺大啊……"

沙风喜听了有些疑惑，不知道厂长为什么会问这个问题。他轻轻地点了点头，向厂长详尽地介绍了公司目前正在积极推进的改革措施。

厂长听了这番解释后，方才把自己的所听所闻一五一十地告诉了沙风喜："我认为你是个诚实可靠的人，而且你们公司的产品品质也相当不错。就是你们前任总经理的一些话，让我产生了担忧，担心这会影响到我们之间的合作。说实话，你来之前，我确实在考虑是否需要寻找一个备用供应商，以免出现什么问题……"

沙风喜立即打断厂长的话，向他说明变革后的太平洋精锻只会越来越好，一切都理顺之后，不论是技术还是工艺，都将迈上一个新的台阶。"厂长，您放心吧，我们公司一直把产品质量放在第一位，绝对不会让您失望的。而且，我们也会严格按照您的要求和标准来生产产品，品质只会越来越好。"

厂长听了沙风喜的话，脸上露出了微笑。

不过，这位厂长是个负责任的人，觉得"耳听为虚、眼见为实"，后来还专程去了太平洋精锻，看到生产车间里热火朝天，员工的精神面貌都很好，不但没有"衰败"的迹象，反而有朝气昂扬的感觉，心里的石头这才落了地。

但前任总经理还是觉得事情"闹得不够大"，"县官"不行，就去找"现管"，她又去找了合肥汽车制造厂负责经营的副厂长，这次又编造了一个新版本：核心骨干沙风喜等人就要从太平洋精锻离职了，即将加盟另一家竞争对手的公司，太平洋精锻很快就要树倒猢狲散了。

原来，前任总经理此前又有了"策略"——充当起"猎头"挖墙脚。她暗想，如果太平洋精锻的核心人物和关键业务都被挖走了，那这家公司不就成了空壳了，岂不很快一败涂地？

于是，前任总经理"不辞辛苦"，跑到了距离太平洋精锻几十公里开外的另一家竞争对手处，就像春秋战国时期的"说客"一样，给这家公司的负责人阐述了挖人的利弊得失。这位负责人听后大喜，完全答应了前任总经理替太平洋精锻的核心骨干"争取"到的优厚待遇：赠送市区一套价值20万元的房产——当时房价每平方米只不过1000元出头，这意味着要赠送近200平方米的大洋房。同时，开出高达10万元的年薪——这是当地人均工资的近10倍！

"两家都是同行,所以他们之前也都熟悉,这家公司当时的规模比我们大,已经做到几个亿的产值了,所以敢接受这样的条件。"沙风喜说。

接着,前任总经理逐一去找太平洋精锻的核心骨干去谈,掌握着核心客户资源的沙风喜只是其中之一。面对这样的利诱,这些从"粉末冶金厂"时期便和夏汉关同甘共苦、默契无间的战友们,没有丝毫的动摇。他们深知夏汉关的人品和能力,坚信他一定能够带领太平洋精锻走出困境,公司很快就将迎来曙光。同时他们也都识破了前任总经理的企图,反而劝说她好聚好散,不要做损人不利己的事情。

"我们风雨这么多年,又是同龄人,所以不可能被利益所诱惑,当时就想着奋力一搏,一定通过奋斗改变公司的现状,改变自己的命运。"沙风喜如此回忆说。

但是,蒙在鼓里的合肥汽车制造副厂长,却不知实情,面对这样的空穴来风,他再次产生了动摇。

毫无疑问,面对如此重要的客户,在信息不对称、先入为主的情况下,此时再多的解释也无济于事,夏汉关决定带着团队去合肥实地拜访,把事情的前因后果说清楚。在夏汉关说明缘由并诚挚道歉的同时,众多核心骨干也坚定地表达了自己与太平洋精锻同命运、共发展的立场。"副厂长"终于搞清楚了是怎么一回事,他选择了理解和谅解,并表示合作是两家公司之间的事情,不应该受到人为的干扰。

"我们一定不受干扰,按照协议推进,确保按时、保质保量交付,如果您有任何疑虑或者建议,我们也随时欢迎您提出,我们会认真对待并及时改进。"夏汉关诚恳地说道。接着,他又详细介绍了公司在变革之后取得的成绩以及未来的发展规划,还向客户展示了公司在技术创新、产品质量和服务水平方面的进步,让客户充分认识到公司的实力与潜力。

这个来之不易的合作,终于保住了。前任总经理的精心策划,又一次化为泡影。

然而，惑动客户寻找新的供应商，来与太平洋精锻抢市场、抢饭碗的事情，发生了不止一次。这导致2000年下半年，太平洋精锻管理层和销售人员的大量时间和精力被消耗在与客户的沟通和解释工作上。好在，他们通过耐心的解释和真诚的沟通，经受住了这场莫须有的考验，最终赢得了客户的信任，消除了他们的顾虑，保住了自己的市场份额。

"当时，耗费了大量时间，反复上门与已经不看好我们的合作客户沟通洽谈、'推销自己'，用内心的真诚和发展的前景，再次唤起了客户的认可与信赖。"夏汉关说。

在这个过程中，夏汉关再次展现出了卓越的领导力和沟通能力，他不仅在公司内部积极推动改革，竭力打造新产品，还在面对外部压力时，坚定地捍卫了公司的声誉和利益。

经过这次风波后，太平洋精锻彻底走出了阴影，在新世纪的第一年，他们经历了太多的波折和动荡，尘埃落定后，必将是一个崭新的开始。

力排众议，打造全国"独一份"

除了外界人为制造的杂音，夏汉关力主的变速箱结合齿新品开发，当时也面临着一些阻力。

显然，新产品开发风险极大，何况把有限的资金都投入其中，当时很多人不理解，担心一旦失败再也爬不起来。

"很多人不赞同去研发新产品，因为它对精度的要求极高。这个零件当时在国内都是采用机械切削工艺制造的，如果要改锻造的话，就需要对整个变速箱的结构进行重大改进和创新。"赵红军说。

然而，胆识过人的夏汉关却相信：风险愈大，收益也就愈大，回报率也就越高。

另一方面，夏汉关认为，为人所不能为，在市场上才有话语权和竞争力。

"如果一家公司想过得比别人好，那么在发展的某个阶段，你必须走出别人看不到的'超前一步'。如果你能看到的别人也能看到，那么想要过上好日子的可能性就很小了。就像在学校里，如果水平都一样，那么很难脱颖而出。世界上优秀的公司，没有哪一家是依靠'四平八稳'赚钱的。在拓展市场时，你必须要有敏锐的直觉，去发现那些具有潜力的未来市场。只有这样，你才能抓住机遇，获得成功。"

创业初期，太平洋精锻开发的冷摆辗项目科技含量极高，在国内无人能及，本应获得相应的回报，但由于管理不当，未能抓住机遇，市场未能做大。这一次，绝对不能重蹈覆辙！

事实上，用传统切削工艺生产的结合齿，有很多弊端，比如在汽车变速换挡时，因为结合齿承受冲击载荷，时常出现打齿而挂不上挡的现象。同时，结合齿经切削加工后，强度也会大幅度降低。

开过手动挡汽车的人，也许都感受过，在那个年代，有的国产车在换挡时不仅非常费力，而且经常出现异响，其实都是这个原因造成的。

"主要就是产品的工艺方式不一样，造成了这个差距。因此，夏总坚信中国的手动变速箱在未来也必然会采用这种锻造工艺。后来通过不断的理念灌输，反对的声音逐渐变小。"赵红军说。在产品研发的同时，太平洋精锻团队便已在全国客户中推介这种先进工艺。

"采用锻造工艺的结合齿，在变速箱结构进行优化时，一个显而易见的好处就是变速箱的体积变小了。我们便反复介绍改进的优势和优点，其实大家也都明白工艺升级的好处，关键在于能不能生产出品质稳定的产品来。"赵红军说，"其实很多人也是捏着一把汗的，大家抵押房产证，就是为了搏这一下。"

事实证明，太平洋精锻此前的"厚积"没有白费，对标海外的先进设备，不断在交流中成长的好学员工，夏汉关整顿内部管理后释放出的无尽活力……这一切，都决定着他们必将取得成功。

中国锻压协会2000年的行业大事记里，记录了这一历史时刻：

2000年10月24日，江苏姜堰科委受江苏省科学技术委员会委托，在南京召开江苏太平洋精密锻造有限公司开发的汽车变速箱结合齿精锻齿坯项目的专家鉴定会。

江苏太平洋精密锻造有限公司在日本株式会社"你期待"的支持和配合下，与天津汽车齿轮有限公司一起成功地开发出变速箱结合齿精锻齿坯，这是属于世界汽车制造业变速箱齿轮锻造先进工艺，填补了国内空白，达到1990年代国际先进水平。这种直接精锻工艺，可节材30%，材料平均利用率可达60%，因此，整体制造成本可下降25%。由于采用精锻一体成形，结合齿部位有效接触面加长，倒角中心位置精度高，金属纤维连续不断，使结合齿强度和使用寿命显著提高，变速箱变挡平滑省力，对提高整车性能有较大改善。而且这种精锻结合齿的冲击韧性和强度都有显著提高。

国外采用冷精锻工艺的锻件主要用于变速箱传动系统，如变挡传动齿轮结合齿精锻齿坯，主动轴和从动轴冷挤压成形齿坯、差速器行星和半轴齿轮冷精锻毛坯、自动变速箱行星齿轮毛坯等。现日本、美国、德国等亦采用这种精锻件供国内生产的车型，如日本大发提供给天津夏利的CKD零件，德国大众提供给上海大众、一汽大众的CKD，都采用精锻齿轮。

现该公司的结合齿精锻齿坯经天津市质量监督检验站检测，其金相组织平均晶粒度、脱碳层深度、硬度及齿形精度均符合标准。该精锻齿坯经后续加工为成品后，装入TJ7100汽车变速驱动桥总成进行台架试验，其疲劳寿命、润滑性能、同步器性能、噪声、传动效率、同步器寿命等指标均符合《汽车变速驱动桥》标准要求，经5万公里道路试验拆验合格。与日本大发公司CKD精锻结合齿比较，产品精度达到和高于CKD件水平。

汽车变速箱结合齿精锻齿坯开发成功后，江苏太平洋精密锻造有限公司现已为天津汽车齿轮有限公司和重庆青山工业有限公司提供五种结合齿精锻齿坯；签订了为沈阳三菱汽车发动机制造有限公司、哈尔滨东安汽车动力公司提供5种规格结合齿精锻齿坯的试制协议。江苏太平洋精密锻造有限公司将在50万件能力的基础上，再进行闭式热模锻+冷锻成形结合齿精锻齿坯的开发工作。

"在我决定集中技术力量全力组织新产品开发的时候，也有不少人担心万一栽下去又是一个大跟头。我明白，就如同'美丽的玫瑰花带刺'一样，只有敢于追求常人不敢追求的目标，才有可能获得常人无法企及的成就。决心已定、说干就干，那之后，我们加班加点、连续奋战，一次次设计、一场场试验、一回回调试，苦心耕耘终是收获了果实。新产品投放市场后，当年10月便通过江苏省科技厅认定，并很快形成批量生产。2003年12月，我们与天津汽车齿轮有限公司合作申报的'汽车变速箱结合齿精锻齿坯'项目获得中国机械工业科学技术进步奖二等奖。"多年后，夏汉关以文字记录了当时的艰难历程。

显然，在商业世界里，企业家必须具备一种难以言喻的品质——定力。这种定力源于对未来的坚定信念，使他们在面对困难和挑战时始终保持信心满满。有了这种信念，他们会更加全身心地投入事业中，竭力将企业推向成功。

"每个人的成长都会有遭逢艰难的时候，但身处山重水复间别放弃，挺过去，就是峰回路转、柳暗花明。人生总有收获时！自当保持永不懈怠的拼劲，无论何时，都要向前。"夏汉关如此回顾道。

在夏汉关的超前眼光下，他力排众议，再次带领太平洋精锻填补了国内空白。手握全国"独一份"的太平洋精锻，想在国内市场占据一席之地，还会难吗？

第5章

厚积 博采众长

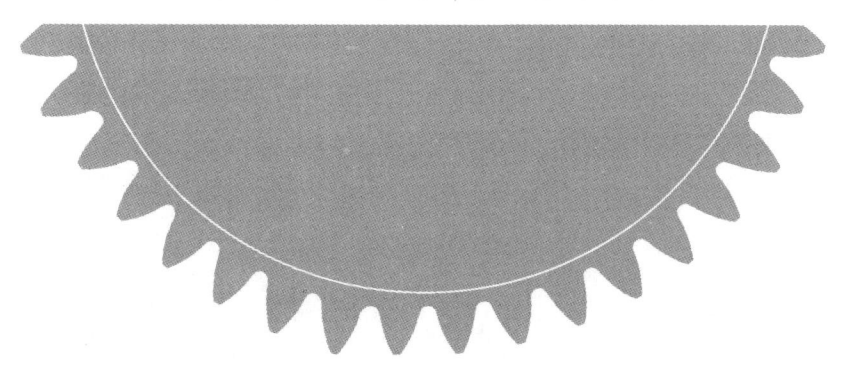

东西方文化完美交融 129
为何它对"太平洋"敞开大门 131
独特的学习方法论 134
模具加工:十年磨一剑 135
你们不了解中国人的勤奋精神 141
以其不自生,故能长生 142
大胆拥抱这个世界 145
必不可少的品格领导力 147

东西方文化完美交融

成功打造出全国"独一份",显然不是一蹴而就的事情,这离不开"太平洋"团队数十年如一日的"海外取经"。他们一方面研究行业最新趋势,对标国际先进水平倒逼自己发展,一方面研究成功企业的商业运营模式,持续向标杆企业学习。在此过程中,他们不断对全球领先的锻造技术进行应用、引进,继而消化、吸收,最后转化为自己的独门绝技和核心竞争力。

"务必勇于创新,拥抱新知识、新思维,紧跟世界的步伐。太平洋浩瀚无边,唯有历经风雨洗礼,企业方能乘风破浪,扬帆远航。"这是叶先生在公司成立初期,对夏汉关的叮嘱。

因此,数十年来,"太平洋"团队不断赴欧、美、日、韩等地区或国家进行交流,即便在每年亏损数百万的危急时刻,这种交流也从未停止过。

叶先生始终认为,海外优秀企业的"今天",就是中国企业的"明天"。

无独有偶的是,福耀集团董事长曹德旺也在1993年参观完福特博物馆后预判:"100年前美国人在做什么,我们就可以做什么。"

"作为曾经的合资企业,对外交流与合作相对方便,机会较多,这无疑有利于我们开阔视野和思路,容易搜集和比较国外先进同行的信息,有助于我们找准自己的位置,不坐井观天,以便更好地应对市场竞争。我们深知世界上最好的企业是什么样的,因此我们一直在寻找自己与优秀企业之间的差距。"夏汉关说,"这都与叶先生密不可分,他用开放的思维和广阔的视野,经常给我们提供有益的建议和思考,为公司的发展注入新的活力。同时,叶先生对我们的学习进步充满了热情与关爱,一直倡导和鼓励公司年轻一代走出国门放眼看世界,抓住一切机会向全球优秀的同行学习交流,并且身体力行。"

叶先生曾给夏汉关发来传真，深情地写道："只要能改变你们的思想，一切都值了，也算是我对祖国的一点点贡献，帮你们去追赶西欧。"

"叶先生鄙视那种'我们不能与日本人比，不能与欧美比'的自卑心理，而要我们以自己是中国人为荣，教育和鞭策我们改进做事的态度，克服自我陶醉、要脸面图虚荣，报喜不报忧，做事喜欢耍小聪明、抄近路的劣根，发扬中国人自强不息的优良传统，发挥自己的聪明才智，接受新思想，凡事要精益求精而要使自己有自知自觉，长期坚持不懈，奋发图强，迟早有一天，我们绝对可以赶上欧美。"夏汉关回忆说。

叶先生这些感人至深的肺腑之言，寄托着对中华民族振兴图强的期待，已经根植于夏汉关的脑海中，成为他的人生信条和哲学理念。

在不断的对外交流中，夏汉关深刻认识到，在市场经济中，诚信、规则和契约是企业成功不可或缺的基石。他将这种精神融入到公司的经营管理中，并将其作为企业文化的核心价值观之一。

同时，在这一过程中，东西方文化的交融也深深地影响了"太平洋"团队的思维模式。这种融合不仅仅体现在管理理念和技术层面，还延伸到了企业文化和价值观等方面。令人欣喜的是，他们发现东方企业和西方企业在价值观上，实际上有着惊人的相似性。比如，东方传统美德中的诚信、勤奋、团结，这是中华民族几千年文化的精髓所在，而西方文化的契约精神、高效、团队协作等，与此都是相通的。归根结底，这就是一种工业文明的体现。

这为"太平洋"团队提供了一个全新的视角，帮助他们更好地理解和应对国际市场的挑战。

通过不断的学习和探索，"太平洋"团队逐渐实现了一种独特的中西合璧的企业文化和管理模式，他们将传统东方美德与现代西方管理理念相结合，从而让东西方文化在太平洋精锻实现了一种有机而完美的整合，为公司发展注入了新的活力。

为何它对"太平洋"敞开大门

在叶先生的支持下,始终保持着强烈求知欲的夏汉关,几乎每年都会带队去日本同行处参观交流,每次去都能看到精锻产业在日本的最新变化。在此过程中,日本"你期待"公司给了"太平洋"团队很大的帮助。

通过"你期待"公司的介绍,夏汉关和团队得以接触到了很多日本同行。在参观过程中,夏汉关和团队对日本汽车行业的发达程度印象深刻。"我们觉得,通过了解日本同行正在开发的新产品和技术,可以为公司找到未来的发展方向。他们的运作模式、产品开发流程,我们最后都消化吸收,为我所用。"

然而,现实可不像夏汉关所说的那般"轻描淡写"。

"你去看看这个设备在什么位置","他们怎么解决这个问题的,你来盯一下","这个工艺很复杂,不让拍照的话,问问他们的工人"……

日本京都地区京田边市的一个小旅馆里,几个人正在"密谋"。

这是1994年,夏汉关带着几位骨干,前去"你期待"公司交流的前一晚,他带领大家做的功课。当时,每参观一家企业前,"太平洋"团队都会这样进行充分讨论,设立明确的目标,然后制定详细的分工计划——他们知道,只有做好充分的准备,全面、深入地了解每一家企业,才能在每次交流中取得最大的收益。

第二天,夏汉关找准目标,绕开专门设置的参观通道,来到了一台设备前,拿着手里提前准备好的笔记本,照着画了起来——不让拍照,这也是无奈之举。

随后,他又比划着与工人交流了一番。

"你期待"公司的主管看到这一幕,先是摇摇头,后又笑了笑。原来,夏汉关这么做已经不是第一次了。

为了确保企业的机密信息和生产工艺不被外泄,许多企业都会刷出一个"绿底黄边"的参观通道,旁边的黄线,就像交规中的"双黄线"一样,禁止参观者穿越。

然而,对于夏汉关这样的好学者来说,这些措施并不能阻挡他们学习和探索的步伐。"别人走马观花,我们恨不得拿起显微镜仔细看。无论是设备的型号,还是模具的制造加工流程,我们都会逐一刨根问底,生怕遗漏任何重要的细节。"赵红军说。

也许是受到了夏汉关等人勤奋精神的感染,"你期待"公司社长田中先生并没有制止这种"越线"行为,甚至提出可以对"太平洋"团队完全开放。"你期待"公司有一个精密模具车间,一般外人来不会发现这个地方,而田中先生专门带夏汉关等人前去参观。

"当时他们就经常近距离观察机器,田中先生说,'太平洋'想怎么看就怎么看,不必干涉。'太平洋'团队特别爱学习,因此田中先生也很赏识他们。"在一旁陪同的杨国彬对此印象深刻。

"田中先生的眼光独到、长远,他当时认为,如果不与我们合作,长远来看对他们是不利的。因此,他一直主张与我们保持沟通,同时认为'太平洋'的发展势不可挡,我们不从这儿学会,迟早也会从其他地方学会。"夏汉关回忆说,"所以,只要我们去交流,社长和管理层都会亲自出面,非常热情地欢迎我们的到来。而且,只有'太平洋'团队可以在他们那里全方位地参观。"

当时夏汉关带团队去,都是杨国彬接待,他还原了田中先生的想法:"田中先生有着前瞻性的思维,他有一个理念,就是你能学到的东西,对我来说就不是最先进的了,你可以跟着我学,我在前面继续往前闯、往前冲,大家形成一个良好的生态。田中先生对中国市场还是很感兴趣的,与单笔交易相比,他似乎更希望培养一个长期的合作伙伴。比如'太平洋'在未来发展壮大后,只要双方保持紧密的合作,那么'太平洋'对产品的需求将会不断增长，自然会购买更多的产品。"

甚至，田中先生还邀请夏汉关每年带团队多来几次，并说公司想发展就不要闭门造车，要走出来多看看。同时在交流学习方面要舍得投入，学习费用与旅游相比，并不会高出太多。

在这种"优待"下，夏汉关与团队始终保持着旺盛的学习热情，后期甚至每个季度都要去一次日本。

杨国彬发现，每次夏汉关都要求学习一些新的内容。"每次都不一样，比如刚开始是模具工艺设计方面，后来就是模具的制造加工，再到后面就越来越细了。"

在居酒屋微醺后，田中先生还推心置腹地告诉夏汉关：做供应，一定要把客户分散开来，如此才能降低风险。"田中先生当时把自己的经营理念给夏总灌输了不少。比如说，不能只抱着丰田、日产或者本田这些大客户的大腿，而是要保持自己的独立性，将多家车企都发展成自己的客户，这样才能避免出现问题。"这些话，杨国彬当时都翻译过，因此记忆犹新。

在后来太平洋精锻的发展历程中，我们都能看到这些理念的影子。

为何"你期待"公司不惧怕"培养徒弟饿死师傅"或者"引狼入室"？为何田中先生会有这种常人不具备的胸襟？因为他相信，培育一个未来不断成长的客户，实际上就是在培养潜在市场，这种共生共存共赢的理念，对于中国企业来说，具有很大的启示意义，值得学习和借鉴。

在这个互惠互利的生态圈里，优秀者催促着后来者成长，当后来者进步后，他们也能从中有相应的收益。显然，田中先生看到了这种生态背后的长远利益，他的胸怀和远见，使得他能够站在更高的层次去思考问题。

在中国企业界，确实有不少人还停留在"以我为主"的思维模式，忽视了与后来者之间的共赢关系，甚至为了竞争打得"你死我活"。然而，随着市场环境的变化和竞争的加剧，这种思维方式已经不再适用。越来越多的企业开始意识到，要想在市场中生存和发展，就必须学会与他人共同成长。

独特的学习方法论

然而，像"你期待"这样的公司毕竟是少数，绝大多数公司是不可能让你去随意"越过黄线"的。

但极其珍贵的交流机会，显然每次都得牢牢抓住，多次和夏汉关一同外出交流的中国锻压协会秘书长张金，就曾经给他出了一招：每次参观的时候带上一个夹板，把车间的布局、关键设备、产品特征等都画下来，这样一来，既能避免离开现场后遗忘重要信息，又能为今后的工作提供参考。

"太平洋"团队每次外出学习，多则10人，少则5人，他们非常注重团队间的交流与学习，而不是个人的互动，这样可以避免因为个人的学习偏差而导致整个团队走弯路。

在海外学习时，夏汉关要求每位成员记录下他们所看到的一切。回到酒店后，每个人所做的第一件事是先整理好笔记，然后大家围坐在一起进行讨论。如果发现团队成员的记录内容有出入，第二天去学习时就会重新审视，看看是否能找到一致的观点。回国后，团队成员会把海外交流的经验做大范围的分享，让更多的员工了解学习成果，并达到思想、认知的统一。

此外，如果第一次出国有搞不清楚的问题，他们会在第二次出国时带着这些问题再去学习，并在出发前做好充分的准备。

"每年去哪个国家，派哪些人去，我们都是提前规划好的。同时，为了充分利用时间和资金，我们往往会兵分多路，之后再集体分享。比如在2005年日本名古屋举行的等18届国际锻造会议上，日本锻造协会安排了5条参观路线，其他公司通常只选择其中一条。而我们5条线路都报名了，虽然可能要多花一些费用，但这样可以确保我们全面了解这5条路线的所有信息。最后，我们一共参观了20多个工厂。如此一来，我们就相当于深入了解了20个同行的情况，从而找出我们的劣势以及需要改进的地方。"赵红军如是说。

对于一些"迷茫""困惑",或者对方不愿透露的问题,夏汉关还有一招,那就是跨国界分别对话。"比如,当我们和日本企业交流时,出现一些不理解的地方,我们就再去问德国企业。反过来,我们理解一些了,这时候再去问日本企业,他们可能就会更全面地进行分享了。这就是我们的学习方式,也是我们能够不断进步的关键所在。"

"对于学习培训,我们一直不惜成本。我们已经形成了定期、常态化的海外交流机制,所有关键部门都会参与其中,这对公司的成长起到了关键性的推动作用。"赵红军说。

"我们坚持对标这些优秀的行业标杆,以此为参照,寻找自身的不足,相信只要一步一个脚印地努力,必定能够取得突破。"夏汉关说,"我们是行业里对外交流最为频繁的一家企业,即便在最困难的时候都没有自我封闭。我们参访过全球同行业至少70家优秀企业,还有一大批全球机床行业的领先企业,包括日本丰田锻造、蒂森克虏伯、GKN德国锻造、美国AAM等。我个人参观交流过的世界级优秀企业,至少在60个以上。"

而在杨国彬眼里,夏汉关是一个极为勤奋好学的人,几乎没有节假日。"我觉得他对学习充满了热情,同时精力充沛,他每天都工作很长时间,但不知疲倦。我们一起出差的时候,他基本上都会拿着一本书,或者阅读各种各样的文章。我感觉他基本上没有闲暇的时候,学习已经成为一种习惯。"

就是靠着这一张张"素描",一次次追问,一次次充电,"太平洋"团队主动自觉地与全球行业标杆比照、学习,努力地缩小着公司与国际顶尖企业的差距。他们当时就坚信,有梦想就会有未来,总有一天,他们将与这些企业并肩前行。

模具加工:十年磨一剑

在众多对外交流中,"太平洋"团队对模具加工技术的探索是一个极为经典的案例。为了进一步缩小与国际先进水平的差距，实现自主制造模具的目标，"太平洋"团队投入了整整十年的时间和精力，他们反复研究了全球优秀模具公司的研发手段和装备，最终成功地实现了自主制造。模具技术自此成为太平洋精锻的核心技术之一，凭借这一优势，公司在市场竞争中占据了有利地位。

十年磨一剑，其间无疑充满了艰辛和挑战，从"一穷二白"到"出于蓝胜于蓝"，他们究竟是如何做到的？

纵观世界企业的发展史，后发企业的典型追赶轨迹是：第一步，全方位向发达国家先进企业学习，学习它们的技术、管理、市场开发等；第二步，在对先进企业的技术和管理消化吸收的基础上，"发育"自己的技术和管理体系，实现对先进企业的追赶；第三步，建立自己的优势，逐步实现对先进企业的超越。日本的丰田、本田、索尼、松下，韩国的三星、LG、现代等，无不如此。

太平洋精锻也不例外。"国外同行不太可能把他们的东西讲给我们听，就靠我们自己内部摸索，一步一步纠正我们过程的做法，让我们的过程得到二次创新的超越。"在接受《焦点访谈》采访时，夏汉关这样说。

当"太平洋"团队初次认识到模具的重要性时，夏汉关便意识到必须掌握这一技艺。这是因为，模具的制造成本非常高，如果总是依赖进口，那么制造成本就无法降低，公司自然就无法盈利。

同时，在对标行业标杆的过程中，夏汉关觉得，公司身处汽车产业链，不应该只停留在"制造"这一下游薄利环节，而应向"研发""设计"这些上游高端领域努力。于是，刚刚走上总经理岗位的夏汉关就明确提出，要掌握主动权，必须把模具进行国产化。

然而，显而易见，技术含量极高的模具并不是那么轻而易举就可以制造出来的。

"只要意识到模具是产品的'命门'，它决定了成本，也决定了利润，就必须投入全部精力来研究这项技术，并且做好长期的准备。"夏汉关当时坚定地说。

夏汉关意识到，要想在模具制造领域取得突破，必须从源头开始学习。但去同行处参观时，人家的戒备心很重，根本不让你深入了解。

"我们试图深入研究他们的生产流程，但技术是严格保密的。所以我们只能采取购买模具设备并自行探索的方式。"夏汉关说。这种方式虽然有一定的局限性，但对于当时的太平洋精锻来说，却是一个很好的学习路径。

于是，在后来的考察交流中，夏汉关让团队成员仔细记录下各种设备的型号、性能等信息。接着，根据这些型号去与生产厂家取得联系，购置相同类型的设备。

一旦成为了甲方，就有了"话语权"，设备买回来后总得安装调试，在这个过程中，生产厂家的技术人员不会那么敏感，问一些问题便成了"理所当然"——甲方买了设备，总得培训到顺畅使用。

这种学习模式与日本曾经的"逆向工程"做法十分相似。二战后，为了尽快冲出经济困境，日本决心以美国为榜样，充分利用自身的"后发优势"来引进吸收美国制造业的先进技术与创意。从20世纪50年代开始，日本瞄准了美国的创意，步步紧跟，无论是电脑、消费品，还是通信产品，均不例外。直接的结果便是日本境内开始涌现出大量的"山寨"商品，几乎覆盖了所有行业。不过，这种简单粗暴的"复制"并未持续很久。日本人开始逐渐转变思维，他们不仅从书本上吸取知识，还买来竞争对手的产品进行拆解，对每个部件进行彻底的研究，进而吸收其设计思想，日本企业称之为"逆向工程"。直到后来，日本成为了科技创新强国。

与之不同的是，夏汉关解决问题的路径，更加强调"交流中见真知"。通过设备生产厂家的介绍，"太平洋"团队得以结识更多的同行，他们便主动联系，登门拜访。而这些同行也未必只使用一个品牌的设备，于是"太平洋"团队又接触到了不少设备的生产厂家，如此循环往复，不断在生产厂家和同行之间沟通、交流、学习，直至融会贯通。

那时，"太平洋"团队不知多少次组织骨干外出学习，每一次，夏汉关都会带着不同的团队前往，如齿轮研究、模具制造、热处理、机加工、锻压以及计算机等领域的专业人员，目的就在于了解对方模具的"一条龙"生产流程，究竟是如何搞出来的？

随着时间的推移，"太平洋"团队逐渐掌握了模具加工技术。然而，在没有检测设备的情况下，隐患问题往往难以被发现。为了解决这一难题，他们寻求了设备商的帮助并进行了深入的咨询，最终摸索到了解决办法——但凡购买，售后服务就不算是"技术透露"了。

然而，新的挑战又来了，"太平洋"团队发现很多理论知识他们并不掌握，比如如何编制程序，于是他们请教了相关高校的专家。但按照专家设置的程序，加工出来的产品与日本企业的产品仍存在一定差距。经过技术团队无数次的交叉试验、不断验证，差距终于有所减少。此时，技术团队再次和日本、欧洲的设备商交流，结果得到的答复是：你们的问题越来越专业了……

显然，关键时刻，这些设备商还是十分敏感的，如同猫不会教老虎上树一样，这一环节一旦被"攻破"，他们肯定会损失不少技术服务费。无奈之下，技术团队只能不断地调试程序，逐渐完善了自己的理论体系。最终，技术团队发现，将自己生产的模具和日本企业生产的模具进行互换，已经没有什么差别了！这意味着两者相差无几，太平洋精锻的技术已经非常成熟。

但技术的成熟，并不意味着万事大吉。接下来，技术团队又发现一个问题：为什么这一次加工的模具和上一次的不一样，即缺乏稳定性。最后才知道，原来问题在于：好马要配好鞍。以前，他们虽然愿意花大价钱购买高质量的模具加工设备，也就是工作母机，但是却舍不得在这些工作母机上配备一些高精度的工具系统。

"后来我们意识到这是一个错误。所以，我们向瑞士的高精度工具系统制造商求证，才明白这种模块化工具系统(EROWAMTS)是保持产品稳定性的关键。我们发现了一个事实：工具系统的采购成本比设备成本高得多，因为不同的产品需要更换不同的工具系统。但必须使用它，才能保持精度。"夏汉关如数家珍般向笔者还原了当时深入探索模具加工工艺的种种细节，回首来看，这些步骤似乎简单明了，但在当时的情况下，他们是在一片漆黑中，依靠双手一次次摸索出来的。

在成功突破前一关卡后，新的挑战又接踵而至。经过一番深入调查，技术团队发现当时的国产模具材料普遍不尽如人意。于是他们开始研究日本的材料，并按图索骥联系了日本多个模具材料厂家。"他们逐一到我们这里来洽谈业务，各家的优劣点是什么，有哪些竞争对手，通过慢慢积累，我们就把这个圈子完全搞透了。"夏汉关说。

"太平洋"团队，几乎与国内所有研究模具理论的高校和行业机构都进行过深入交流。夏汉关认为，产学研合作是企业创新的重要举措，务实的产学研合作可以实现高校、科研院所人才技术优势与企业产业化优势的互补，可以促进科技成果迅速转化为生产力，提升企业的创新能力。

何为务实？在夏汉关看来，在产学研合作过程中一定坚持"互利互惠、优势互补、务实推进"的原则，要在项目研发、人才培养、平台共建上开展深层次、实质性的合作，要明确双方责权利，明确成果产权归属，要组织定期、不定期的互访交流，对合作过程中遇到的有关问题要及时予以解决，否则留于形式的产学研合作不可能充分发挥校企双方优势，不可能给企业自主创新能力提供任何帮助和动力。

而在当时的交流过程中，他们发现了一个令人困扰的现象：虽然有些专家对理论有一定的了解，但整体掌握程度并不高，即了解某个侧面，但全部掌握的几乎没有。因此，夏汉关还是把目光投向了海外。

"起初，我们从特种模具入手，观察日本市场上的设备种类和供应商。随后，我们前往欧洲采购相关设备，让日本同行介绍他们的产品与欧洲产品有什么异同。反过来,我们在与欧洲同行交流时,再问日本的设备究竟是什么样的。反复追问,直到获取了全面的信息。"夏汉关"声东击西"的这一招,果然奏了效。

就这样,如同历经"九九八十一难"后,太平洋精锻终于成为模具技术的集大成者。

"基础理论不掌握,设备进口回来也不知道如何使用,面对这样的局面,只能从零开始。一方面,太平洋精锻组织专家组,多次前往海外学习先进经验;另一方面,积极和国内大学合作,经过二次创新,转化成自己的技术。"《焦点访谈》报道太平洋精锻的解说词里,对这段历程如此概括道。

在锻造行业中,模具的自主生产和设计对于企业的发展至关重要。然而,这并非一蹴而就的事情,需要从锻造设备、检测手段、操作方法到软件系统等各个方面进行全面的改进和提升。在这个过程中,"太平洋"团队逐渐摆脱了对外部资源的依赖,实现了从"拿来主义"到自主创新的转变——在巧妙吸收的基础上进行了不断的综合和超越,形成了具有自身特色的生产工艺和技术体系,掌握了高精度齿轮成形模具设计与制造的核心技术,逐步实现了模具生产的自主研发和设计——2010年,太平洋精锻独立研发的这一成套核心技术获得了江苏省科学技术奖一等奖,这不仅提高了公司的市场竞争力,还培养了一批具有创新精神的人才,也为行业的技术进步和发展做出了积极的贡献。

"初期,我们内部的研发能力相对很薄弱,这是因为大多数团队成员对精锻产业并不是十分了解,却要承担起如此重要的任务。通过一个模具将金属材料精密锻造成齿轮,看似简单,实则背后蕴含着许多学问。从模具制造的精度到齿轮设计的原理,从热处理的要求到机加工的过程,每一个环节都需要我们去研究和掌握。当时我们并不了解这些知识,但这更激发了我们的好奇心和求知欲。因此,在那个异常艰难的时期,我们带着这些问题走访了大量海外优秀客户、设备供应商、高校、研究所,不断地学习和实践,逐步解决了一个个难题。这个过程虽然艰辛,但也让我们收获了宝贵的经验和成长。"夏汉关说道。

期间,我们也看到了企业家精神淋漓尽致的体现:勇于面对挑战,敢于探索未知,毫不犹豫地投入。夏汉关带领团队在探索模具加工工艺的过程中,遇到了一个接一个的困难和挫折,但他们并没有因此而退缩,反而坚定了他们的信念和决心,经过一次又一次"盲人摸象"般的尝试、探寻,终于大功告成。

你们不了解中国人的勤奋精神

就这样,"太平洋"团队一直在研究同行和客户各方面的优势,将其融入到二次创新中,继而转化为自己的核心竞争力。全国人大教科文卫组织曾专门来太平洋精锻进行调研,了解他们是如何在"专利墙"包围下搞创新的。

显然,经过长年累月的交流,"太平洋"团队深知保护知识产权的重要性,同时也学会了如何在尊重他人专利的基础上进行创新。

在这个过程中,"太平洋"团队首先深度研读优秀同行的专利技术,逐渐掌握了他们的创新思路和方法,这些"解题思路"为他们自身的研发提供了宝贵的参考,使他们能够更好地发掘创新点并实现突破。

最后,技术团队成功将外部的思维模式和创新方法融入到自身工作中,同时请教专利专家,找到专利突破的方向,从而将"创新点"转化为自己的"独门绝技"。

"在我们熟悉优秀公司的最佳实践之后,我们的视野已经与他们'看齐'。接下来,我们研究了他们的成长历程和创新方法,深入理解了他们的技术理念和原理。这样一来,我们的思维方式也与他们变得越来越相似。于是站在他们的肩膀上实现了二次创新。"夏汉关说,"牛顿说过:如果说我看得比别人更远些,那是因为我站在巨人的肩膀上——正如这句名言所表达的那样,人类的知识和理解都建立在前人的基础上,只有通过学习和借鉴他人的智慧和经验,才能更好地发展和创新。"

在夏汉关看来,有人认为中国企业是通过剽窃他人的资源、窃取他人的成果才取得今天的成就,那是因为他们不知道中国人的勤奋精神,和这背后的辛酸。

"有的外国友人就说,中国发展得确实是快,改革开放后几十年走过了别人上百年的路。我会告诉他们,你们忽略了一个重要因素,我们可是每天工作12个小时以上,有的外国人一年365天甚至有一半的时间在休假。我们这些制造业从业者可是全年无休,我本人这么多年从来都没有周末,所以一年就顶你们好几年,发展速度快是这样追赶上来的。如果我们中国人不勤奋、不加班、不拼命,怎么可能实现超越呢?"夏汉关曾多次给外国同行说过这番话,他们都对中国人的勤奋精神表示了敬意:"听了你的话,我真的很佩服。"

以其不自生,故能长生

2002年时,太平洋精锻模具加工的技术水平,与10年前已不可同日而语,以至于"你期待"公司前来交流时,惊叹于"太平洋"的技术水平竟然进步得如此之快:"日本企业有的,你们竟然全都有!"

因此,"你期待"公司的负责人当时就说:"我希望我们双方以后都能坦诚相待,技术方面你们还有什么不清楚的,我们都可以告诉你们,就是希望贵公司能与我们继续保持供应关系。"

"你期待"公司负责人这番话的背景是:在2000年时,太平洋精锻已经具备了一定的模具生产能力,从过去100%依赖"你期待"进行模具采购,逐渐下降到了80%。随后,他们更是成功实现了完全自主生产模具的能力。然而,这也引发了一个问题：随着太平洋精锻实力的增强，他们是否会抛弃曾经的师傅"你期待"？

夏汉关的决定是：每年继续将至少10%的模具采购任务交给"你期待"——尽管这样外协加工的成本肯定会比自己生产要高出很多。此外，由于后期太平洋精锻的模具加工规模整体变大，这个10%，其实在体量和金额上，不小于当年的"100%"。

滴水之恩，当涌泉相报。"要保持这种合作，双方有了贸易往来，就可以促进彼此的发展。在国际贸易中，双向交流是非常重要的，而这都需要建立在一定的贸易关系之上，这样才能实现共赢，共同推动行业的发展。"夏汉关说，"在国际化商业交往中，你不能说比别人强了，以后就不跟对方来往了，自己玩自己的，是没有出路的。'你期待'公司有恩于我们，曾经帮助我们迅速成长，在我们公司的发展历程中起到了非常关键的作用。这样做其实也是一种知恩图报与互利共生，也是一种工业文明。"

可以说，保留10%的采购份额，既是太平洋精锻对"你期待"公司的一种感恩之情，也是双方长期合作的一种承诺。从1993年开始，双方已经交往了几十年，而在中国大陆，也只有太平洋精锻与他们保持了如此长久的友好关系。最初与"你期待"公司建立联系时，夏汉关就确立了一个核心理念，那就是双方的合作不是"一锤子买卖"。"尽管很多中国同行也与他们有过交流，但大多数都是短暂的接触，比如购买一次产品后就不再合作了，而只有我们与他们真正建立了紧密联系和互惠互利的关系。多年来，无论是公司的高层互动还是部门之间的交流，我们都保持着良好的沟通与往来。"

到了2022年，太平洋精锻准备在泰国建厂，"你期待"公司总部要求其泰国分公司全力支持太平洋精锻的前期准备工作。当时因为新冠疫情的原因，"太平洋"团队无法前往泰国实地考察，"你期待"公司泰国分公司"包办"了这一切，他们不仅协助完成了考察工作，还为太平洋精锻提供了宝贵的建议和不同的思路。而此前，太平洋精锻在日本设立分公司时，"你期待"公司的高管协助他们完成了所有基础调研工作，并在公司选址、人员选择与管理等方面给出了专业的意见。

《道德经》有云："天地所以能长且久者，以其不自生，故能长生。是以圣人后其身而身先，外其身而身存。"太平洋精锻与"你期待"公司携手合作、互助互利的佳话，正是对"自利之道，首在利他；互利共赢，方得永恒"的最好诠释。

在多年的对外交流中，夏汉关发现大部分国际化的公司都有两个"尊重"：尊重规则，尊重强者。"如果他们发现你有很多独特的观点，往往就能够达成共识，他们就愿意与你合作。同时，没有永远的朋友，但肯定有永远的利益，所以我们一直都遵循互惠互利的原则，否则双方的关系就走不远。总之，在国际交流中，我们应该尊重彼此的文化差异，寻求共同利益。这样，企业才能在世界舞台上取得更大的成功。"

的确，双向尊重和用心交流显然是国际合作成功的关键因素。"在与外国客户沟通时，我们应该努力让他们感受到的诚意，将心比心，从而建立良好的信任关系。毕竟，人都是情感动物。"夏汉关说。

在这方面，夏汉关可谓细致到了极点，甚至对于不同国家的客人，应该用什么菜品招待，他都下了一番功夫。"我曾告诉负责接待的同事，日本客人来，可以请他们品尝大闸蟹、甲鱼，他们知道中华美食的博大精深。而如果是德国客人，他们会觉得吃螃蟹太麻烦，红烧肉才是他们的最爱。这个小事情就说明，对外交流时，一定要了解对方的思维模式和习惯做法，这样才能在同一'频道'上进行有效沟通。"

同时，夏汉关认为，公司内部的文化，必须让每位员工都具备长远的眼光。

"外企选合作者，是选长期可靠有合作潜力的供应商，对短期行为是不屑一顾的。《中外管理》曾经有一篇文章，衡量企业经营行为的成功与否，应该从长远的角度出发，而不是仅仅关注短期利益。你是用10年的尺子来衡量一个企业的成功，还是用50年的，甚至是100年的？不同的判定标准，就决定了不同的取舍。"夏汉关说，做企业要有一颗平常心，凡事从长计议，要从百年老店的角度，考虑这件事该做不该做。

在夏汉关看来，国际化、全球化和市场分工实际上是两个团队之间的竞争，是整个组织的竞争，如果你在研发方面表现出色，但质量和设备能力不足，那么仍然无法脱颖而出。同样，如果市场营销策略缺乏国际化视野，或者只关注短期利益而忽视长远价值观，那么对方极有可能不愿意与你合作。

因此，夏汉关坚信，所有的对外合作一定要先想到"舍"。他有着这样的理念：企业究竟是谁的？企业只有在注册成立、注销破产时才是老板的，企业长大了是社会的，赚钱了则是众人的。财散人聚，永远不要专制与独享。

为此，夏汉关曾多次给管理团队讲过这个故事：

有一个财主，临终前把三个儿子叫到身边说，家里有17匹马可当遗产分，大儿子分得1/2，二儿子分得1/3，三儿子分得1/9。17匹马的1/2是8匹半，难道要杀掉一匹马分肉吗？三个儿子百思不得其解。怎么分？他们请来村里的智伯帮助解决难题。智伯从自己家里牵来了一匹马凑成18匹，大儿子得1/2是9匹，二儿子分1/3是6匹，三儿子分1/9是2匹。"9+6+2"等于17，还剩下一匹，就是智伯从自家牵来的，自然又牵了回去。

"这则故事所反映的深奥数学原理只能由数学家们去解释，但它包含的人生道理却给我们以深刻的启迪。将欲取之，必先予之。先'舍'，不仅让你毫发未损，还会获得丰厚的回报。"夏汉关对管理团队说道。

大胆拥抱这个世界

在对外交流的过程中，《中外管理》也成为夏汉关思想上的一座"灯塔"。

"大约是在2000年前后,《中外管理》成为了我们的指引,我发现这本杂志的核心价值观竟然和我们如此相似:开拓视野,理念领先。在面对问题和挑战时,我们不应该局限于自己的思维和经验,而应该勇于开拓新的视野,寻找更多的资源和解决方案。"夏汉关说。

在2006年,已对日本企业管理有深入了解的夏汉关,仍然充满热情报名参加了《中外管理》组织的"管理全球行——日本精益生产高级研修团",目的是去探究如日中天的丰田公司。有意思的是,夏汉关当时评价自己是"一个对身边社会和环境有良好影响的、有贡献和有价值的人,一个关爱他人值得怀念的人"。当被问及"参观丰田生产现场您留意到的细节有哪些?您有什么体会?"时,夏汉关答道:丰田现场员工的劳动强度与传统中国企业不同,都像丰田的员工这么工作,中国会发展更快;丰田现场的物流工较多,工作节奏很强很快;产品全流程的紧凑度非常强。

同时,细心的夏汉关留意到,丰田车间的厂房传输管线都被巧妙地安装在车间上方,这种设计不仅节省了空间,还使得员工的工作环境更加舒适。同时,丰田部分员工的工作服并不强制要求统一穿着,这种人性化的管理方式让人感到非常贴心。甚至,对于丰田车间外的物品摆放区域,夏汉关也做了详细的观察和研究。

可以说,在业界,太平洋精锻是为数不多的与世界全方位交流过的企业。"朋友是越处越多,参观交流过这家企业,另一家也就会邀请你去。所以我们充分利用了全球化的黄金时代。假如在家闭门造车,还不知道要走多少弯路。"夏汉关说。

"尽管在前十年我们经历了一些曲折,但从一开始,我们的文化基因就与国际接轨。如果我们当初没有积极参与国际交流,即使有机会,我们也无法把握住它。当我在2000年接手公司时,我们已经了解了全球最先进的技术,掌握了所有需要学习的知识,明确了未来的方向。只要我们下大力气整顿内部管理,建立良好的机制,再加上市场需求的增长,就有机会迎来转机。因此，前面吃的苦、受的累，最后都变成了我们的财富。"夏汉关总结道，"我们是姜堰开发区第一家合资企业，向外学习的姿态一开始就确立了，这使我们与传统的制造企业有所不同，我们就是大胆地拥抱这个世界。几乎所有红利都被我们抓住了，才使得我们走到了今天。现在，我们回忆起过往就说，如果哪个环节做得不够好，肯定也不会有今天的成就。"

必不可少的品格领导力

在海外交流中，夏汉关认为最大的收获是与全球知名的机床生产制造商日本山崎马扎克株式会社老会长的一次深谈。当时，夏汉关问老会长：一家企业要想成为百年老店，能够在激烈的市场竞争中不断取胜，究竟需要依靠什么？

山崎老会长告诉他：首先，你必须与众不同，掌握那些别人无法触及的核心技术；其次，你必须要舍得投资，培养一支拥有高技能和高素质的员工队伍。唯有如此，方能在市场洪流中屹立不倒。夏汉关对此深以为然，不过，他觉得还需要加上一条，那就是诚信的品质。

夏汉关觉得，能生产出高质量且具有竞争力的产品，这是成为合资车企供应商的基本入门条件。而无论国内还是国外的企业，商业的本质都是相通的，经营的最高境界，就是赢得客户的心。"最终的目标不就是争取回头客，追求客户对你持久的信任和满意吗？这种信任和满意最终会转化为对企业品质的肯定，就像一个人一样，如果别人觉得与你交往很愉快，那么内心深处才会认可你。因此，遵守规则、讲究诚信，这是一家公司运营的最基本要求，诚信和品格出现问题会带来巨大的麻烦。"

"当我们与海外专家进行面对面的交流，讨论一些高度专业化的问题时，他们之所以愿意展开深入的探讨，主要是因为他们认为我们是值得信赖和交往的。这种信任感的建立，让双方能够进行开放而真诚的对话。"夏汉关说，如果对方不认可你，这一切都无从谈起。

夏汉关经常会问自己，做决策时是站在客户的角度还是站在公司的角度？是把客户的利益放在第一位，还是把公司的利益放在第一位？

"归根结底，这就是一个企业的价值观，不少企业的口号很多，但能不能体现在日常的经营活动中？要想在客户心中保持良好的形象，就必须始终不忘初心：我们企业成立的目的是什么？我们的未来发展依赖于什么？"这是夏汉关经常对高管们说的话。

有一种管理理论叫做"三元领导力"模型，其涵盖了优秀领导者身上具备的三种领导力——思想领导力、专业领导力和品格领导力。在这个模型中，品格领导力被视为至关重要的一环，夏汉关所提及的诚信品质，正是品格领导力的生动体现。

品格领导力强调管理者及员工的价值观、道德水准、品格特质和综合素质水平，代表了企业所提倡的做人及做事的基本准则。品格领导力协调组织朝着一个方向奔走，真正做到"使众人行"与"激励人心"，就像一位音乐指挥家，把杂乱的音符调成和谐的乐章。同时，品格领导力在思想领导力和专业领导力之间，搭建了一座"信任"桥梁。没有品格，不会有信任，没有信任，公司不可能基业长青，领导者也无法有真心实意的追随者。

有的企业海外经营遭遇滑铁卢，重要原因之一就是文化冲突及价值观不同，而品格领导力正可以弥补这方面的损失。

针对中国商界现状，品格领导力聚焦的四个核心品质：正直诚信、负责可靠、合作共赢、勇敢担当——可以说与夏汉关的理念都有异曲同工之处。

第6章

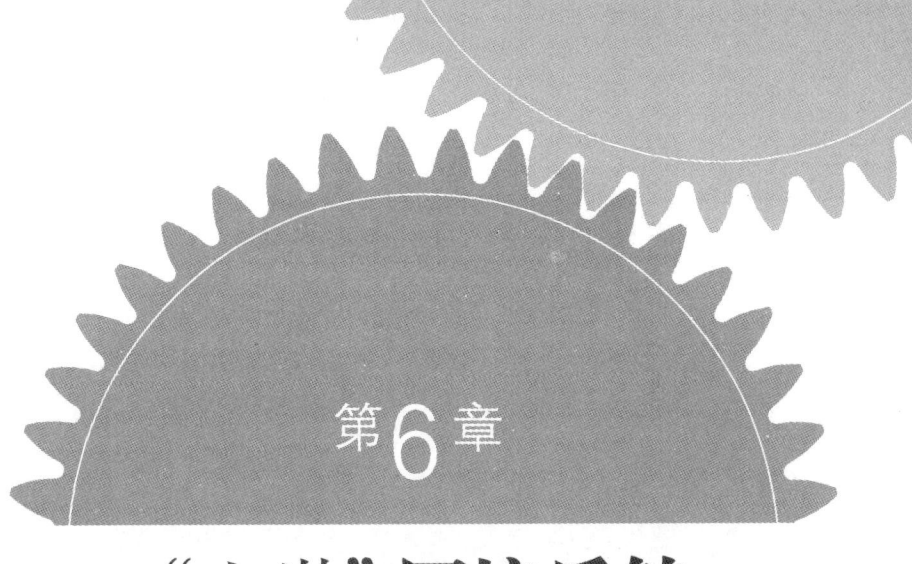

"入世"困境反转

奋战2000年：2001年春节，终于过了一个"肥年" 151
布局2001：盘活研发，补足短板 154
长痛不如短痛 157
对"入世"的独到判断：春天要来了 160
拳头产品：显出威力，一骑绝尘 166
苦心经营九年，为何还亏损 169
空中加油：纠正错误，扭正航向 172
十年亏损终盈利 175

奋战2000年：2001年春节，终于过了一个"肥年"

2001年2月7日，是那一年的元宵节，在这个寓意着团圆与和谐的日子，太平洋精锻召开了一个重要的会议——21世纪第一次正式的全体员工大会。

那一年的春节，所有员工的心情都无比愉悦，因为他们终于过了一个充满欢乐的"肥年"。

走好一颗子，激活满盘棋。令人难忘的2000年里，面对各种"动荡不安"，尽管形形色色的挑战层出不穷，夏汉关依然带领团队克服重重困难，成功扭转了公司的颓势。这直接表现在各种经营数据上：

完成产值：3224万元——比1999年增长200余万元；

实现销售资金回笼：2765.85万元——比1999年增长165余万元，创下历史新高；

实现销售收入：3398万元——比1999年增长1400万元，同比上涨70%！

2000年初时，夏汉关带领团队设定的目标是减少亏损500万元，基本达到盈亏平衡，这一目标也得以实现！

太平洋精锻的人均收入也随之提高，达到了6761.49元，同比增长627.16元——这意味着公司的经营状况相当良好，员工的工作效率和业绩得到了提升。

值得一提的是，一线员工的平均收入要高于公司人均收入，这充分说明夏汉关提出的"内部一切工作以生产现场为中心"战略得以落地。

特别是，独立出来的模具车间人均收入同比大涨了20%，这足以看出夏汉关对于模具生产的重视，他们对模具车间进行了全面升级，引进了先进的生产设备和技术，产品品质和生产能力都得以提升。

2000年，太平洋精锻在纳税方面也做出了巨大的贡献，增值税缴纳金额高达396万元，同比增长了63%！

更为重要的是，太平洋精锻成功开发出了11个新产品。其中结合齿系列产品，已为夏利汽车和长安汽车提供了完美的配套方案，并即将进入大规模生产。这一突破意味着新产品得以进入这两家知名汽车品牌的供应链。

此外，F15赛欧齿轮也得到了上海通用美国专家的认可，再次证明了太平洋精锻产品的质量和性能达到了国际先进水平。

在2000年，太平洋精锻斩获了两项高新技术产品的荣誉，并正式晋升为江苏省高新技术企业。这无疑是对公司技术实力的肯定，还有助于提升太平洋精锻的品牌形象和社会知名度。

太平洋精锻在2000年取得的这些重大突破，大大提高了他们在汽车零部件市场的竞争力，同时也为他们带来了新的商业机会。准备起飞的中国汽车市场，对高品质、高性能零部件的需求也在不断增长，这为太平洋精锻带来了巨大的市场空间——客户的订货量，显著上升。

而在2000年，夏汉关正式担任总经理的时间仅有短短7个月。

夏汉关主导的充满活力的激励体系，激发了员工的积极性和创造力，使他们愿意为公司付出更多的努力。太平洋精锻在2000年涌现出众多杰出集体与优秀员工。在回款方面，销售团队在2000年底全力以赴，四处奔波，奋力解决应收账款的难题，最终无一人空手而归，为公司带回了丰厚的流动资金。这不仅为全体员工欢度一个愉快祥和的春节奠定了物质基础，更是书写了一份辉煌的战功。

公司技术发展部、质保部和生产制造部在齿轮产品鉴定和F15齿轮客户认可方面付出了巨大的努力，取得了显著的成果。可以说，在夏汉关打破"部门墙"后，这些部门通过紧密合作，共同推动了产品质量的提升和技术创新的发展。而在太平洋精锻未来的发展过程中，这三个部门也继续发挥关键作用，为公司创造了更多的价值。

"沙风喜被上级工会推荐为全国先进个人，钱文双被推荐为市营销标兵候选人，曹峰在外部专家和公司技术人员的指导下，刻苦钻研，成为一名技艺精湛的刨齿工,沙光荣在老同志的带领帮助下,很快成为一名业务骨干,赵红军、王卫东等在上海专家的指导下完成QS-9000/VDA6.1质量体系程序文件,秦钧自制滚压球面工具等,很多员工以公司大局为重,敬业爱岗,忠于企业,热爱企业,他们在各自的岗位上发挥着重要作用,用实际行动诠释了一个企业主人翁的责任与担当。"在全体员工大会上,夏汉关用鲜活的事实,逐一对这些优秀员工代表做了表扬。

其中,秦钧自制关键夹具的故事,一直在公司内部被津津乐道。

2000年,合资品牌上海通用抛出了橄榄枝,要求太平洋精锻为其配套生产两种型号的差速器齿轮和驻车齿轮安全件,并先行试制。

而在这关键时刻,太平洋精锻却发现,机床上有两个关键的工装夹具,他们手头没有。如果向供应商瑞典山特维克集团购买,需要10.3万元。

但这10万元,他们却拿不出来,甚至连订金都支付不了。

时至今日,当时担任项目组长的秦钧对于"10.3万元"的金额依然记忆犹新:"如果让对方加工,需要先支付30%的订金,而当时公司太困难了,3万元订金都付不了,我只好说我来试一试。"

当时,还有其他公司在参与竞标,如果因为这个夹具耽误了生产流程,大好的合作机会便将错过。

此前,攻克过多个技术难题的秦钧,被同事誉为"全科医生"。凭借着多年的技术功底,他不断地尝试,不断地调整,终于将这款夹具研制成功。

甚至,秦钧研发的产品在性能上超越了国外产品。"我之前发现国外产品并不耐磨且容易损坏轴承。因此,我就用自己的方法解决了这个问题。"

自制成功,除了节省资金,更可贵的是节约出了时间,确保了试制产品的按时交货。同去竞标的另一家竞争对手,最后因产品品质不及太平洋精锻而败北。

"如果不自己加工,不自己设计的话,可能合作也就搁浅了。最后上海通用检测,产品完全符合要求,我们成功拿下了配套订单,我们的齿轮也在上海通用一炮打响了。"多年来，秦钧对于产品研发的质量体系已经悟出了一套方法论："一家公司必须拥有一个完整的质量系统，这个系统由人、机器和材料共同构成。即使你有最先进的设备，如果没有人来操作和调整，它也无法发挥作用。同样，如果没有先进的工艺，再好的设备也无法达到预期的效果。因此，人和机器的结合，以及优秀的工艺方法，都是保证产品质量的关键因素。"

布局 2001：盘活研发，补足短板

也许是宿命，也许是巧合，在新世纪的第一年里，太平洋精锻的确经历了九死一生，而正是夏汉关在危机时刻的果敢决策和变革魄力，让公司得以谷底反弹，屹立不倒。为了继往开来，抓住这来之不易的大好环境和发展势头，夏汉关对2001年的工作进行了精心部署。

首先还是从思想意识入手，为了能让员工彻底改变旧观念，摒弃依赖和消极等待的心态，积极主动地参与市场竞争，夏汉关决定组织全体员工观看先进企业的管理VCD录像，找到差距，弥补不足——在那个时期，当夏汉关出差时，他会在全国各地的机场购买各种商业培训的VCD。每次，他都会挑选不同类型的视频，让全体员工学习并观看，边学边干边升级。

而针对最为关键的技术研发，夏汉关决定采取如下策略：

第一，必须加强新品开发和技术创新，以确保结合齿系列新品能形成稳定的生产规模，将之打造为富有竞争力的产品。

第二，计划再申请两个以上高新技术产品——这是为了提升产品的技术含量，提高产品的附加值。为了实现这一目标，公司将逐步增加研发费用，确保有足够的资金投入到技术创新中。

第三，为了充分调动研发人员的积极性，将实行公司内部产品开发或工艺改进项目成果奖——无疑，这种奖励机制将进一步激发研发人员的创新

精神。

第四，为了加强研发队伍建设，公司将对研发人员开展继续教育。这包括组织定期的技术培训和学术交流活动，让研发人员不断更新知识、拓宽视野。

第五，为了提高公司的技术装备水平和工艺水平，公司将加大技改投资力度，同时积极采用新技术、新工艺和新材料，以满足市场的不断变化和客户的个性化需求。

第六，将实施与项目和课题挂钩的收入分配制度，打破技术人员收入的"铁饭碗"——这将让技术人员更加关注项目的进展和成果，从而提高项目的成功率。

可以说，这六条举措丰富而全面，消除了弊端，堵住了漏洞，从新品开发、技术创新、申请高新技术产品、激励研发人员、提高研发队伍素质、提升技术装备和工艺水平等多个方面进行了深入的布局，完全激活了太平洋精锻技术研发的发动机——改革，就是为了改出活力。

2000年，太平洋精锻的最大短板，依然是质量成本居高不下，全年质量损失高达180万元，而其中加工报废损失达120万元之多。经过统计，人为责任心不强因素造成的质量损失就有70余万元。

这个问题严重制约了公司的竞争力和快速发展，夏汉关意识到，必须果断采取措施予以整治，加强质量控制流程的监控，同时提升员工的质量意识和责任感。

夏汉关明白，之所以出现质量意识薄弱的问题，很大程度上还是因为这件事和"我"没有关系，必须让两者产生强关联，方可治标治本。因此，除了要求严格执行QS-9000/VDA6.1标准体系及"5S"管理，实施零缺陷和可靠性管理外，夏汉关还想出了一个"高招"：拿出30万元奖金，让质量成本与车间、部门挂钩，质量成本下降部分，公司与车间、部门对半分成——这就变成了节省得多，自己拿得多。同时，公司还将公布各工序制造的成本价，如果某个工序的产品超过了这一标准，操作人员将承担30%~50%的成本价赔偿——本不应该超出的成本，自己也要负责，这是典型的"压实责任"。

由此，夏汉关更进一步，把"五五分成"制扩展到了产品开发和生产经营的各个环节，他要求公司推行目标成本管理和比质比价采购，健全成本费用管理制度。具体实施目标成本管理的方法包括：

首先，把目标成本分解到每一环节——这意味着需要在产品的设计、生产、销售等方面都设定明确的目标成本，并将其落实到具体的操作中。

其次，目标责任明确到人——明确各级管理人员和员工在目标成本控制中的职责和义务。

再次，严格执行成本考核指标——对企业的成本支出进行定期检查和评估，确保各项成本指标都在预定的目标范围内。

最后，奖罚兑现——优秀的部门和个人，给予奖励；未能达到目标成本控制要求的，进行问责。

在此过程中，各部门、车间节约的部分，照样"五五分成"！

如此激励之下，跑冒滴漏，无谓损耗，安能不减少？

夏汉关的这一招，可谓一举多得。在节约成本的过程中，各车间、部门需要密切协作，共同解决可能出现的问题。这样一来，车间、部门之间的凝聚力和向心力也会得到加强，显然有利于形成一个团结、高效、有战斗力的团队。

此外，夏汉关还准备强化内部顾客链管理，以便更有效地减少无效劳动浪费。"不增加价值的活动，就是浪费；尽管是增加价值的活动，所用的资源超过了"绝对最少"的界限，也是浪费。库存的浪费、制造太多的浪费、不良修理的浪费、搬运的浪费、停滞的浪费、管理的浪费、动作的浪费、过度加工的浪费——这些都是一家企业的无谓损耗，只有识别了问题，才能改善。"

在传统的生产模式中，企业往往存在大量的重复劳动和低效工作，这不仅浪费了人力资源，还降低了生产效率。而通过内部顾客链管理，企业可以将各个环节进行优化整合，实现资源的共享和协同。同时，夏汉关力推"以市场拉动生产"，也就是以满足市场需求为导向，优化生产节奏，灵活调整生产计划和产能。可以看出，改革前的太平洋精锻，产值并不算低，但相比之下销售额和回款却相当的低，这都是盲目生产导致的。夏汉关此举的目的，就在于实现生产的有效性，并提高资金的利用率。

机制理顺，则万事皆顺。优化和调整，往往就能带来高效和顺畅。夏汉关深谙这个道理，因此，太平洋精锻的年度大会，从来都不是沾沾自喜回顾成绩的会议，他们总会在这个时候进行复盘反思，继而吹响未来一年下一轮改革的冲锋号。

长痛不如短痛

针对浪费的问题，夏汉关也一直在想办法。有一次，他带队去河北唐山爱信齿轮有限公司参访学习，发现这家公司导入"精益生产"方式效果很不错，既能提高生产效率，提升产品质量，还能消除浪费。

夏汉关动了要将"精益生产"进一步落地的念头。

显然，杜绝浪费就像挤掉海绵里的水。而精益生产主要研究时间和效率，注重提升系统的稳定性。数十年来精益生产的成功案例已经证实：精益生产能让生产时间减少90%，让库存减少90%，使生产效率提高60%，使市场缺陷减少50%，让废品率降低50%，让安全指数提升50%。

但一开始，负责带头执行的时任质量管理部部长赵红军却是有所顾虑的——毕竟是向生产线开刀，这么大的变革，一旦失败了怎么办？公司刚刚出现经营好转，这时若出闪失，真是承受不起啊！

"做不好没关系，你们放心大胆去做，不要怕失败。如果有什么疑问，还可以带着问题再到唐山爱信去一趟。但不能不做！如果做好了，还能让咱们的产值直接翻番。"夏汉关看出了赵红军的顾虑。

为了谨慎起见,赵红军一行人坐上了当晚的火车,再一次来到唐山爱信。把一连串的疑问搞清楚之后,他们领会到了精益生产在零部件企业的落地细节。回来后,大家一致同意先成立一个精益生产推进小组,并邀请专家来车间对生产线进行重新布局。

然而,当精益生产在太平洋精锻进一步落地时,引发了部分员工的抵触。

推行精益生产过程中涉及"5S"管理,进行流程再造。但"5S"管理清除了大量的现场器具、物品,这让部分员工觉得很可惜,认为搞精益生产哪是消除浪费,明明是加重浪费。一时间,整个车间里怨声载道。

这还不是最主要的,比较棘手的是,齿轮机加工车间由传统的单工序生产方式向精益生产转变,普通车床也就变成了数控车床,生产方式发生了转变,岗位也需要调整。

适应新的生产线,意味着要学习新的技能,可是多少年养成的习惯,导致一些员工并不愿意接受改变,甚至有人直接就辞职不干了,车间离职率达到了20%以上。

再加上,工人们一开始转不过弯来,认为原来计件时本可以多劳多得,全改成统一的一条线之后,即使干得多也显不出来了。消极与不满的气氛布满了整个车间,人员在不断减少,量产需求又在不断增加。双重压力下,车间主任有些坐不住了,找到了夏汉关,把情况做了反映。

了解到这一情况,夏汉关知道沟通到位才能上下齐心,所以他并没有坐在办公室里指挥工作,而是亲自来到了机加工车间。

"你们也知道,咱们从2000年开始就在不断地安排骨干人员去培训学习精益生产管理。为了什么?不就是为了技术的进步和管理的提升吗?"夏汉关向工人们平静地说道。

"我们正走在一条正确的道路上,能够同甘共苦,共同成长进步的人,我们欢迎一路同行。如果宁愿不干也不去做出改变,这种员工也不会是公司所需要的员工,那就只好分道扬镳。"夏汉关不卑不亢地说。

"但凡改革总要付出代价,转型总要经历阵痛,但长痛不如短痛。当一个企业不能适应市场变化,不能满足客户需求时,眼看着一个又一个订单望尘莫及时,那才叫真正的痛苦。"夏汉关进一步告诉在场的工人。

夏汉关知道,他们都是在工业时代成长起来的,思维都是硬件思维。而公司的转型就是一个由硬到软的过程,为此就需要大量软件思维,现有团队都需要一个改造自己思维的过程。

所以,虽然出现了批量人员流失,但这并未阻碍夏汉关改革的决心。于是,赵红军等人就对工人耐心培训,选拔一些思想开放的人先适应。虽然走了一部分人,但毕竟还是留下来的人多,正是这些人顶住压力一边保障生产,一边支持改革,不惜加班学习新技能。经过大伙儿的齐心协力,大概花了半年时间就把整个生产线调整了过来。

渐渐地,工人也开始发现精益生产的好处。精益生产其实是一个个互相协作的小单元,和原来孤立的半成品计件不同,按成品计算虽然短期内收入有所波动,却实现了定额调整,效率提高了,单元内的每个人收入都随之提高了。工人最切身的体会就是,根据他们弯腰、走路、转身等细节,对作业台布局进行了优化,干起活儿来更加人性化和标准化了。

原来的生产线是单支单台,1个人操作1台设备,类似是一个孤岛。整改之后,形成单件流,布局更加紧凑,1个人可以操作3台设备,并形成节拍,不仅后一道工序能够及时发现前一道工序是否出现问题,而且5分钟就能出1个成品。在此之前,1个成品完全出来则需要好几天时间。

设备还是那些设备,但改过之后,不仅人员减少了50%,产能效率提高了1倍,而且由于设备排布得有序合理,减少了占地面积,足足省出了一套厂房出来。

这之后,"太平洋"的其他车间也开始加设备,布产线,实现精益化生产。生产方式的转变实现了降本增效，使得工时定额也有了抓手。

"变革都会有痛苦，但当你知道了变革的目的，痛苦就会减少很多，如果在痛苦面前知难而退，畏首畏尾，那一家企业就将停滞不前，甚至走向衰败。因此，对于企业来说，明确的变革目标、坚定的决心以及对未来的积极预期都是至关重要的。"夏汉关总结说。

对"入世"的独到判断：春天要来了

就在夏汉关带领团队全力攻坚公司的拳头产品时，一个足以改变中国经济发展进程的大事件发生了。2001年的11月11日，那时候国内电商还处在萌芽状态，"光棍节"也还遥远，但就在那一年的"双11"，在卡塔尔首都多哈，中国签署了加入世界贸易组织的议定书。

中国对"入世"作出了两项庄严承诺：遵守国际规则办事，逐步开放市场。整整一个月后，2001年12月11日，中国正式加入世界贸易组织，成为其第143个成员。

世界贸易组织与世界银行、国际货币基金组织并列为现今全球最具广泛性的三大国际经济组织之一。其主要职能有三：制定并监督执行国际经贸规则，组织各成员进行开放市场的谈判，建立成员间的争端解决机制，因而被喻为"经济联合国"。

自改革开放以来，特别是1992年提出建立社会主义市场经济体制以来，我国经济实力明显增强，在诸多领域已具备了参与国际分工与竞争的能力，但因长期被排斥在世界多边贸易体系之外，不得不主要依靠双边磋商和协议来协调对外经贸关系，使国内企业和产品在进入国际市场时受到了许多歧视性或不公正待遇。加入WTO，中国不仅有分享经济全球化成果的权利，还能够参加制定有关游戏规则，在建立国际经济新秩序中把握主动权，并且可以利用WTO争端解决机制在国际贸易战中占据有利位势。

加入世界贸易组织，是中国深度参与经济全球化的里程碑，标志着中国改革开放进入历史新阶段。自此，国内经济进入了发展的快车道，各行各业都表现出强劲的发展势头。

然而，谁都无法预知未来。彼时，很多官员和业内人士最担忧的是：一旦国门大启，孱弱的中国汽车产业是否能承受得住接踵而至的激烈竞争。

中国"入世"首席谈判代表龙永图就曾表示，中国"入世"初期最担心的产业之一便是汽车产业。当时国内汽车产业涉及近百万个工作岗位，一旦出问题，会对整个中国制造业产生巨大冲击。

的确，当时中国汽车制造企业实力相对较弱，无论是产品、技术、人才还是品牌，外资企业都有着明显的优势。因此，当时超过90%的中国汽车市场被进口汽车或合资品牌所占据。因此，有人担忧，开放市场可能会对本土汽车制造商，甚至相关配套企业产生不利影响。

2001年，中国汽车产量仅有200多万辆，而且载人汽车产量甚至少于载货汽车。

那个年代，在轿车领域，桑塔纳、捷达和富康"老三样"占市场份额的60%左右，"南北大众"的市场份额也占据50%以上。那时候，如果告诉一个中国人，中国的轿车销量会超过"汽车王国"美国，百分之百地会被认为是痴人说梦。

在这种背景下，很多人都认为，一旦汽车关税下降，大批进口车将对稚嫩的中国汽车产业形成冲击，同时还将对产业链上的配套企业造成巨大威胁。一时间，业内惊呼"狼来了"。

夏汉关反复研读相关新闻报道和资料后，直觉让他意识到，这是一件划时代的大事。与多数同行的不乐观相比，夏汉关却觉得中国汽车配套企业的春天要来了！

当时，夏汉关认为，加入WTO对中国汽车工业和汽车零部件工业的影响，主要表现在三个方面。

第一个方面，加入WTO后，随着中国汽车进口关税的下降，汽车进口配额的取消，中国汽车工业的生产集中度将大幅提高，最终形成大型汽车集团。在这一过程中，许多小型汽车制造企业或改装厂将面临关闭的风险。受影响最为显著的行业当属轿车市场，其次是微型车市场。相对而言，重型卡车和中轻型卡车市场受到的影响较小。而这一变革不但"无害"，反而将有力推动我国汽车产业结构的优化升级，提高整个行业的竞争力。

同时，加入WTO后，中国轿车市场将呈现出全球最快的增长态势，车价将大幅下降，这一趋势将推动汽车产业的繁荣发展。

"当时有报道预测到2005年，中国轿车销量将达到100万辆，2010年达到200万辆。现在看，这一预测太保守了。"夏汉关笑着对笔者说。

对于"入世"后中国汽车产业的发展速度，中国汽车工业协会原常务副会长兼秘书长董扬曾经感慨道："我自己和身边的人，都没想到'入世'会对中国汽车产业产生这么大的影响。'入世'20年，中国汽车产业的发展不仅超出了自身的预期，也超出了世界的预期。"

确实，"入世"后，中国汽车产业就像开上了"不限速"的高速公路。

1992年，我国汽车产量突破100万辆。此后虽然每年都有一定增长，但都是"小步慢走"，8年过去也没能再上一个百万级台阶。

直到"入世"前的2000年，国家"十五"规划明确了"拓宽消费领域，鼓励轿车进入家庭"之后，汽车产业出现高速增长，汽车产量首次突破200万辆大关。

到中国正式"入世"的2001年，我国汽车产量增长13%，达到233万辆。

2002年，"入世"后的第一年，中国生产汽车325万辆，比上年几乎多出100万辆，增长幅度高达39%。

2003年，中国汽车产量达400余万辆，超越法国，成为世界第四大汽车生产国。可见，"入世"头两年，中国汽车产量先是"跨越一大步"，接着又"更上一层楼"。

2006年，我国汽车产量为728万辆，超越德国而跻身世界三大汽车生产国之列。

2008年，我国汽车产量首次接近1000万辆，排名超过美国，成为世界第二大汽车生产国。

2009年，我国汽车产量大幅度跨越1000万辆"门槛"，成为名副其实的世界第一。

短短几年时间，蓦然回首，却恍若隔世。

夏汉关认为，"入世"带来影响的第二个方面，在于随着关税的降低和全球采购的普及，国外汽车零部件的价格将逐渐下降。这一现象将使国内汽车零部件市场竞争愈发激烈，一些技术水平较低、专业化程度不足、质量低劣、价格没有竞争力的汽车零部件工厂，将面临被淘汰的风险。

第三个方面则是，截至1999年底，全国共有汽车零部件企业1540家。然而，仅有不到30%的企业具备与轿车配套的能力，其余70%仅能满足中吨位卡车的需求。预计在未来10年，中国的汽车产量将有望突破千万辆大关，保有量也有可能攀升至亿级规模。可以预见，中国有望成为全球最大的汽车消费市场，同时也将是世界上重要的汽车制造基地。这意味着，拥有轿车配套能力的企业，将一展宏图。

可以说，夏汉关准确预判到，"入世"后，良好的制度环境为我国汽车产业的蓬勃发展提供了有力保障。在这一背景下，中国制造业展现出的高效率和低成本优势，将成为推动中国汽车产业快速发展的关键动力。

"不能简单地把加入WTO看作是外商携带着资金、技术、人才来抢我们的地盘了，应该更看重加入WTO同样给我们带来了走出去的机会，在全球市场面前，中国汽车企业和跨国品牌将不分你我，同台竞争。"当时，夏汉关对所有中高管说。

夏汉关分析认为，对于太平洋精锻而言，影响主要体现在：随着国产汽车销售价格的逐年下降，太平洋精锻的配套产品价格也将随之下降。加上太平洋精锻投入较大，银行负债较多，造成财务成本居高不下，进而影响了公司的盈利能力。因此，为了实现盈利，公司所需的产销规模将不断提升。此外，由于进口零部件关税的降低以及全球化采购所带来的挑战，整车生产企业有可能不再将零部件国产化作为必需要求。因此，公司有可能要面对国际同行的竞争，尤其是在轿车市场上。

事实证明，第一个影响确实很明显，而第二个影响，倒没有出现。因为外资知名车企纷纷在国内建设生产基地，中国汽车配套企业最终在学习和博弈中学会了"与狼共舞"，技术工艺快速提升，各大汽车主机厂也都"就近选择"，他们在国内有了更为合适的零部件供应体系。

总体上看，夏汉关是十分乐观的，他认为太平洋精锻具备很多优势。比如，无论是产品品质还是新产品开发能力，他们的专业化水平都在中国大陆居领先地位。当时，太平洋精锻在国内的主要竞争对手只有一家。尽管与竞争对手相比，他们的负债率较高，导致财务成本增加，从而在这方面处于劣势，但在其他方面，太平洋精锻均处于上风。

同时，在国际市场上，太平洋精锻的竞争对手主要来自日本、韩国、欧洲和美国等汽车工业发达国家。尽管太平洋精锻在生产效率和自动化应用水平上与他们有一定差距，但锻造设备是国际一流的，同时人工成本较低，质量相当，并且价格具有很强的竞争力。

"目前，我们在国内市场销售的微车齿轮价格低于国际采购目标价20%~40%，而轿车齿轮配套价格则与国际采购目标价格相当。随着轿车产量的增加，我们的成本还有很大的下降空间。因此，我们的产品价格仍然具有很强的竞争力。"当有高管对外来竞争有些担忧时，夏汉关如此分析道，"中国加入WTO，国际市场空间很大，我们只会获得更多的市场机遇。比如国际知名企业DANA、EATON、日本电装、欧洲汽车公司等，纷纷涌向国内进行采购——这都为我们带来了广阔的发展前景和巨大的市场潜力。"

夏汉关认为，国家产业政策会随着经济、社会的发展阶段和需求的变化而不断调整和完善。企业只有不断研究国家的创新政策和产业发展规划，才能在产业发展中找到企业发展的结合点，才能在激烈的市场竞争中找到立足点。当时，锻造业作为一种传统的机械制造工艺，其技术已经发生了翻天覆地的变化。在机械制造业中，锻造业正逐渐发挥着越来越重要的基础产业支撑作用。同时，"入世"只会激活中国汽车产业的发动机，果断布局恰逢其时。

"人口红利，银行的降息，政府税收优惠政策以及产量销量的稳步增长，这些都将有助于降低我们的营业成本，我们的市场竞争力必将进一步提升。"夏汉关的这些预判，最后都应验了！

"入世"前一度被称作是诸多产业中最令人担忧的汽车产业，反而成了"入世"后最令人兴奋的产业。中国汽车市场完全放开后，几乎所有世界级汽车制造企业都在中国设立了合资企业。但业内最初普遍担心的进口汽车冲击国内市场的情况并没有出现。中国汽车产业链上的各路企业，不但没有被逐年增大投资的外国同行所"吓倒"，倒是让自己的生存能力愈发强大。

同时，"入世"还有一个意想不到的成果，那就是民营企业得以进入乘用车制造领域。当时诞生的长城汽车、吉利集团和比亚迪，目前已成长为中国汽车产业的主力军。此前奥迪独占高档车、"老三样"称霸中档车、夏利雄踞低档车的局面也一去不复返了。

"尽管当时公司面临重重困境，但夏总还是果断地提前布局，比如想方设法筹集资金购买或租赁设备，同时储备技术人才，抢在国内汽车行业井喷之前投资到位，当汽车行业蓬勃发展时，我们得以抓住这个难得的机遇。"沙风喜回忆说，"当时规模远大于我们的竞争对手，却墨守成规，没有进行大规模的投入和相关布局，后来被我们超越。这都充分说明夏总对大方向的预判是非常正确的。"

的确，夏汉关作为掌舵人，他的战略眼光和超前布局对于公司的发展起到了关键性的作用。一如他对"入世"的独到判断。

拳头产品：显出威力，一骑绝尘

在夏汉关的精心部署和员工的不懈努力下，2001年成为太平洋精锻大丰收的一年，夏汉关也成功地将太平洋精锻推向了一个全新的高度。

太平洋精锻的研发团队成功开发出8款全新的齿轮产品，这些产品在各自领域具有很高的技术含量和市场竞争力，一经面世，便受到了极大的关注，客户纷纷上门洽谈业务。

其中，"汽车变速箱结合精锻齿坯"产品被评为齿轮行业2000年度优秀新产品一等奖，这说明了太平洋精锻在齿轮设计和制造方面的技术实力，也为他们赢得了更多的市场份额和客户信任。

值得一提的是，按照既定目标，太平洋精锻的F15赛欧齿轮与上海通用汽车正式批量配套，形成了批量生产的能力。

与此同时，太平洋精锻成功申报了一个高新技术产品，并将结合齿项目列入2001年度国家火炬计划——这将为公司未来的发展提供更多的政策支持和资金扶持。

通过QS-9000/VDA6.1认证后，太平洋精锻已取得市场开发的主动权。尤其随着中国汽车市场开始快速发展，太平洋精锻与上海通用等知名车企建立了紧密的合作关系，为他们在中国的合资工厂提供高质量、高性能的零部件产品。合作期间，科学的激励机制，显示出了威力，太平洋精锻的技术团队，能够根据客户的具体需求，提供定制化的解决方案，此外，他们还注重与客户的沟通与协作，直至客户100%满意。

2001年，太平洋精锻积极参与了神龙富康和广州本田的齿轮国产化开发项目。此外，他们还获得了柳州市微型汽车厂、江铃齿轮质量配套"优胜荣誉"。同时，天津夏利和江淮汽车合肥车桥公司免检产品证书的获得，也证明了公司在产品质量方面的严格控制和优良表现。

这一年,太平洋精锻达到了上海汽车齿轮总厂A级供货商标准,这意味着他们在供应链管理、生产能力、质量控制等方面都得到了高度认可。

这些,都指向一个结果:太平洋精锻的品牌形象越来越好。

而当年,太平洋精锻最为重磅的拳头产品——汽车变速箱结合齿精锻一体成形产品已经显示出了市场威力,作为中国大陆唯一掌握该项高新技术的公司,太平洋精锻在产品的工艺水平上已经与国际水准相当接近,这让他们在国内市场尚无竞争对手,可谓"一骑绝尘"。

在欧美、日本等发达国家和地区,汽车巨头们已经大量应用了这种先进的一体成形技术,因此,在国内汽车工业的这一领域,升级换代是必然趋势。当时,国内许多汽车变速箱制造企业纷纷与太平洋精锻展开合作,如江铃福特、长安铃木、上海通用、沈阳航天三菱、哈尔滨东安三菱等。

值得一提的是,这些精锻齿坯的重量均在1千克左右,这使得国外采购运输和关税成本相对较高。同时,即便在关税为零的情况下,太平洋精锻的产品在销售价格上仍具有较强的竞争力。因此,夏汉关觉得,随着中国汽车销量的持续上升,太平洋精锻在这一领域的市场份额将不断扩大——因为,车企只要用上太平洋精锻的产品,就能提高自身的技术水平和产品质量,太平洋精锻无疑将成为这一领域的领军企业。而后来,夏汉关"不用我们的齿轮,就称不上好汽车"的豪言壮语,也成为了现实。

2001年,对于太平洋精锻来说,的确是一个具有里程碑意义的年份。在这一年里,他们在多个方面取得了显著成绩,展现了强大的实力和潜力。

这一年,全公司人均收入达到7984.69元,同比上升1223.20元,超过年初提出的人均7500元目标。

在经营业绩方面,虽然太平洋精锻在2001年的产值减少20万元,但这其中包括市场降价损失180万元,如果加上降价损失,其产值仍比2000年上升160万元。同时,在销售资金回笼方面,仍然处于上升趋势。

在杨国彬的印象中，2001年之后，太平洋精锻的订单有了爆发性的增长。"此前引进的全自动化生产线终于发挥了巨大作用，这要归功于他们长期的技术积累。"

整体来看，太平洋精锻在2001年基本实现了盈亏平衡。但夏汉关也尖锐地提出了当时存在的问题：新品开发周期难以满足客户要求，周期长，成本高；有关部门全局意识不强，团队建设有差距；设备管理考核力度不大，机床停机率高，开工不足，设备利用率不高。

针对新品开发周期较慢的问题，夏汉关有的放矢，提出这是全公司上下的头等大事，必须加快新品开发进度，缩短交货周期，最大限度满足用户要求。同时，他还提出一个理念："用户就是上帝，订单就是圣旨，计划就是命令。"

与此同时，夏汉关要求确保结合齿系列新品能够顺利实现规模化生产，满足客户对于结合齿批量供货的需求。"这是公司持续发展壮大的关键所在。随着老产品的盈利能力下降，新品结合齿上批量销售显得尤为重要和紧迫，全公司上下务必统一思想，引起高度重视。"

相对应的销售策略，则是巩固扩大结合齿的市场领先地位，努力提高现有产品的市场占有率，同时提升客户质量以压缩应收账款，以确保资金流动的健康。

夏汉关还给部门和车间的现场管理工作提出了"十有"要求，确保取得显著改进：岗位有责任，工作有计划，管理有制度，操作有标准，消耗有定额，成本有分析，过程有记录，执行有检查，问题有整改，业绩有考核——这10项要求，可谓环环相扣，互相贯通，从多个角度入手，罗织了一张大网，全面覆盖了一线管理工作的各个环节。

最后，夏汉关提出将大力推行竞争上岗，引入竞争机制。"优胜劣汰，提高公司市场竞争能力和员工提高收入的途径之一，就是将不创造价值的多余员工淘汰出局。"夏汉关表态说，"在这方面，我带头决不做老好人。"

从2000年5月到2001年11月,夏汉关主持公司工作以来,共减员42人,这都是为了一个目的:优化组织队伍,提升工作绩效。

"努力提高员工福利待遇,确保全体员工平均收入同比上升,让大多数员工年终有个好心情、好收入。"在2002年2月召开的全体员工大会上,夏汉关在讲话结束前突然一顿,说道,"但肯定有少数人高兴不起来。"

这里面话中有话,在连续两年基本维持盈亏平衡后,夏汉关显然要进一步细化管理,以更高的标准考核全体员工,真正做到"能者上,平者让,庸者下,劣者汰"。再一流的技术,再先进的设备,最后还是要归根于人,向外求发展的同时,就必须向内求成长,公司向前发展,不能有短板!

苦心经营九年,为何还亏损

到2001年,太平洋精锻从合资到独资,已然走过了9个年头,但公司依然没有实现盈利,这究竟是为什么?不但有员工很困惑,夏汉关也很苦恼,于是,他专门抽出时间,结合财务报表,做了一次深入分析。

夏汉关剖析了公司2001年1月到10月的利润报表,他发现,10个月里,太平洋精锻的销售毛利率并不低,达到了35.97%,但销售费用占销售收入的比例达到了12.00%,管理费用占销售收入比例达到13.72%,而最高的是财务费用,占销售收入比例竟然高达20.00%!

销售费用、管理费用、财务费用三者相加,高达45.72%,与毛利率一比较,就亏损了近10%。

夏汉关了解到,美国制造业优秀企业上述三项费用加利润占销售收入的比例大约为25%,其中各项占销售收入的比例大约为:财务费用基本为"0",管理费用通常在10%到15%之间,而销售费用则在5%到8%之间,如此利润就在5%至12%之间。

在夏汉关看来,没有10%的销售利润率,就算不上真正的经营——这句话包含两层意思：一是企业在平时，尤其在经济繁荣时期就必须付出最大的努力；二是为了对付经济萧条的冲击，一个坚强的企业体质至关重要。

经过比较，问题究竟在哪里一目了然。显然，太平洋精锻的财务费用太高了！而财务费用基本都是金融机构的贷款利息。夏汉关让会计算了一笔账：公司成立9年来，累计支付给金融机构的借款利息超过5500万元，平均每年达到500万元，甚至在某些年份达到了750万元。这相当于公司9年来都是在给金融机构"打工"，虽然公司存活了下来，但投资者依然没有回报，利润都"交"给了银行。

截至2001年10月，太平洋精锻仍然背负着超过6000万元的金融机构贷款，而主要外债总计则达到了8200余万元。夏汉关推算，如果能削减3000万元的贷款，按照当时银行贷款月利率5.445‰、年利率6.534%计算，则太平洋精锻的利润可净增196万元，如果能够偿还所有的借款，那么从2001年1月到10月，太平洋精锻的净利润将有望增加超过400万元，全年的净利润也将有望增加510万元。

因此，财务费用居高不下，是太平洋精锻亏损的主要原因。夏汉关意识到，吸引外来投资，将金融机构借款大量压缩，这将成为公司董事会未来工作的重中之重，也是接下来公司管理层配合董事会的主要工作。

亏损的另一主要原因，是公司产品的产销量并未达到预期水平，这使得每件产品的固定成本相对较高。同时，随着汽车销售价格逐年下滑，太平洋精锻的销售额也随之呈现下降趋势。每年销售价格的下降，迫使太平洋精锻不得不让利150万到200万元，从而导致利润率逐年萎缩。为了实现盈亏平衡，公司所需的产销规模也日益扩大。因此，未来的关键在于提升产销量和扩大产销规模。

此外，太平洋精锻产品的销售毛利率较高，这导致了较重的税收负担。在2001年1月至10月期间，公司共上缴增值税250余万元，占销售收入的12.5%。通常来说，一般企业的增值税上缴比例在5%至6%之间，而太平洋精锻的占比则高达12.5%。这一数据表明，太平洋精锻的产品附加值较高。这是因为，太平洋精锻投资的冷温精锻汽车零件产业以及开发的产品，本身就是"高端制造"，其市场信誉、开发能力、技术工艺、质量管理和工厂管理水平，在全国同行业中均处于领先地位。如果不是这样，公司不可能运转到今天。

另一方面，这也是在践行叶先生倡导的守法经营理念，夏汉关也一直要求公司再困难，一定要规范经营，偷税漏税的事情绝对不能干！太平洋精锻后期能够顺利上市，与此也密不可分。

找到问题的症结后，夏汉关把自己的分析结果分享给了全体员工。同时，他也提出了问题的解决办法。

"现阶段销售费用偏高，主要是国内部分主机销售市场回款秩序不好，造成回款质量不高。比如用车抵款，或由于银票贴息，造成销售损失。今后，随着市场环境的改善和优质客户占比的提升，这一方面的费用势必会降低。"夏汉关提议，对于不能及时回款的客户，可以适当提高销售价格，一方面抵消掉对方支付时的"降价损失"，一方面注意压缩应收账款，从而降低销售费用，向国际优秀公司的费率标准看齐。

夏汉关提出，在财务费用结构没有大改观的情况下，面对资金压力，公司今后必须采取一系列措施来压低各类成本：在制造过程成本方面，降低原材料采购费用，不断开发适销对路的新产品；在质量成本方面，努力提升产能，提高销量，降低单位产品固定成本；在管理成本方面，压缩销售费用，提高销售回款质量，裁减不创造价值的员工，避免人力资源浪费。同时，争取政府税收优惠政策的支持，尽最大努力提高营业利润，让投资者尽早获得回报。

盘活一盘棋，需要的不是"埋头苦干"，而是想透彻后准确发力地"巧干"，每一招都击中要害、一针见血。经营企业就像是棋局博弈，舍卒保车、飞象跳马……棋局的赢家往往是那些有着先予后取的度量、统筹全局的高度、运筹帷幄而决胜千里的方略与气势的棋手。

"不要追逐利润,要让利润跟着你跑。只有持续增加收入,减少支出,利润才会随着你的努力而来。"夏汉关拨云见日般发现了"苦干"九年之后仍不盈利的顽疾所在,此后,他们将集中资源与力量,根治问题。

空中加油:纠正错误,扭正航向

时间来到了2002年底,随着太平洋精锻产品销量的一路高歌猛进,挑战越来越多,问题也随之而来,在生产端,出现了"跟不上"的状况。以前是生产出产品愁销路,现如今却是有了订单无法按时交付,造成供货延误。

这一局面令人担忧,事关重大,夏汉关立即组织核心团队研究应对策略。他毫不含糊地指出,高速发展过程中出现的问题必须立刻解决。

第一,质量隐患解决不力,措施不到位。

市场越是快速扩张,越容易出现问题。太平洋精锻2002年12月的质量报表显示,质量损失的比率在不断上升。"这是一个很危险的苗头,必须引起全公司上下的高度重视。出了质量问题,要对问题的性质做分析,客户的抱怨大多数是我们的管理失控造成的,是高级的管理出了低级的错误。外面有了投诉,公司压力一大,就缩手缩脚,一味求全,不敢承担责任风险。不能准时保质保量交货,谁最急——是销售人员,是生产部门,是我着急,相关部门难道就无动于衷吗?要知道,大家的工资靠客户,一线员工很辛苦,不少人手上有冻疮仍坚持工作,值得每一个人尊敬。生产人员在加班,你们就不应该加班吗?"夏汉关对于当时出现的问题,放出了狠话。

第二,准时交货意识淡薄,以市场为导向的观念不深不强。

针对部分车间和部门对完成任务有畏难情绪,信心不足,部分主管不能充分发挥主观能动性的情况,夏汉关依然没有留任何情面,他反向激励大家说:"不能把人手少、机床能力不足,当成不能按时完成任务的借口,如果面临缺车工的问题,全公司的生产是一个整体,难道不能临时抽调部分经验丰富的老车工、班组长以及部分检验员共同应对呢?我们的一线员工是否了解客户的需求?我们的技术、质量团队是否积极主动地服务于一线?客户是我们的衣食父母,这个理念绝对不能丢到脑后,头脑再不清醒,市场一个一个丢掉,后悔就来不及了,发不出工资的苦日子难道还要再过一把瘾吗?"

第三,工作效率不高,部门协调难,沟通难。

当时,由于汽车配件市场不断降价,公司产品利润也在相应下滑,对于有主管提出的降低一线工人计件工资的建议,夏汉关立即给予了否定。他要求,绝对不能在一线工人的计件单价上做文章,市场降价的成本因素要在质量成本下降方面下大力气,这样才可以充分调动一线工人的积极性。而对于过时落后的产品,可以在总体平衡的情况下,由生产一线提出合理调整。

"各自为战,交货不急,客户在追,长期下去如何得了?现场有质量问题,协调的结果多数是没有结论,希望我们的各级主管要勇于承担风险与责任,协调必须要有结论,否则这种无结果、低效率的协调会误大事的。"夏汉关语重心长地说。

第四,生产准备工作不充分,各类准备计划不强,造成顾此失彼。

针对部分部门主管计划意识不强,缺乏周密的备份计划的问题,夏汉关一针见血地说:"想方设法为生产排忧解难的大局意识淡薄,不完成任务、不解决问题决不罢休的创业精神淡化。年关将近,过了年就不过了吗?做不到保质保量供货,订单说不定春节后就会急转直下,再扳回就很难了。"

第五,产品质量功能研究不精,模具加工制造工艺细化,长期以来一直做得不到位。

针对模具工艺的细化问题,夏汉关提议生产、技术、质量、设备四个部门的主管和公司分管领导每天要形成碰头会制度,有问题及时沟通协调,养成现场问题现场解决的良好习惯。同时,技术部的一线工艺人员,必须把更多的时间和精力投入到攻克一线难题的场景中，跟踪配合解决问题，如此工艺方能细化，人才方能成长。

第六，设备的不正常已制约生产任务的完成。

当时太平洋精锻的生产线开足了马力，竭力按时交付客户的订单，但部分设备由于不当操作，时常"掉链子"，这直接影响了本来就已经高度紧张的生产。工欲善其事必先利其器，夏汉关提出，预防为主，规范操作保养，对设备的可持续使用至关重要。在这方面，公司装备部需做好充分准备，也应加大设备更新改造的力度。"然而，近期几台设备安装后长时间无法投入使用，令人深思。归根结底，这是一个计划与组织协调落实的问题。当前最为紧要的是充分发挥现有设备的能力，关键是尽快组织相关人员现场解决。"

第七，员工的提案问题落实不力。

"有员工抱怨说，我们提出了建议，但有关部门究竟有没有采取行动呢？如果不采纳意见还要再次提出，这难道不会让员工感到沮丧吗？他们的创新精神和团队合作精神可能会被形式主义所压制和耽误。"夏汉关严肃说道，"不能因为工作繁忙，生产任务重，就忽视了这一问题。经理办公室需要定期对建议的落实情况进行总结，并向大家公布。这样一来，我们就可以知道哪些部门存在形式主义问题。所有部门哪怕再忙，都应该给员工一个明确的答复。在年终评比奖励时，员工满意度将来也要成为一个重要的考核标准。"

最后，看到各位骨干已经有所触动，意识到了问题的严重性，夏汉关总结道："请务必牢记，一切工作服从于质量，时刻不忘安全工作。在寒冷的天气里，任务繁重，我们不能有丝毫懈怠，加强沟通协调，整顿工作作风，咬紧牙关，迎难而上。只有当我们的产品品质达到100%，准时供货率达到100%时，大家的收入才能有所保障。请大家共同努力，解决问题，为公司创造更美好的未来！为了我们有一个辉煌的2003年，一起奋斗吧！"

可以看出，在解决关键问题时，夏汉关的策略是主抓干部。稻盛和夫就曾说过：员工，是干部的一面"镜子"。在团队管理中，干部不要总是拿着放大镜去找员工的缺点，而要把员工当成是一面"镜子"，不断去审视自己，完善自我。干部要始终记住这么一句话：没有不好的员工，只有不好的干部。

夏汉关深知这一点，他对公司干部们所说的"狠话"，都是一次无形中的"涡轮增压"，为的都是提升公司发展的加速度。

管理总是动态的，太平洋精锻在飞速发展的过程中，总会遇到各种各样的新问题，而夏汉关作为掌舵人，总会在最关键的时刻，让公司管理层纠正错误，扭正航向，这就像一场飞行中的空中加油，为的是有更加澎湃的动力和持续飞翔的信心。

十年亏损终盈利

没有帆，只用手划的船出不了远海，乘风破浪、遨游世界的前提是——等风来。

改革开放以来，许多民营企业在起点很低、基础薄弱的情形下还能保持业绩较快增长，很大程度上是依赖于中国社会经济转型背景下千载难逢的市场环境。

就像华为创始人任正非对华为早期的成长原因和特征分析的那样："华为成长在全球信息产业发展最快的时期，特别是中国从一个落后网改造成为世界级先进网、迅速发展的大潮流中，华为像一片树叶，有幸掉到了这个潮流的大船上，是躺在大船上随波到今天，本身并没有惊涛骇浪、洪水泛滥、大堤崩溃等危机的考验。因此，华为的成功应该是机遇大于其素质和本领。"

这段话虽然有些自谦，但也准确揭示了华为成长的宏观背景和必要条件。一跃而起的通信设备市场，像一片波涛翻滚的大海，为华为从一条小鱼变成大鲸提供了机遇，创造了条件。

的确，一个企业或一个行业的发展离不开时代大背景的影响。可以说，太平洋精锻命运的起伏和中国汽车产业的兴衰也紧密相关。

在中国加入世贸组织一年后的2002年，中国汽车产业迅速进入第一个"井喷期"，这一年的汽车产量达到了325万辆，同比增长100万辆。自2002年始，中国汽车产业在政策扶持、内需大增、技术创新、产业链完善和国际合作等多方面的推动下，始终延续了以大众消费为支撑的高速增长势头。

在这一背景下，随着新产品的持续问世，太平洋精锻的产品出现了产销两旺的状态，全国各大汽车变速器厂纷纷前来考察，积极探讨新品开发合作，随着新产品规模化生产的逐步推进，订货量直线上升。

中国锻压协会2002年的行业大事记里，记录了太平洋精锻的产品，凭借卓越的技术和精湛的工艺获得"优质锻压件"奖项的事件：

2002年9月19日，在北京国际展览中心一号展馆举行第六届中国国际锻造、冲压展览会优质锻压件颁奖大会，江苏太平洋精密锻造有限公司的变速器结合齿精锻齿轮，轿车、微车、轻客货车差速器行星，半轴齿轮，等速万向节内星轮，压缩机摆动齿轮、固定齿轮斩获了一系列优质锻压件奖项。

这无疑增强了太平洋精锻的市场话语权。

"当时海外车企来中国寻找供应商，他们首先就要找'太平洋'，不会去找第二家。有句话叫不抛弃、不放弃，我们后来的成功离不开与世界看齐的坚定信念和不懈努力。正是因为我们的坚守，才能在中国汽车市场的蓬勃发展中抓住机遇，同时紧跟市场的步伐，与时俱进。"赵红军说。

在考察太平洋精锻的时候，各路海外车企的高管们就被其国际化程度所吸引。他们发现，这里的环境干净整洁，生产线运转高效且井然有序。"尽管锻造行业历来被认为是一个很传统同时环境污染较大的行业，但在踏入太平洋精锻的那一刻，你就会发现一切截然不同。"见证了太平洋精锻发展历程的北京机电研究所原所长谢谈说。

在谢谈看来，太平洋精锻敢于在市场低迷、困难重重之时，提前布局设备，这不但是一种魄力，更是一种富有智慧的辩证方法论。"可以说，时势造英雄。在20世纪90年代中后期，整个行业不景气的时候，一般企业都会捂紧口袋，收缩投资。当时，太平洋精锻也很困难，而他们依然在逆势投资先进设备，理论上说，这样一来设备的折旧成本会增加，同时资产负债率也会上升。但反过来看，在低迷期，设备的价格相对较低，等大家一哄而上时，设备价格立刻飙升。更重要的是，提前打好底子，练好内功，当中国汽车产业刚刚起势时，他们已经占据了先机，合资车企自然把订单都给他们了。但别人没有金刚钻，自然也就揽不到瓷器活了。"

到了2003年初，经过统计，太平洋精锻的净利润达到了270余万元。经历了十年亏损的太平洋精锻，在2002年终于盈利了！

太平洋精锻的招股说明书记录了这一历程："事实上，1998年5～12月公司又亏损509.86万元，且亏损状态持续到2001年。粉末冶金厂转让股权后至2001年12月31日，公司累计亏损970万元。截至2001年12月31日，公司净资产为-503.36万元，直至2002年才开始扭亏并实现净利润270.94万元。"

在过去的十年里，太平洋精锻一直在努力积累资源、技术和经验，以便在未来的市场竞争中占据有利地位。这十年的"厚积"终于在2002年迸发出了无尽的力量，并且转化为强大的竞争力。

扭亏为盈，离不开外部市场环境的逐渐回暖，更离不开内部管理的不断优化与提升。夏汉关上任后，第一年的年底就做到了盈亏基本平衡，在全体员工两年来的艰苦奋斗和共同努力下，他们终于走上了发展的快车道，开启了全新的历史篇章。

稻盛和夫曾经说过，在遭遇困难的时候，无论如何他都只会通过"正面突破"的方式去解决问题："不论是公司经营，还是技术开发，或者是生产、销售，我常常遭遇看似无法逾越的难题。每当此时，我都从正面迎击困难，绝不玩计谋、耍手腕。无论何事都认真面对，正面迎击——有时这等于把自己逼入背水一战的境地。就是说，遭遇困难时决不逃避，抱一股憨气傻劲正面迎击。"

正式上任后，夏汉关对公司进行了全面的改革和整顿。他在做的事情，正是凭借着一股敢打敢拼、永不言败的精神，以及对事业的执着追求和坚定信念，在"正面突破"：对公司的经营策略进行调整，明确了以市场为导向的发展思路，加大了有市场竞争力的新产品的投入，变革采购方式，加强了对员工的培训和管理，提高了员工的工作效率和工作积极性，裁减冗余人员，优化组织结构，提高生产效率……

在那个改变历史的时刻，太平洋精锻并没有进行过多的庆祝，因为所有人都在为应接不暇的订单而夜以继日地忙碌着。

在夏汉关眼里，他究竟带领太平洋精锻做对了什么，让公司得以一跃而起，一鸣惊人？

"自2000年起，我们一直依靠订单取胜。我也经常反思，我们做对了什么？我认为，这归功于我们对市场的前瞻性洞察、对新兴事物的高度敏感、对行业未来发展趋势的紧追不舍，以及我们在外部建立的人脉关系——这些因素使我们在竞争中取得先发优势。"夏汉关说，"此外，做企业只要坚持认真做事情，讲诚信，讲规则，没有道理做不好，只要走在正确的道路上，胜利只是时间问题，除非方向跑错了。"

夏汉关认为，一个企业甚至一个行业的成长，与时代的大背景息息相关。如果一个企业无法紧跟时代发展的步伐，抓住重要的历史机遇，那么再拼搏奋斗也难以取得理想的成果。

"如今看来，除了时代的背景和内部改革的因素之外，还有一个不可忽视的因素，那就是我们当初看准了这个项目，战略方向没有选错，虽然在这个过程中经历了很多波折，但我们始终走在正确的道路上。反过来说，如果我们选择了一个夕阳产业，那么再怎么努力也终将无济于事。所以，我经常对团队成员说,一个人一生中能够赶上一个伟大的时代,能够参与到一个产业蓬勃发展的进程中,那是何其有幸的事情!"夏汉关总结道。

而在"第三方视角"的谢谈看来,夏汉关之所以能引领太平洋精锻走向成功,就在于他的"眼光"和"实干"。"夏汉关走访过不计其数的优秀企业,他将这些企业的成功方法论融会贯通、为我所用,从而具备了超前的眼光。同时,他又长期与一线打交道,在实践中不断积累经验,从而可以更加敏锐地洞察行业动态。可以说,夏汉关的眼光与实干互相促进,共同推动着他在事业上取得成功。"

从1980年加盟"泰县粉末冶金厂",到2002年在太平洋精锻扭转乾坤,夏汉关和同事们经历了太多太多,这其中饱含的艰辛与付出,我们即便竭力还原,也只能记录其中一二,更多无法用言语表达的压力与辛劳,还都藏在他们的心中,并已淡然,随风飘去。

而对于夏汉关本人来说,这次成功的突破无疑为他积累了宝贵的管理经验和人生阅历。在未来的日子里,他将继续带领太平洋精锻走向更加辉煌的明天,书写为人津津乐道的传奇故事。

第7章

股改 当家做"主"

转让，还是收购 183
30分钟的"美式谈判" 186
股改：打工者变股东 189
饮水思源，永远缅怀叶先生 191

转让，还是收购

当企业进入机会成长阶段，企业领导者的主要战略任务就是在发现和认识到机会之后，能够把握和利用机会，将机会转化为企业实实在在的业绩，在与机会的互动中，将企业成长的曲线拉升起来。

2002年，太平洋精锻终于实现了历史性的扭亏为盈。这让全体员工为之振奋，感受到了前所未有的荣光。然而，在这一历史性转折的背后，一个更大的变化正在悄然酝酿。

此前十年屡投屡败，迟迟不见起色，远在大洋彼岸的美方股东叶先生一度不敢再抱太高的期望。然而，等他2003年到中国再来公司时，看到的是车间里热火朝天的生产景象。叶先生不无惊讶地说了一句："不容易啊，没想到公司竟然还活着呢！"

公司不仅还活着，而且盈利了。公司扭亏为盈，股东看到了希望，员工看到了未来，本来是一件皆大欢喜的事情。偏偏天不遂人愿，就在2002年3月，叶先生告诉夏汉关，他的身体出现了非常不乐观的状况，可能时日无多。他有了撤资的打算。

虽然沉寂了几十年的中国汽车工业正在复苏，以每年100万辆的产量增长，虽然太平洋精锻正在蒸蒸日上地发展，叶先生多年的投资也即将见到回报，虽然他很想继续见证公司指日可待的光明未来，然而，叶先生已然力不从心。

股东撤资无外乎两种方式，一种是股权转让，即该股东将持有的公司股权转让给他人；另一种是公司收购，即在特定情形下，股东可以要求公司收购其股权。很显然，刚刚从十年亏损的泥潭中挣扎出来的太平洋精锻可谓是一穷二白，拿什么接手呢？

此前的持续亏损，也使得叶先生对彼时太平洋精锻管理团队的能力尚不那么确定,他深知在有生之年可能等不到结果了。所以,比起公司收购股权,直接向他人转让股权似乎更加可行。

刚刚看到曙光的太平洋精锻,无疑又蒙上了一层阴云。天知道谁会空降成为这家公司的"后妈",又会带领他们走向何方?一时间,全员上下一片唏嘘与迷茫。

那段时间,叶先生先带着华尔街的投行团队和律师事务所、会计师事务所的人员到公司来审计,其中也包括美国、德国、印度、泰国等不同国家的公司,通过不同的方式对太平洋精锻进行尽职调查。

这个时候,时任副总经理周稳龙有些坐不住了,他找到叶先生"理论":"您现在要把公司卖掉,这对我们是不公平的。资金毕竟不是在夏总的带领下亏掉的,在危急时刻,是夏总召集骨干抵押自家的房子集资,才让公司慢慢好转起来。如果现在把它卖掉,让我们情何以堪?"

周稳龙一口气表达出了自己心中的不同意见。何况,已经元气大伤的太平洋精锻,恢复起来尚需时日,谁又会在这个时候接下这个烫手山芋?

但起初,叶先生并不这么认为。他觉得,当初公司骨干们能够豁出去抵押自家房产去集资,说明他们对太平洋精锻是相当有信心的。换句话说,他认为太平洋精锻还是能值一些钱的。

的确,要把当时亏了个底儿掉的太平洋精锻拉出泥潭,谈何容易。是夏汉关横下了一条心,一定要让奄奄一息的公司恢复生机。

当初,公司骨干们之所以能够豁得出去抵押房产挽救危难中的太平洋精锻,很大程度上是出于一份深厚的感情:毕竟是工作了那么多年的地方,就如同自己的第二个家,眼看着家园有难总不能见死不救。而夏汉关动员大家抵押自家的安身立命之所去搏一次,大有破釜沉舟的悲壮。

公司即将换主,堪称是一大历史性动荡了,但夏汉关却表现得比较平静,那些天,他一直带着团队配合尽调。只不过,要说心里没有遗憾,那是假的。公司毕竟刚刚实现扭亏走上正轨,他还想着带领着团队鼓足干劲好好奋斗一番呢。如果公司现在被卖掉，未来就太缥缈了。

然而，几轮谈判过后，买卖双方未能谈拢。这个时候，夏汉关来到了叶先生的办公室，询问没有谈拢的原因。

"差价太大了，我不能接受。"叶先生回答。

"我希望您能告诉我，您预期的价格跟卖方出的价格到底有多大落差？"夏汉关关切地问道。叶先生毫不隐瞒地向夏汉关说出了他的心理预期。

"您要不要听听我的建议？"夏汉关问道。叶先生点了点头。

"按照我的判断，这个公司值不了这么多钱，您可能要得太高了。"夏汉关以自己对公司的了解，给出了比较中肯的意见。要知道，当时太平洋精锻的土地只是向政府租赁来的(改制之前属于乡镇企业)，并没有所有权，当然更不能转让，而只靠厂房设备的确卖不出太高的价格。

叶先生告诉夏汉关，他之所以选择换个股东，也是为了让公司能够继续做下去。同时，他还不忘告诉夏汉关，如果换了新股东，该怎么做好职业经理人。

夏汉关让叶先生放心，无论谁是股东，只要还让他继续干下去，他都会和团队一起把工作干好，让公司发展得更好。

这个时候，夏汉关尚不知道，做事向来周全谨慎的叶先生在找来投行审计和国外公司考察的同时，也专门找来第三方机构到泰州悄悄地对太平洋精锻的管理团队做了一番调查，并拿到了一份详细的调查报告。

一个濒临破产的企业要想走出绝境，资金固然重要，但更重要的往往是力挽狂澜的魄力与互相协作的精神。一家企业就如同一艘航船，是满载而归还是抛锚搁浅，取决于所有船员是否能够齐心协力、同舟共济，共同配合把这艘航船划向成功的彼岸。

也许是夏汉关与团队在绝望中寻找希望的那股韧劲儿和齐心协力、尽职尽责的干劲儿打动了调查机构，报告中给出的结论是：如果要想公司更好地发展下去，就要跟现有管理团队合作，因为他们充满了潜力与希望，除此之外没有其他更好的路。

"既然你说这个公司的估值别人都接受不了,那我现在问你,你们想要吗?"经过一番调查和权衡之后,心中已然有了主意的叶先生突然向夏汉关问道。

这一问,可以说意义深远,太平洋精锻的历史就此改写。

"您想听真话,还是想听假话?"夏汉关显然是有些不相信叶先生的突然转变,有些始料未及。

"当然希望听你说心里话!"叶先生说。

"既然您问了我,我就明确回答您,我们想要,但没有那么多钱,需要找一个合理的办法来解决。"思索片刻之后,夏汉关给出了一个坚定的答案。

随后,叶先生找了一个会议室与夏汉关面对面坐下,并拿出了一张白纸两支笔,将白纸一分为二,对夏汉关讲:"公司的情况你知我知,我们各自把心理预期的公司价值写下互换,大家来一个坦诚相见。"

二人写好交换,结果叶先生的要价是夏汉关出价的两倍。

"看来双方有差距,我们都换位思考,站到对方立场考量。不管如何,我都有责任帮助您的投资取得回报和安全回收。"夏汉关给叶先生郑重表态。

之后,叶先生临时有事先回了美国,他让夏汉关想出办法来再继续跟他谈。

于是,一个光明而又艰巨的任务摆在了夏汉关面前。

30分钟的"美式谈判"

敢不敢接手是一回事,能不能接手又是另一回事。夏汉关当然希望既能拿到一个合理的价格收购美方股东的股权,又能对叶先生十几年的付出有所交代,但这是个充满考验的问题。

在业务处于探索阶段，业务模式没有走通时，如何让员工和相关利益者相信公司有未来，是异常关键的。如果没有"相信"这一基础，公司的目标机制就很难建立起来。

华为创始人任正非在这方面尤其表现出超凡的能力。后来成为华为轮值CEO的郭平就曾回忆说，当初加盟华为完全是因为"和任老板聊了一晚上之后，相信以后通信行业一定会有华为的一席之地"。而那时的华为，还仅仅是一个销售额在千万级的贸易商。

"梦想还是要有的，万一它实现了呢！"普普通通的一句话，会让多少人热血沸腾。

夏汉关始终相信未来一定会好，因为国外能把汽车这个产业做好，国内当然也需要这个产业的发展，一旦踏上这个赛道，没道理做不好。何况已然不再"生不逢时"的太平洋精锻，守得云开见月明，赶上了时代潮流和机会红利。

一番深思熟虑之后，夏汉关心中有了头绪。他花了几天时间，把公司的价值和自己对公司的前瞻，做了一份详细总结，并提出在此前出价基础上加上未来一定时间（2年左右）的税后收益预估对叶先生要价响应，叶先生考虑到公司骨干团队的贡献给予股权转让价格优惠。他洋洋洒洒地写满了九页纸，作为股权转让方案通过传真发给了大洋彼岸的叶先生。

很快，叶先生便打来电话："你用美国方式与我谈判，我接受你们的价格意见。我信任你们，只要你们把企业办好了，我就心满意足了。"出乎很多人的意料，如此重要的转让决定，两个人居然只用了短短半个小时就谈成了。电话挂掉之前，叶先生向夏汉关强调了做好企业的6个字："公平，公正，无私。"他很欣慰夏汉关在用美国的谈判方式和他谈判，并深信夏汉关具备先人后己的大局观，今后一定能把公司做大。

其实夏汉关并没有刻意揣摩要用什么样的谈判方式。事后，他意识到这其实是在叶先生潜移默化影响下的一种结果。

太平洋精锻自1992年与叶先生合作以来，就如同新打开了一扇窗，让他们看到了一片广阔天地。

叶先生深知彼时大陆企业的落后与封闭，他抱着一个想法：授人以鱼不如授人以渔。他曾一度直言："即便投资最终亏损，甚至本金亏光，只要能改变你们的思想，追赶上世界的潮流，我也都认了。因为改变认知和思维方式，开阔视野，这就是真正的收获。"所以，他每次到公司，都会给员工们带来很多对标欧美的新思想、新理念。

自始至终，叶先生都在给太平洋精锻传授"诚信、公平、开放、包容"的价值理念，并反复强调：不管与谁合作，都要给大家公平的机会，做事情要公正。美国人属于性格外向的民族，他们的喜怒哀乐大多通过言行举止表现出来，直截了当是尊重对方的表现。与美国人谈判表达意见往往比较直接，"是"与"否"必须表达清楚。美国人希望谈判对手的态度认真诚恳，即使双方争得面红耳赤他们也不会介意，他们不喜欢使用"你看着办吧"或者"一切好商量"之类的语言。

美国人珍惜时间，生活节奏比较快，他们认为高效、出色地完成任务是一个人有能力的表现。完成任务的时间长短与事情重不重要无关。他们在谈判时会直入主题，开门见山，所以，美国人对于在谈判中用微妙的暗示来提出实质性的要求感到十分不习惯。不少美国公司因不善于品味东方文化的暗示，失去了极好的交易机会。东方人所推崇的谦虚、有耐性、有涵养，恰恰可能会被美国人认为是虚伪、客套、耍花招。

此外，美国商人在谈判桌上通常关注全局，擅长全面策划。在谈判某一项目时，他们并非孤立地讨论生产或销售问题，而是从设计、开发、生产、工程等各个方面综合考虑，最终力求达成一揽子交易。

而这些"美式特色"，在夏汉关写满的那九页纸上得到了充分的体现，也正是这样一种讲道理、讲公平、讲规则、讲效率的谈判方式，使叶先生非常爽快地接受了他的想法。

叶先生的教诲是真诚的,影响是深刻的,这种"美式"处事风格早已经成为夏汉关的一种习惯,每当在日常的工作中遇到一些事情纠结的时候,他往往都会先静下来扪心自问:自己有没有做到公正,有没有做到公平,有没有把大家的利益放在第一位?

在夏汉关的带领下,全体员工也形成了开放包容、公平、公正的企业文化,而这正是其基业长青的良好基因。

人的成长需要什么?食物、阳光、空气、水、教育、医护……这些外在条件每一样都不可或缺。但在几乎相同的条件下,为什么每一个人又各不相同呢?是什么根本因素决定了一个人成长的样子?是基因,是一种内在的、无形的因素在控制。

同样,企业成长靠什么?资金、市场、员工、科技、管理、政策……为什么有的企业一直立于不败之地,而有的却没有发展起来,或在短暂风光之后迅速衰落?是什么核心因素决定了一个企业的发展?是企业文化,它也是一种内在的、无形的因素,它便是企业的基因。企业基因好,即使一时经营遇到了困难,将来也能够披荆斩棘、继续成长。企业基因不好,即使占尽了天时地利,最终也难逃厄运。

不难理解,太平洋精锻文化基因中的高起点,磨砺出了优秀的企业文化,员工的思想境界高、信念强、有追求,员工的潜能得到了持续有效的激发,这成为他们发展的不竭动力。

股改:打工者变股东

"搞好一个企业,要靠一个团队;搞坏一个企业,一个董事长就够了。"夏汉关时常会想起叶先生曾经反复叮嘱他的这句警钟般的话。他总在想,人皆有犯错之时,然而关键在于如何让自己少犯错。

虽然叶先生同意了股权转让的协议,但以当时的财力来说,全公司上下没有一个人有实力把公司买下来，必须依靠集体的力量。

2003年，为了收购美方股东的股权，夏汉关带领团队成立了江苏大洋投资有限公司，并按照部长、科长、骨干员工等级别划分出了投资比例。

"美方老板叶先生信任我们，让我们管理公司，但我们不是股东。公司从一家中外合资的企业变成外商独资的企业，实际上我们都只是打工者，而打工者的眼光往往是短视的，看到的只是工资和奖金，一定不如股东计划长远。那么，如何弥补这种不足呢？"夏汉关在投资动员会上说。

夏汉关提起他曾读到《艰难的一跃》这本书，书中非常生动地讲述了美国宪法诞生的过程，以及为什么要实行"三权分立"。这令他大受启发，并联想到了企业一股独大的家长制遇到的掣肘。

"既然公司的发展要靠团队、靠大家，那就要防止个人权力过于集中。要把大家的积极性调动起来，重担大家一起挑，让决策民主化、科学化，让权力得到制衡。所以，公司里也需要'三权分立'。"夏汉关进一步说道。

改革开放早期成立的绝大多数企业，股权高度集中，大部分股权由创始人控制。企业可能出于融资及其他需要，向外部投资者开放部分股权，但对内部员工却是封闭的，主要的激励方式只是薪酬奖金以及利润分享等。

这种激励机制虽然有利于保持股权和控制权的稳定，减少企业权力基础架构、基本制度层面的冲突，但弊端也很明显，那就是缺乏长期利益结构的开放性，不能使员工对企业资产形成真正的关切，也不能使员工关注企业的长远目标。

换句话说，股权集中不利于形成内部凝聚力强、力出一孔的共同体。

有些企业如华为，在创办之初就采取了开放的股权激励模式。业绩卓著、表现优异的员工不仅可以获得工资奖金，还可以得到股权投资机会。这些企业股权激励范围宽，股权还可以在一定范围内流动，既节约了企业的现金支出，降低了企业成本构成中的人工成本，又起到了长期利益绑定的作用。

最终，太平洋精锻设立了独立的股权架构：夏汉关和骨干团队股权加起来，大于51%；骨干团队和员工的股权加起来，大于51%，夏汉关和员工的股权加起来，大于51%。如此，夏汉关加上持股员工的意见，可以否决公司管理层成员的意见。反过来，其他公司管理层成员与员工股东意见一致，也可以否决夏汉关的意见。这便很好地形成了管理的制衡，避免了一股独大、一人决策的弊端。夏汉关将其比喻成"把权力关进笼子"。

夏汉关经常说：人不能盲目自大，不能没有敬畏心，要敬畏规则，敬畏自然，敬畏市场。做企业就好比在大海上航行，大海以宽广的胸怀接纳了你，让你扬帆远航，切不可说是你征服了大海。同样，你登上了山顶，也只是大山以虚怀若谷的胸襟让你欣赏到了更美的风景，并非你征服了大山。

于是2003年，经董事会同意，管理团队注册成立江苏大洋投资有限公司，向政府购买了相应的土地所有权。2005年12月，他们又以现金收购了美方75%股权，太平洋精锻重新成为中美合资企业。

当时，夏汉关代表太平洋精锻向叶先生诚恳地说："您投资的资本金终于全部收回，收益也有了较好的回报，只是回报的不如您当初预想的那么好，但我们也已经尽力了。我们这些人没有功劳也有苦劳，我们把这个企业的责任接过来了，未来怎么样，我们并不知道。但我们尽到了让您的投资安全撤回的责任。"

2008年12月，夏汉关按约定授权，安排收回了余下的25%美方股权。由此，太平洋精锻彻底成为一家中方独资企业，步入了快速发展的轨道，一片广阔天地正向他们徐徐展开。

饮水思源，永远缅怀叶先生

2006年6月7日下午，夏汉关像往常一样在办公室里处理工作。突然，手机响了，显示是一通来自大洋彼岸的电话。接通后，一个低而沉重的声音传来:"夏总,叶先生走了……"

打电话的不是别人,正是叶太太。2006年5月30日,太平洋精锻创始人叶涛坚先生与世长辞。

惊闻噩耗传来,夏汉关的心里仿佛被什么重物撞击了一般,脑子里一片空白,想要多说些什么却无法开口。接着,眼泪不由自主地流了下来。他知道,影响了他一生的那个人,走了……

那一夜,夏汉关彻夜未眠,往事一幕幕如潮水般涌上了心头,他和叶先生相处的点点滴滴,历历在目。

心中有万千不舍的夏汉关想立刻飞奔到大洋彼岸再看叶先生一眼。然而遗憾的是,由于不能实时获得赴美签证,他无法亲赴美国参加叶先生的葬礼,向叶先生作最后的告别。为了表达对叶先生的深切缅怀,夏汉关眼含热泪,满怀深情地写下了一篇悼文。

船长出身的叶先生,有着非凡的格局。在海外,船长这一职位备受尊敬,因为在遭遇危险需要弃船时,船长必须最后一个离船。叶先生不仅要对自己的工作负责,还要确保船上所有人员的安全,这种责任感和大局观,让叶先生非常重视集体意识。他认为只有团结一致,才能克服困难,取得成功。

他的这种大局意识,也体现到了治企之道中。"如果公司倒闭,吃最大亏的是我,但我不会舍不得,在公司没有赚钱之前,我不会先讲个人的得失——这是叶先生常说的话,他总是把公司和员工的利益放在首位,他高尚的人格魅力,将影响我们一生。"夏汉关回忆道。

叶先生还常常告诉夏汉关等人:"中国人到海外与外国人相处,如果一个中国人对付一个外国人,大概率中国人都是赢的。如果两个中国人跟两个外国人对抗,我们基本上打个平手。但如果三个人一个团队跟国外的三人团队竞争,几乎都是我们输了,为什么?因为中国人没有团队的意识,更多地讲究个人英雄主义。做企业做事业一定要有团队精神,一定要有大局观,一定不能坐井观天。"

回想着叶先生的谆谆教诲,夏汉关在悼文中写道:

1992年6月,叶先生来祖国大陆投资创业;1992年12月,合资创建江苏太平洋精密锻造有限公司,转眼间已有近14个年头,我们一起并肩战斗,风雨同舟,大家建立了深厚的感情。叶先生为公司的创建特别是将公司从逆境中奋起可谓殚精竭虑,贡献了他晚年的大部分精力。

1998年5月,在太平洋精锻发展历史上最困难的时刻,他以公司300多名员工的生计为念,将濒临破产的合资公司接管注资,改制为独资公司。在他的领导下,我们可以自豪地说,经过几年艰苦的努力,公司渡过了难关,走出了困境,逐年发展壮大,现已成为中国第一流的锻造企业。

正当我们满怀豪情,将他指导绘制的成为全球优秀企业的宏伟蓝图付诸实施的时候,叶先生却离我们而去。他的逝世,使太平洋精锻在国际化的征程上失去了一位最受尊敬的优秀导师,是太平洋精锻发展史上不可估量的巨大损失。

叶先生虽然离开了我们,但他永远活在太平洋精锻400多名员工的心中,他的名字将永远和太平洋精锻联系在一起。与叶先生14年的相处,他最大的成功之一是改变了我们这一代年轻中国人的思想。

毋庸置疑,叶先生对于太平洋精锻的影响是巨大而深远的。直到现在,夏汉关每每谈起公司的发展历程,依然会念念不忘地提起叶先生。

公司持续亏损十年,叶先生坚持了整整十年。为了这块地能尽快长出"庄稼",叶先生甚至把公司当成自家孩子那般关心。夏汉关在悼文中写满了牵挂与遗憾:

叶先生始终念念不忘公司的发展和前程,他对公司对我们的关爱甚至超过他的儿女。正如秉晖兄对我说："我爸有四个小孩，太平洋精锻是他最关心的小孩。"每当他在美国的下午和邻居一起散步锻炼的时候，他总会顾及时差，提前回家与我们联系。早年，他和他的小女儿从台湾负重带粉末模具钢到公司，帮助提高模具寿命，此事却不明不白地石沉大海没有人负责任的憾事，现已成为公司教育培训年轻一代勇担责任改进工作的案例。叶先生，您放心仙游吧，今后再也不会有那样的事发生了。

一分耕耘，一分收获。经过数年的持续创新与刻苦钻研，太平洋精锻这块地不仅收获了"庄稼"，而且年年高产。这也算是对叶先生最大的告慰了。

应该说，叶先生对于太平洋精锻的影响事无巨细，无论是技术还是管理。他让公司从一开始就站在了国际化视野的高度上。对此，夏汉关写道：

通过与美国的财务公司合作，他精通了公司的财务管理，对企业的经营管理和财务报表有独特的见解。他以丰富的阅历洞察一切，对企业的资本运作、尽职调查也很有见地。但他却始终在这方面自觉谦虚，从不满足，他教导我们做财务报表要严谨，要符合逻辑，要使读者更容易理解。

他就是这样一丝不苟，可以说，如今太平洋精锻在外界有良好的形象，是与他不厌其烦的辅导分不开的。一些欧美日的客户来到今天的太平洋精锻，总是评价说这个公司不像传统的中国企业，很有希望和潜力，赞叹之情，溢于言表。可以告慰叶先生的是，美国通用汽车上海采购中心已通知我们，他们正在起草合约，我们将获得他们欧洲公司的第一个700万欧元的订单。

继通用之后，太平洋精锻还陆续成为且是中国同行企业中唯一一家为大众、奔驰、宝马、奥迪、丰田、日产、通用、福特、沃尔沃、比亚迪等一众知名汽车品牌众多车型精锻齿轮配套的供应商。太平洋精锻不仅进入了以上终端客户供应链,还进入了吉凯恩、麦格纳、美国车桥、德纳、博格华纳、伊顿等全球知名客户的汽车配套体系。太平洋精锻汽车差速器齿轮的市场占有率,已经位居中国第一、全球第二——可惜,叶先生再也看不到了。

显然,就夏汉关本人而言,叶先生无疑是对他影响最大的一位智者。

你能成为什么样的人,取决于你遇到什么样的人。千里马遇到伯乐,才能奔腾千里;人遇到良师,方能少走弯路。叶先生之于夏汉关,是良师,也是挚友。

叶先生曾对夏汉关开玩笑说,他们两人是"心有灵犀一点通"。去客户那里交流或者去政府部门拜访,只要两人对视一眼,夏汉关就能知道叶先生要表达什么,叶先生也能明白夏汉关想说什么。这种默契的交流让他们在工作中更加游刃有余。

回忆到这里,夏汉关不禁感慨:"得此良师,何其有幸。"他内心对于叶先生的感激与敬仰溢于言表:

叶先生对我有知遇之恩,可谓关爱有加。与他交往的14年,我自觉收获巨大,对我个人的成长裨益无穷,他是对我的一生影响最大的人。他给我充分的信任和权力,使我有一个难得的锻炼平台,我们配合默契,心有灵犀一点通。他鼓励我学习进步,极力推荐我进入中欧国际工商学院读EMBA,教育我成大事者一定要公正无私。即使在他生命的最后日子里,与我通话时仍给我鼓励,指导公司的国际化要聘用国外的优秀人才。

他感恩生活,回报社会,教育和要求公司积极参加社会公益活动,资助困难群体子女读书。他的高尚人格、博大情怀、生活感悟、工作激情、为人之道,过去现在和将来都将对我和太平洋精锻产生深刻的影响。这样一位慈祥的长者、良师和挚友离我们而去,公司在发展的道路上少了一位导师和引路人,使我感到少了依靠,但我很有信心来完成他的未竟之志。相信叶先生在天之灵一定会保佑我们,同时也一定会很高兴看到太平洋精锻蒸蒸日上。

作为第一批来中国大陆投资的海外华侨，叶先生有着深厚的家国情怀和强烈的社会责任感。夏汉关立志要继续弘扬：

叶先生一生阅历丰富，充满传奇，尽管他在许多方面已经美国化，但他对他的祖国始终有着深厚的感情，他的爱国精神更让我们以他为自豪。他是我们中华民族的骄傲。叶先生虽然和我们永别了，但他的音容犹在，我们将继承他的美德，努力工作，诚信经营，将太平洋精锻做强做大做成百年老店，成为中国第一，进入全球先进行列。忠实履行责任和义务，造福员工和社会，报效国家，以告慰叶先生的在天之灵。

夏汉关写完这篇悼念叶先生的文章之后，发给了远在大洋彼岸的叶先生的家人。葬礼上，牧师当众宣读了这篇悼文。本来，牧师对叶先生的人生总结为：他是一位父亲，是一位船长。但当宣读完这篇悼文后，牧师又在现场加上了一个总结——一位企业家，作为盖棺论定。

企业家不是一种职业、一种身份，而是一种理念、一种精神。叶先生作为一名企业家，思维总是处于浪潮前沿，引领时代。和那种眼光狭隘、功利短视、思维陈旧，终将沦为平庸的商人不同，他的成就，不是赚取了多少金钱，拥有多少财富，处于多高的地位，而是在商界、在行业中寻找到存在的价值，进而影响和成就了多少人。

叶先生虽然永远离开了，但他一丝不苟、严于律己的处事风范将永远铭记在太平洋精锻所有员工的心中，他的敬业精神将永远是团队成员学习和效仿的榜样，他语重心长的教诲将影响更多的后来人。

第8章

登高 一览众山小

去充电，去深造　199
一篇毕业论文写出的"最高纲领"　201
"破冰"大众：从冷眼到信赖　207
德国"贵人"的相助　210
"垂直攀登"的精神　213
在"空白处"踩下闪光迹　214
将错就错，换来深度合作　217

去充电，去深造

成功，说来容易的两个字，无数人站上这条路的起点，却在半路折返。回顾过去几百年甚至几千年的历史，成功人士都具备一个共同特质——学习，不断地学习。在这个知识无穷尽的世界里，学习是为了在问题出现时能够迅速解决，而不是毫无还手之力。

叶先生生前曾不止一次说过，太平洋精锻就如同他的一个孩子。所谓为人父母者，则为之计长远。在叶先生看来，夏汉关具有创新精神，也具备一定的实践经验，但要想让公司取得更大的成就，仅凭这些还远远不够。

商海竞争残酷无情，一家企业会因为一个正确的决策而突飞猛进，也会因为一个错误的决策灰飞烟灭。所以，泛舟商海，必须依靠罗盘的指引才能顺利扬帆远航。而"罗盘"的缔造，必然离不开掌舵者运筹帷幄的能力。一个成功的企业领导者，最大的特质就是面对不确定性时，能够基于自己的洞察力智慧地整合资源，同时又求知若渴，始终保持着一份"知道自己不知道"的清醒。

当初，在准备股权转让时，叶先生既对夏汉关寄予了厚望，又有着他的深谋远虑。

叶先生告诉夏汉关，经营一家企业，除了凭借经验和实践，还需要站在巨人的肩膀上看世界，与优秀的人为伍，汲取经验，取其精华。企业之间最终比拼的，其实是企业领导者乃至核心团队持续的学习能力和接受新事物的能力。这是为企业的发展和创新注入新的动力、让企业少走弯路的最佳技巧。

所以，叶先生建议夏汉关去读书深造，而且要读就读EMBA。EMBA(Executive Master of Business Administration)是面向高级管理人员的商学硕士专业学位，学习内容包括管理学、经济学、市场营销、战略管理等。和夏汉关以往报名参加的短期培训不同，EMBA是一种系统的理论学习，收获的不仅仅是知识和见解，更是一种勇于探索的精神、一种敢为时代先锋的勇气，一种开阔的视野和通达的人生态度。

通常来说，既有管理经验又有全球化视野的企业管理者都希望读EMBA来赋能充电，通过丰富的学习内容和实践体验，培养系统思维和创新能力，提高自己的决策水平和领导力。此外，EMBA还提供了一个良好的交流平台，使企业家能够与同行分享经验、扩展人脉圈，对企业发展和个人成长产生深远的影响。

夏汉关深知，自己已经从"运动员"转变为"教练员"，从技术人员成长为一个大集体的领导者。他的精力需要更多地投入到公司管理和战略决策中，肩上的担子与之前相比，已不可同日而语。

百战归来再读书，学习力等同于生命力。夏汉关说："企业每走到一个阶段，都要搞清楚该坚持做什么、不该做什么，否则哪一步决策失误了，或者说走了一条不该走的路，到时候后悔都来不及。何况很难保证公司在发展过程中不遇到瓶颈。"

在提出让夏汉关去读书深造报考EMBA的建议之前，叶先生其实就已经默默为他选好了学校。

叶先生推荐了两所学校，一个是北大光华管理学院，一个是中欧国际工商学院。其中，中欧国际工商学院在2004年刚刚成为中国大陆首家通过欧洲最严格的质量认证体系认证的商学院。

为了夏汉关能够被顺利录取，叶先生还分别给这两所院校写了一封推荐信，重点介绍了太平洋精锻从十年亏损到扭亏为盈的艰难历程，也从侧面凸显出了夏汉关的能力所在。这当然也为夏汉关的顺利录取赢得了更多可能。

经过了一年多的准备，夏汉关报考通过理论考试，最终被中欧国际工商学院选中。前去面试时，一位教授向夏汉关提起叶先生写的推荐信，表示对叶先生在信中所介绍的太平洋精锻扭亏为盈的传奇故事很感兴趣，认为这很有作为案例研究的价值，并询问他："你来读书的目的是什么？"

"想把公司带到更高的高度，只凭原来的经验是不够的。我必须自我提升，不断充电，才有能力把公司带到一个更好的状态。同时，也希望能在这里遇到更多的优秀人才。"夏汉关答道。很显然，他已做了两手打算。他深知，不排除公司做大了自己的能力却跟不上的可能性，从而希望能在学校里遇到"高手"去参与公司管理。

2006年8月，夏汉关被中欧国际工商学院顺利录取。重回课堂，他如饥似渴地吸收着知识。EMBA课程涵盖了商业伦理、管理沟通、财务管理、组织行为学、市场营销、战略管理、创新与技术、领导力开发等，通过这些课程的学习，夏汉关了解了企业的基本构成、管理流程、商业伦理和价值观，战略思维和创新精神得到了进一步培养与激发，领导力水平更是有了大幅提升。

在前去深造之前，夏汉关更多地是凭经验来管理企业。然而，通过这次深造，他的管理水平在理性高度上升了一个很大的台阶。"带着工作中的一些困惑去学习，常常有一种'听君一席话，胜读十年书'的豁然开朗之感。"夏汉关回忆说。

这个时候，夏汉关还不知道，知识能够改变一个人的命运，也能改变一个企业甚至一个行业的命运。太平洋精锻的命运就在这些"听君一席话"中发生着变化，一个历史性的转折正等待着他们。

一篇毕业论文写出的"最高纲领"

在美国通用前CEO杰克·韦尔奇主政公司的20年间，他果断地做出许多惊人之举，皆出于"走在市场前面"和"数一数二"的市场观。韦尔奇的超前眼光和通用公司所取得的辉煌成就，令人叹为观止。显然，如果没有对市场的准确预见，没有大规模的战略转型，就没有通用公司当年的辉煌。

夏汉关对此深有同感。市场和客户在改变，企业也要跟着变，并且"改变"必须在市场变化之前完成。实践已经证明，决策必须走在市场的前面，等到市场逼着企业走，那就为时已晚。一如杰克·韦尔奇的那句名言："在被迫改革之前就要进行改革。"

太平洋精锻能够在2002年扭亏为盈，乘用车变速器结合齿精锻齿轮这一产品功不可没。

然而，当时整车价格连续下降的压力已经传导至市场，同时，竞争对手也采取了恶意低价竞争、以次充好等手段来抢占市场份额。这些因素导致了大部分产品的利润水平开始下降，甚至部分轻型车齿轮的价格已经触及成本极限，整个行业都面临着产业升级的挑战。如果还是原地踏步维持原有规模，太平洋精锻将面临"逆水行舟、不进则退"的困境。

在过去的几十年里，中国的内外部市场需求一直保持着扩大态势。中国企业的成功可以归结为两种模式：其一，是在13亿人口的大市场上发现机会，并将机会转化为收益，在很多领域，我们都看到了几百亿、上千亿级的巨头企业的崛起；其二，自2001年中国加入世界贸易组织以来，随着国外产业的转移，出口导向型企业利用劳动力成本和数量优势，为全球市场提供了物美价廉的产品。

有媒体曾在一篇述评中写道："中国制造是2002年的某一夜冒出来的新名词，或者说它是一个老词，但在2002年被一下子激活，并赋予了新意：在世界经济发展萎靡不振的前提下，中国经济欣欣向荣，由于全球经济一体化和比较优势等多种原因，世界越来越感到了中国的存在和力量。

"大国的兴衰印证的是制造业的兴衰，从曾经的'日不落帝国'大不列颠到当今全球唯一的超级大国美利坚，从挑起两次世界大战的德国到创造东亚奇迹的日本，无一例外。即使是后来的东亚'四小龙'，也莫不以制造业为发展的开路先锋。如今，世界经济一体化的浪潮，把制造业这个机会涌到了中国的门前。"

评论铿锵有力，却只观察到了事实的一半。其实，从一开始，中国制造的全部优势就在于人口红利及劳动力红利：数量大、品质优、充分供给、报酬低廉。

有经济学家将中国经济几十年来的增长动能，用两个海平面作比喻：一个海平面是发达国家劳动力价格水平，另一个海平面是中国劳动力价格水平。中国改革开放之前，这两个海平面是相互隔离的。把国门打开后，这两个海平面连通，两者之间的巨大落差是中国经济惊天爆发的主要原因。

但逐渐地，两者之间的差距在缩小。在人口老化、劳动力供给减少、生活消费水平提升以及通货膨胀尤其是城市住房价格飞涨的背景下，中国劳动力价格上升得非常快，这对作为中国企业主体的制造型企业构成了严重的发展制约。

在这种背景下，很多企业依然依赖机会成长的惯性和路径，过于关注短期目标，忽视长期性、基础性的要素，缺乏旨在长远未来的战略性举措。尤其是在技术及核心能力上倾注的精力、资源比较少，等到行业景气过去，才发现除了体量较大之外，并没有基业长青的真正基石。

市场是企业赖以生存和发展的空间，市场的变化是决定企业兴衰的首要条件，因此，企业要审时度势，要走在市场的前面。在全球市场激烈的竞争中，只有在市场上领先对手的企业，才能立于不败之地。

当时，太平洋精锻和大多数企业一样，对未来的发展战略定位并不十分明晰。未来行业趋势如何？业务发展的重点应该放在哪里？存在的风险因素还有哪些？如何防范和应对？国际化道路又该怎么走……一连串的问题萦绕在夏汉关心头。

正巧，当时在中欧国际工商学院攻读的夏汉关与同学们，已经着手准备毕业论文课题的开题。

夏汉关记得，入学面试时，有教授曾说叶先生的推荐信讲太平洋精锻扭亏为盈的过程非常具有案例研究价值。他想，既然公司本身就具有案例研究价值，现在又对未来发展方向还没有特别清晰的头绪，不妨就把公司面临的问题拿出来供大家研究。

于是，当讨论起论文课题的开题方向时，夏汉关便主动提出愿意将太平洋精锻作为课题题材，从太平洋精锻的发展现状出发，分析中国汽车工业和汽车零部件工业的发展趋势，并建议课题的论题定为"太平洋精锻发展战略的研究"。

当时，太平洋精锻已然是细分领域领头企业，作为典型案例无疑非常具有代表意义。指导教授和课题小组的几名同学经过商量后，一致同意了夏汉关的提议，并选定他担任课题组组长。

在此之后两年时间里，课题小组的5名成员利用课余时间不断前往太平洋精锻，他们对太平洋精锻自1992年成立以来生产经营的历程、国际市场开拓策略、人力资源建设情况、组织能力提升措施、资本市场布局策略以及产品市场风险识别等方面的实际问题，进行了详细的梳理和分析。

经过了一年多的深入研究、详尽分析以及不断修正，2008年6月18日，一篇凝聚了教授指导和课题小组共同努力的毕业论文终稿《PPF发展战略的研究》（"PPF"即太平洋精锻）终于完成。

针对太平洋精锻的战略，这篇论文给出了非常客观与现实的分析：

目前，国内零部件企业正受到主机厂的压价和原材料涨价的双面夹击。

一方面，在整车市场降价的同时，零配件降价也成为大势所趋。主机厂把因市场竞争整车降价的压力转嫁给零部件厂，零部件厂的利润空间已经越来越小。

另一方面，钢材、油、煤等原材料出现世界性涨价，有的甚至成倍地涨，此外，其他原辅材料的价格和运输成本亦不断上升。原辅材料市场价格的普遍上涨，使企业的生产成本上升，整车企业的零配件采购价格普遍下调。作为中间环节的零配件企业利润空间被进一步压缩，主机厂的压价和原材料涨价使零配件企业处于两面夹击，靠劳动密集以及低价格打天下的企业将面临着转产或者倒闭的危险。

同时，论文也指出了中国汽车零部件工业面临的一些困境。首先是企业数量过多，产品结构不合理。全国零部件企业过万家，但大多数规模较小，没有形成实力强大的企业集团。其次是自主开发能力弱，名品牌少。中国大多数零部件企业依附于整车企业的技术和产品，而且国内零部件核心高端技术大多为外方掌握。

另一方面，外方在汽车零部件领域独资控股趋势明显。他们为了减少经贸摩擦，担心核心技术被中方掌握，更热衷于独资建厂。而且，由于WTO对发动机和零部件企业的股份构成没有限制，合资企业里外方控股趋势明显。

在这些背景下，聚焦专业、质量领先、提升自主研发能力，就成了太平洋精锻的未来战略选择。

具体来说就是：抓住中国汽车市场高速发展的战略机遇，立足本土市场，主动走向国际市场，充分发挥精锻净成形少无切削新技术代替传统切削加工汽车齿轮技术的竞争优势，遵循"先做专做强再做大"的原则，寻找商机将产品价值链向成品和成套齿轮组件或部件扩展。

同时，以轿车市场为主攻方向，坚持质量领先，提供一流品质产品，强化质量管理和控制能力，以进一步降低成本，提升研发设计能力。参与整车厂新车型同步开发，抢抓商机，从而以国内市场价格竞争练出的低成本内功征战国际市场，以国际市场高质量准时交付和项目管理等竞争练出的内功征战国内市场。

在这个过程中，夏汉关也悟出了一个道理：术业有专攻，社会有分工，每个人的天赋是不一样的，每个人悟性也不同。凡是百年老店，一定会坚定地走在专业化的道路上。即便要做价值链延伸，也要在自己擅长的范围延伸，看不懂的、把握不住的、迷茫的事情不要去做，要干适合自己的事情。什么都想干的人，往往一事无成。

最终，这篇长达数万字论文的系统盘点与分析让夏汉关发现，如果只靠从别人那里采购模具，不仅价格和成本受人控制，交付也不能保证，而且在产品质量开发遇到争议时，更是没有话语权。再者，如果没有自主研发的能力，客户的评价就会打折，拿取新项目的订单当然也会少很多。

太平洋精锻利用精密成形技术制造汽车齿轮，可以使材料利用率提高30%，齿轮强度提高20%，还可以将原来分开的几个齿轮设计整合为一个零件。而且它让齿轮传动设计尺寸减小，使变速器总成体积减小，结构更紧凑。其中，结合齿精锻成形工艺技术已申请国家发明专利并获批准授权保护，太平洋精锻成为国内同行中唯一掌握这项精密成形先进技术的公司。

另外，还有如独特的精密成形齿轮模具齿形设计及加工制造技术、精密成形模具制造技术、模具表面处理技术、冷温热复合精密成形结合齿轮技术、热处理后的硬切削技术、齿轮球面内孔滚压成形技术等，构建起了太平洋精锻的专有工艺和专利技术的制高点，不仅极大地提高了过程效率，降低了生产成本，而且使得竞争对手难以复制和模仿。

无疑，这就是太平洋精锻的技术先进性和成本优势。这些技术在市场上是极具发展潜力和竞争力的，已逐步取代传统的机械切削加工齿轮技术。由此可以确定，精密锻造成型就是太平洋精锻的主业，所有的拓展都将围绕着主业进行，把主业做深、做专、做强。

于是，夏汉关便开始思考，太平洋精锻既然有精密锻造的平台基础，为什么不作横向拓展呢？同样的客户，需要齿轮也可能还需要轴。所有做汽车零部件配套的公司都是循着从一个零件向一组零件，从一个平台向多个平台，从小零件向部件，从部件向总成的逻辑轨迹进阶的。

所以，依靠精密锻造基础，走专业化道路，加快差速器部件和总成类产品的开发速度，在细分市场形成差异化竞争优势，不断培植新的经济增长点，成为太平洋精锻的一项长期策略。

"我们给自己的市场定位是专业化、复杂化、全球化。专业化意味着我们要在精密成型的特色领域进一步深耕,提升专业水平,复杂化的目标是生产更复杂的零件,以提高附加值。全球化是我们业务拓展的战略方向,从中国市场出发,逐步实现全球市场的布局。"夏汉关总结说。

正是通过夏汉关的EMBA毕业论文,太平洋精锻首次明确了"质量领先+自主研发"的战略定位,这篇论文也成了其日后战略发展的最高纲领性文件。这篇论文为公司提供了正确的方向性指导,使得公司面对日益激烈的市场竞争时能够保持清醒头脑,把握正确方向。同时,这篇论文也为公司未来的发展奠定了坚实的基础,将让公司在专业化、复杂化和全球化方面取得显著的成绩。

"破冰"大众:从冷眼到信赖

对一个企业来说,外部机会无外乎市场需求的增长、竞争环境的改善以及关键客户的出现。前两个对于所有参与者或者大部分参与者都是平等的,真正拉开差距的关键客户资源的出现。

关键客户在企业成长的关键阶段,往往对业绩突破具有重要意义甚至决定性作用。如果这个关键客户又是产业领先者,那么与巨人同行的战略就会有力地牵引企业快速成长。

只不过,关键客户资源也许会出现,却并不意味着企业就能把握住。好比一座高山出现在登山者面前,它是登山者的机会,但未必每个登山者都能登上山顶。从某种意义上说,企业成长的确需要运气,但运气不是等来的,不是天上掉下来的,而是通过一系列战略行为谋划、争取来的。而走向市场,融入产业和客户,是发现机会的重要途径。

加入WTO后,中国政府按照规则取消了对外商投资零部件产业的政策限制。中国廉价的劳动力以及广阔的产业发展空间吸引了众多外来投资者,迫于成本竞争压力，跨国汽车零部件公司正在持续不断地向高速成长的中国市场转移业务。

另一方面，欧美、日韩的零部件公司随整车企业相继进入中国，极力维持原配套体系，使中资零部件生产企业难以进入整车配套市场。同时，外方严格控制技术外溢，使中资零部件企业在技术、投资、市场上的竞争趋于被动。而外资零部件企业进入中国，迅速占领了关键零部件领域的市场份额，成为直接为主机厂配套的一级供应商。中资零部件企业如果不能在OEM市场上占有一定份额，则很难进入主流市场。

在这一过程中，太平洋精锻的一座"高山"客户便出现了。

2007年，德国大众汽车公司打算在大连建设一个生产现代化自动变速箱工厂，虽然是在中国建厂，但属于德方独资，并且是面向全球选择供应商。

太平洋精锻得知了这一消息，便与德国大众在北京的办事处取得了联系，表示愿意通过国际化竞争，争取变速箱齿轮合作的机会，结果被德国大众一口回绝了："中国人做不好，不要来。"

原来，早在1993年，太平洋精锻就和一汽大众有过合作，但当时产品几经反复却并没有得到德国大众的认可，所以德国人就认为，从1993年一直做到2007年，十几年的时间都没有做出来，这次肯定也做不好。这个时候双方都不知道，十多年都没有做出来的产品，竟然是"误会"造成的——这是后话。

大众作为德系主机厂的代表之一，对供应商的审核依据主要是德国汽车工业协会制定的VDA手册，在此基础上大众还有专门的要求。

国内汽车工业起步较晚，自主品牌车企市场竞争力较弱，而德日等汽车品牌供应链体系又十分封闭，国内零部件供应商总是很难突破巨头的壁垒。所以，要想进入全球知名整车品牌的配套体系，谈何容易。

大众从潜在供应商的整个评审交流开始，到现场进行质量体系审核，再进行技术评审，最后进行工程能力审核是一个非常艰难且周期较长的过程，国内大部分汽车零部件供应商都对此望而却步。这其实也是德国大众研发中心的齿轮专家对太平洋精锻的齿形设计与齿轮制造能力持怀疑态度的主要原因。

但当听到德国大众在中国建厂，却不让中国人参与时，一向自信的夏汉关并不死心。于是，他找到大众在中国的采购部门协商，希望德国大众给他们一次竞争的机会。

其实，采购部门也很想帮助民族企业进入全球配套体系，毕竟以后也好沟通。于是这位采购商继续找德国大众做工作，好在有位德国专家说了一句话让事情有了商量的余地："既然我们的目的是要降低成本，不妨也给中国人一个机会，先交流，不行的话再拒绝也不迟。"

总算是得到了一个交流机会。这就意味太平洋精锻在保持全球价格竞争力的基础上，还要通过德国大众严格的质量保证和工程技术评审。德国大众的供应商配套审核要求可不是一般地严格，但这并没有吓退太平洋团队，反而激发了他们迎难而上的决心。

更紧急的是，留给太平洋团队的时间，只有不到10天。当务之急是尽快拿到签证，好在有大众方面与上海领事馆的协助，仅用5天时间就把签证办好了。接着，夏汉关便安排公司技术副总带领齿轮设计、锻造、热处理、机加工等各个部门的研发工程师，直接奔赴德国大众狼堡研发中心。

一行人坐了十几个小时飞机到了法兰克福，之后又坐3个多小时火车才到达目的地。整个过程，根本没有人去接应他们，他们是在人生地不熟的情况下，一路找上门的。

一开始，德国人并不重视这些东方来的不速之客，只想着简单接待一下就打发他们回去。

德国大众狼堡研发中心的一位齿轮专家，手上拿着一沓纸，纸上印有三维计算系统数据，问道："听说你们都懂，那你们告诉我，你们的三维数字模型是怎么建立的？模型相应的坐标点计算数据是多少？"

原来，这位专家想来一个"下马威"，用这一问把太平洋团队挡回去。

齿轮的精度涉及很多数学模型和三维坐标计算，如果真懂这项技术，并且计算机数学模型中也使用了这项技术，那么双方的数据一定都是一样的，否则就说明大家不在一条跑道上。

太平洋团队听到这一问题后，保持沉着应对的同时，也感受到了一丝紧张。他们知道，这些数据如果讲错了，哪怕仅有一处与对方数据不符，就会彻底失去机会。所以，他们都暗自捏了一把汗。结果，令那位专家没有想到的是，太平洋精锻工程师们的回答不仅数据准确无误，甚至在小数点后6位的精度上都达到了惊人的一致。接着，对方又询问了许多其他参数，结果也几乎都是一模一样。

"你们是真的懂！"大众齿轮专家的态度马上就变了，并给出了赞许式的肯定。德方本来想半个小时就把他们打发掉，最后反而把其他的接待都推迟了——这对于一向守时到刻板的德国人是罕见的。随后，他们与远道而来的太平洋团队又继续交流了大半天。

同道中人总是越聊越投机，最后，德国大众的齿轮专家表现出了一种相见恨晚的感觉，并且已经判断出太平洋精锻是一个可以重点培养的战略供应商。事情进展到这里，他们仿佛听到了破冰的声音，一个明媚的春天在向他们招手。

德国"贵人"的相助

从德国大众回来后，太平洋团队便全身心投入产品的研发与制作工作。经过几个月的努力，产品终于顺利完成。但德国人向来严谨，并没有让太平洋团队直接把产品发到德国去，而是要亲自到车间现场审核。

德国大众的齿轮专家很快从德国赶到了姜堰。本来，夏汉关出于礼节上的重视，专门留出时间要陪他参观工厂；然而与中国文化截然不同的是，这位专家并没有让人作陪，而是让夏汉关把人力资源部的花名册给他，自己带着翻译就进车间了。在三天的考察时间里，那位德国专家一方面审核了产品的生产流程，另外一方面对所有实物质量进行了全面检验。

在整个过程中，大众齿轮专家表现出了他极其严谨的态度，他时而全神贯注地观察，时而与员工交流、记录，时而又低头沉思，甚至还爬上了车间里热处理电炉的炉顶去观察。前面连着两天，太平洋团队每次邀请专家到外面吃饭，他都拒绝了，而是选择与公司员工一起吃工作餐。下班后，他也不接受任何应酬，每天独自工作到晚上9点以后。

直到最后一天，这位专家才接受了太平洋团队的接待宴请，连续几日的考察，却看不到他脸上有任何疲倦，反而有一种如获至宝般的神采奕奕。那一晚，他一连喝了十几瓶青岛啤酒。

推杯换盏间，大众齿轮专家很兴奋地告诉夏汉关，这几天的考察让他收获颇丰，因为他发现了一个非常有潜质的团队。并且，通过他的考察评估，公司哪些人可以大力培养，哪几个人悟性好，哪几个人要给机会，他都向夏汉关逐一分析。

原来，大众齿轮专家在太平洋团队里发现了好苗子，研发部门的几个小伙子得到了他的高度认同。"要知道，即便是在德国，很多年轻人也不愿意学习齿轮理论计算。一些相关的数学模型，懂的年轻人也并不多了，往后会越来越少，大有后继无人之忧。"太平洋精锻董事会秘书董义回忆说。

这就好比是武功盖世的高手对自己的徒弟费尽心思却难以教出，就在武功面临失传时，突然在圈外发现了可塑之才，颇有偶拾遗珠之喜，自然是尽心竭力地传授。只要有人能传承，"武功"便没有了国界。

德国人一般不会把私人邮箱、私人电话留给别人，但大众齿轮专家却把他的私人邮箱和私人电话都给了"太平洋团队"的对口联系人，这足以说明他对于太平洋团队的看好与重视。

最后，大众齿轮专家还一再嘱咐，凡是他认可的这几个人，将来在研发过程中无论有什么问题，随时都可以跟他交流；他甚至提出，只要有去欧洲的机会，一定把他们带到大众去参观学习。凡是他知道的齿轮知识，一定会悉心传授。没多久，大众齿轮专家给夏汉关发来了一封邮件，说他从太平洋精锻离开以后还到了另外一家供应商处。用他的话说，太平洋精锻充满了阳光，而另一家供应商的气氛则是乌云密布的，他的心情很糟糕，选择了马上离开。同时，大众齿轮专家还特别将德国大众过去10年其他锥齿轮供应商发生过的问题风险，全部和太平洋团队做了分享，希望他们能够更好地成长，为大众提供优质的产品和服务，不要走别人走过的那些弯路。

回到德国之后，大众齿轮专家向主管提交了一份报告，强烈推荐了太平洋精锻，并说这家公司值得重点培养。

最终，太平洋精锻成功获得了德国大众变速箱项目配套定点提名信。之后，太平洋精锻开发出的样品，也完美通过了对方的实验与认证。

于是，2010年，太平洋精锻成功打入了大众汽车的全球配套体系。到2020年时，短短十年间，大众全球的差速器齿轮在太平洋精锻整体收入中所占比例已超过45%。

自2008年以来，德国大众的那位齿轮专家都和太平洋团队保持着友好的往来。"我们每年至少会到大众或者奥迪去一次，也就是一年至少要去德国两次。每一次要去时，我们都会把打算谈的项目和想了解的内容与他提前沟通，并特意去拜访他，他都会提前帮我们预约好相关同事，甚至连会议室都帮着定好。"董义说。

在之后与一汽大众的数次合作中，这位齿轮专家也都起到了非常关键的推动作用，"太平洋团队"极其佩服他的专业素养和敬业精神。他还积极推动双方在技术研发、人才培养等方面的交流与合作，为太平洋精锻的发展提供了有力的支持。因此，夏汉关将这位德国专家称为太平洋精锻的又一位贵人。

"垂直攀登"的精神

有一次，夏汉关带领团队再一次到德国拜访那位大众齿轮专家。交流中，夏汉关和专家聊起了他们从1993年就在给一汽大众捷达做变速箱差速器锥齿轮并签署了国产化协议，结果做了无数次尝试却一直未能通过试验，却又找不到原因。

这一下让老专家来了兴致，仔细询问起来。一问一答间，夏汉关这才知道，原来在德国大众总部，有两种齿轮图纸，一种是切削加工工艺，一种是模具锻造工艺。而当时国内一汽大众虽然也属大众公司，但做得更多的是生产加工和物流环节，对于研发并不是特别了解，所以连他们自己也根本没想过，他们从德国大众总部拿到的是机械切削工艺的图纸，而太平洋精锻采用的是更加先进的模具锻造工艺。

难怪产品出来怎么都通不过试验！区区一张图纸，硬是让一个合作搁浅了十多年，甚至还差点让太平洋精锻因此错失了与德国大众的合作机会。

由此可以看到，一家企业之所以优秀，就在于其领导者过人的视野、魄力和决断力。当外部机遇出现时，往往也是因为企业领导者率先洞察，没有条件创造条件，也要使企业登上新的台阶。如果没有夏汉关当初的争取，也就没有了后来的一系列合作。

随后，那位德国专家找到了大众总部的捷达项目组，更换了图纸，这个被判了"死刑"的项目这才得以复活。

很快，按照正确图纸生产出来的样品顺利通过了试验，这可给一汽捷达帮了大忙。在此之前，由于国内没有企业比太平洋精锻的设备和工艺更先进，以至于一汽捷达与其他供应商中断了合作，也没有可以取而代之者，只能进口国外的差速器锥齿轮。这一次，太平洋精锻帮他们实现了进口替代，一下子就把成本降下来了。

太平洋精锻终于在2010年正式进入到一汽大众捷达配套体系——这中间竟然跨越了17年之久。

可以看到,以德国、日本为代表的一些汽车制造商,如果供应商实力不行,想得到他们的尊重是很难的。正是因为太平洋精锻赢得了德国专家的高度认可,所以把大连大众的项目做好以后,再去做一汽大众的项目,就变得轻松多了。

这从侧面也可以看出,成立初期,太平洋精锻就敢于对标大众、通用这样的知名企业,以严格的标准来要求自己的生产。"那个时候想去做轿车的配套还是不太现实的,但我们就敢于对标这种要求十分严格的公司"。夏汉关说。

稻盛和夫在创立京瓷后,干部员工中也有不少人跟不上他。这时,他常常说下面的一番话:"我们必须笔直攀登悬崖峭壁。要像攀岩运动员那样以顶峰为目标,笔直攀爬。"这就是"垂直攀登"的精神。特别是设定了一个高目标时,朝着目标勇往直前就非常重要。

稻盛和夫说道:"我将这比喻为登山,就好比即使面前遇到了高耸的岩壁阻挡了去路,也要笔直向顶峰挺进。避开阻挡在路途上的诸多困难,选择安全而舒缓的道路迂回前进或许更为聪明。但是在安稳、迂回、缓慢攀爬的过程中,可能会迷失最初描绘的高目标,半道说服自己就此放弃。想达到高目标,就要沿着自己相信的正确道路奋勇前进,以'垂直攀登'的姿态发起挑战"。

当时,夏汉关带领团队也设立了一个看似遥不可及的高目标,他们要做的,就是"垂直攀登"!

在"空白处"踩下闪光迹

一转眼到了2010年,德国大众要拓展变速箱结合齿和轴的生产线,于是召开了供应商大会,太平洋精锻也派人参加。结果众多供应商没有一个敢接招的,因为大家都没做过。

太平洋精锻在给德国大众配套差速器齿轮之前,毕竟还是和国内其他车厂有过配套基础的,至少技术上相对成熟。而这一次的结合齿轮技术,当时在国内还完全是空白。所以,德国大众认为"中国人这次真的做不了"。

但这一次,夏汉关依然不信邪。回去之后他就把其中技术难度最高的一个零件单拎了出来,开始攻克,从工艺到模具再到技术,反复试验。由于以往工艺是个空白,所以进展注定不会顺利,第一套产品做出来就坏掉了。夏汉关和团队成员们并不灰心,马上分析原因并作出修正,然后第二套产品又坏掉了,再分析再修正,接着第三套,第四套……

"这是一个很曲折的过程,毕竟那些新的工艺我们都没有接触过,从工艺到模具设计到整个过程,反复的次数比较多。而且前期的投入也很大,从模具的加工,模具的测量,包括软件的更新,但当时大家都有一个信念:志在必得"。董义回忆道。

好在对于这个决策,太平洋精锻提前做了整体布局,引进了大量人才,这对于基础理论研究和产品的开发应用都是非常关键的。

就这样,反复试验修正了七八个月后,样品终于通过了内部测试。

夏汉关亲自带着样品去跟德国大众方面沟通。首先,他向德国大众详细介绍了太平洋精锻在前期进行的前瞻性研究投入。接下来,夏汉关展示了从第一套到第N套坏掉的产品工艺制定和修正过程,包括了对现有生产工艺的深入分析、问题诊断、解决方案制定和实施等环节。最后,他还向德国大众分享了太平洋精锻未来的愿景、发展路径以及最终达到的目标。他表示,太平洋精锻将继续加大研发投入,不断提升产品技术水平,努力成为行业领军企业。同时,他还强调了太平洋精锻对这一领域的理解掌握程度,以及下一步准备进行的研究。这些研究涉及新型材料开发、生产工艺改进、智能化制造等多个方面,目的是为客户提供更优质、更高效的产品和服务。

"我记得当时到德国大众做项目介绍时,他们专门安排了一个大会议室,至少有4个相关部门的30多人参加了沟通。"从董义的回忆中,可以感受到德国大众对于这一项目和对太平洋精锻的重视程度。

正是夏汉关团队的有备而来,令德国大众见识到,太平洋精锻比中国其他同行对于齿轮布局得更早,也研究得更深,具备一定的合作基础。被夏汉关的诚意征服的德国大众方面直言:"和你们一打交道就感觉很放心,我们愿意尝试合作。"

于是,双方开始推进合作。之后,经过一系列的技术评审、产能评审,终于在2013年达成了配套合作。

回头来看,夏汉关当初选择攻克这道难题时,不见得有十足的把握,但也不是盲目而为。虽然从没做过结合齿轮,但他们有一定的提前储备,前期不仅招聘了大量专业人才专门研究结合齿的技术创新,而且还不断派人去德国取经,积累了大量经验。

不试一试怎么知道不行,万一成功了呢?夏汉关的大胆尝试,不禁让人想到爱因斯坦当初作为一名开拓者的艰辛与喜悦。

1899年,爱因斯坦在瑞士苏黎世联邦工业大学就读时,他的导师是数学家明可夫斯基。由于爱因斯坦肯动脑、爱思考,深得明可夫斯基的赏识。师徒二人经常在一起探讨科学、哲学和人生。

有一次,爱因斯坦突发奇想,问明可夫斯基:"一个人,究竟怎样才能在科学领域、在人生道路上,留下自己的闪光足迹、作出自己的杰出贡献呢?"

一向才思敏捷的明可夫斯基却被问住了,直到三天后,他才兴冲冲地找到爱因斯坦,非常兴奋地说:"你那天提的问题,我终于有了答案!"

于是,他拉起爱因斯坦就朝一处建筑工地走去,而且径直踏上了建筑工人刚刚铺平的水泥地面。在建筑工人们的呵斥声中,爱因斯坦被弄得一头雾水,非常不解地问明可夫斯基:"老师,您这不是领我误入歧途吗?""是的,歧途!"明可夫斯基说:"看到了吧?只有这样的'歧途',才能留下足迹!"

接着，他又解释说："只有新的领域、只有尚未凝固的地方，才能留下深深的脚印。那些凝固很久的老地面，那些被无数人、无数脚步涉足的地方，别想再踩出脚印来……"

听到这里，爱因斯坦沉思良久。从此，一种非常强烈的创新和开拓意识，开始主导着爱因斯坦的思维和行动，去探索别人还没有涉及的领域。不仅在物理学三个未知领域里，齐头并进，大胆而果断地挑战并突破了牛顿力学。还提出并建立了狭义相对论，开创了物理学的新纪元，为人类作出了卓越的贡献。

正是因为甘当一名开拓者，爱因斯坦在科学史册上留下了深深的闪光的足迹。

太平洋精锻与德国大众合作的结合齿轮业务，从零技术、零工艺、零设计，到最终实现批量生产，进而占到公司年营收的10%以上，留下了一道闪闪发光的足迹。

将错就错，换来深度合作

2011年底，英国著名汽车传动系统供应商GKN集团给上海通用做配套，这次合作中，GKN集团日本分公司担任主导角色，太平洋精锻则参与了锥齿轮产品的配套开发。然而，在产品完成并提交给通用公司试验后，却并未通过测试。双方为此进行了多次修改和测试，但问题依然存在，反复了一年以上。

当时，上海通用已经明确提出，如果GKN再做不出来满足试验工况要求的差速器锥齿轮，项目就不要再做了，他们将找其他公司做配套。

其实，第一次修改时，太平洋团队就看出了是图纸设计出了问题，但作为项目主导的日本公司方面却坚持说没有问题，不答应改设计。GKN中国分公司的一位职业经理人夹在中间也很为难。

每做一次试验就要花费几万元的成本，接连几次试验已经花了几十万进去。设计出了问题，仍要去做试验，结果当然是失败的。"我们配合做了大量无效劳动，还要不要继续？"所有参与者都提出了质疑。

"不管怎样，我们还是要继续把事情做下去。硬让他们改，一旦闹僵了，进行不下去，对谁都不好。当所有路都走不通了，他们自然会听我们的意见，到时也让他们心服口服。"夏汉关做出了一个坚定的决策，"在这个过程中，我们也能积累经验，同时也给客户一个交代。"

显然，夏汉关在用长远的战略眼光考虑问题。于是，太平洋团队又配合着做了两个月，当所有的路都试过，没一条能走通，GKN这才接受了太平洋精锻的意见，重新做了设计开发。

拿到了新图纸，太平洋团队只花一个月时间就把产品做了出来，并一次性通过了上海通用的试验。通过这一次的合作，GKN对太平洋精锻不仅另眼相看，而且满怀感激——相当于是太平洋精锻拯救了GKN与通用汽车全球的合作机会。

"那个时候，我们只是站在技术的角度思考问题，认为做那些无用功没有意义。但是到了战略层面，想法就不一样了。"董义对于夏汉关当时"将错就错"的做法，有了更深的领悟。

自此之后，GKN不仅与太平洋精锻在差速器齿轮一项上长期合作，还达成了后续的一系列合作，订单占比一度占到太平洋精锻总产值的1/3以上。太平洋精锻的第三厂区，就是专门为GKN生产供货而建造的。GKN成为太平洋精锻继德国大众之后的第二大客户。

机遇总是留给有准备的人，如果太平洋精锻此前没有做好充分准备，只能眼睁睁看着一个又一个的机会溜走。夏汉关当年为了质量标准而做的准备，意义也是如此。

没有规矩不成方圆，规矩即标准。汽车产业化的形成意味着市场份额被更多的企业瓜分，在竞争压力之下，无论是流水线的制造，还是贸易的全球化，抑或服务和监管，都需要更加标准化。

所以，要想进入全球汽车行业配套体系，必须具备ISO9000、VDA6.1、IATF16949等几项质量标准体系认证作为"通行证"，方才具备"与狼共舞"的资质。同时，这也是中国汽车行业尽快与国际先进管理体系接轨的标配，是中国汽车行业参与国际竞争并在竞争中取胜的必经之路。

面对德国人的严谨，没有入门"通行证"的太平洋精锻，当然会被卡住说"不要来"，未免有些被动。由此可见，当初夏汉关无比坚定地带领团队拿下了那一系列的国际体系认证是多么关键，又是多么有先见之明。

所谓磨刀不误砍柴工，有了"通行证"保障，太平洋精锻的国际业务合作逐渐多了起来。上市至2022年，公司的营业收入规模以14%的复合增长率不断扩张。

自此以后，凭着德国大众的品质认可与价值背书，太平洋精锻在开拓全球顶尖知名汽车品牌客户方面进入了重要的里程碑阶段，进军全球顶级配套市场的大门，也一扇接着一扇顺利打开。

2010年之前，太平洋精锻的出口收入体量是比较小的，但到了2010—2012三年间，分别新增了德国大众、GKN以及大众捷克三大客户，出口收入迈向1亿关口。

2014年，太平洋精锻的主要出口地从美国、欧洲进一步拓展至日本、泰国，产品配套的最终客户包括通用、福特、大众、宝马、丰田、日产、菲亚特等。同时公司的出口收入也持续高速增长，2014—2019年从0.9亿元增至3.3亿元。

2020年之后，太平洋精锻及时把握住了国内产业链复工复产较好，而同期海外产业链受疫情反复影响较大的窗口期，持续加大市场开拓，相继获得北美、日本、欧洲等众多新项目的配套定点。尤其是，他们获得了全球著名电动车大客户的差速器总成项目中国和欧洲市场的定点。

通过太平洋团队的不懈努力，他们的产品竞争力进一步提升，同时，出口量也攀升至新的高峰。

相关研报显示，整体来看，2008年至2021年，太平洋精锻出口收入年复合增速达28.6%，保持快速增长态势。

从大众到奔驰，从日产到福特，从奥迪到丰田……太平洋精锻拿下一个又一个"高山"客户，也完成了一次又一次的"登山"之旅。他们的目标是：一览众山小，山高人为峰。

第9章

上市 顺势腾飞

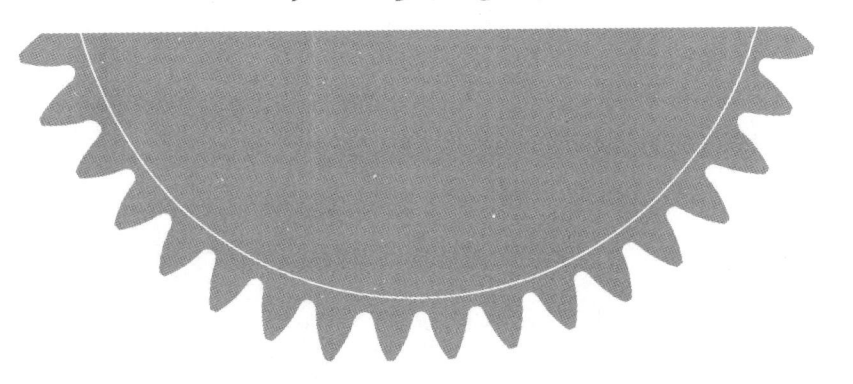

沙漠里发现一颗"夜明珠" 223
顺利上市的底气：不投机，守规则 225
甩掉包袱，展翅高飞 229

沙漠里发现一颗"夜明珠"

2011年8月26日，深圳证券交易所大厅里，在四周缀满鲜花的鲜红色的背景屏幕前，一口硕大的金钟悬挂于正中央，随着夏汉关手中拴着红绸的钟槌有力地落下，"咚——"浑厚而又洪亮的声音在大厅回响。主持人举着手中的平板高喊："股票交易代码300258，发行价25元每股，开盘价35.90元每股，恭贺精锻科技隆重开盘！"

由此，太平洋精锻在深交所创业板正式挂牌，完成了从民营企业向公众公司的转型，也一举成为泰州境内首家创业板上市公司，更是国内精锻行业的首家创业板上市公司。

鲜红喜庆的大屏幕前，西装革履的太平洋精锻高管团队和嘉宾们热情拥抱，集体合影，这是太平洋精锻发展史上极有意义的一天，闪光灯下被定格的每一张照片，都将被珍藏和回忆。

太平洋精锻从2005年开始谋划上市，经过2009年的股份制改造，2010年的材料申报，终于在2011年8月26日在深交所创业板正式上市。此时此刻，夏汉关心潮起伏，往事一幕幕涌上心头。

对于上市他起心动念，还要从2003年叶先生决定撤资时说起。

当时，叶先生请来华尔街的知名投行前来审计调查，夏汉关第一次接触到了资本市场的律师。其中，最有名的德国第五大工业公司，被称为"钢铁大王"的蒂森克虏伯集团竟派了一个15人的并购团队，在太平洋精锻驻扎了两个星期，进行尽职调查。

在这个过程中，夏汉关和欧美最优秀的投资团队有了充分的接触。当时，有资本人士与夏汉关讨论起企业的发展，有意无意地谈到公司的未来方向，同时也把上市理念灌输给了夏汉关。就是从这个时候开始，夏汉关开始对公司上市有了初步的印象，并形成了一个初步的资本市场导向意识。

如果说受华尔街知名投行的影响，只是在夏汉关心中种下了一颗上市的种子，那么，去中欧国际工商学院读书深造则催生了这颗种子的生根发芽。

2006年，夏汉关邀请他在中欧国际工商学院一起就读EMBA的同学到泰州做客，探讨公司未来发展。同行的还有同学请来的一位朋友，时任兴业证券上海公司保荐人的王廷富。出于职业习惯和朋友相托，王廷富对太平洋精锻做了一番了解。

要知道，当时的中国汽车零部件行业还在以成本优势换取利润，大多围绕汽车内外饰、汽车玻璃等高能耗、低附加值的板块开展国产化替代，零部件核心高端技术大多为外方掌握。

彼时，走在前列的太平洋精锻凭借着自身的自主创新优势已经开始在做核心部件进口替代的研发生产，市场定位也正在由中端向高端升级。这种具有核心技术能力的创新型企业无疑是非常受资本市场支持和欢迎的。

因此，王廷富非常笃定地直言："太平洋精锻的发展潜力非常大，很有机会实现IPO上市。"

而这，正与夏汉关内心的想法不谋而合。太平洋精锻2002年刚刚走出十年亏损泥潭时，夏汉关深知带领企业扭亏、对投资人有所交代是第一要务。但随着汽车产业迎来繁荣，太平洋精锻逐渐站稳脚跟，他颇有远见地意识到，现代企业仅仅把产品市场做好，只是一个轮子在行驶，还要有另一个轮子，那就是把握资本市场的脉搏。双轮行驶才能摆脱传统的发展模式，才能确立企业在行业中的竞争优势地位。

当时，中国汽车产业迎来了一个全新的高速发展时期，这也直接提升了汽车零部件企业的市场地位，许多跨国公司已将中国汽车零部件企业纳入其采购体系，中国成为世界汽车工业的重要组成部分。

然而，资金短缺一直制约着太平洋精锻的发展。在此之前，太平洋精锻的骨干员工抵押了自家房产也是尽了最大努力，如今已"押无可押"。找银行贷款时，夏汉关发现，银行在资金的筹集量和灵活度上远远赶不上当时汽车市场的发展速度。

"绝对不能错过这么好的历史发展机遇！"夏汉关在心里暗下决心，并由此把目光投向了更广阔的资本市场。再经过王廷富这么一分析，夏汉关带领太平洋精锻上市的信心又猛增了一大截。

没过多久，王廷富为太平洋精锻整理出一张上市路线图，并给出了上市规划的中肯建议。通过这张路线图，夏汉关第一次清楚地看到了一个企业从初创到成长再到上市的路径规划，以及未来的发展方向。

于是，从2006年开始，夏汉关便带领全体员工，按照上市线路图中的要求与标准，进行上市前的梳理与筹备。

顺利上市的底气：不投机，守规则

经过3年的摸索与整理，到了2009年，随着中介机构的正式进驻，太平洋精锻的上市准备工作到了关键时期。

根据2010年2月1日审议通过的股份公司创立大会决议，江苏太平洋精密锻造有限公司整体变更设立股份公司，公司名称正式变为"江苏太平洋精锻科技股份有限公司"。

也正是在这一年的10月30日，创业板在深交所正式开市，这是中国第一个面向成长型、创新型中小企业的板块。创业板市场以支持创业企业发展、落实自主创新战略为历史使命，其注重科技创新和聚焦高成长性的特点，吸引了众多有潜力的创新企业上市，为中国经济的创新与发展注入了新的活力。

于是，正好对口的太平洋精锻便顺势申报了在创业板上市。

众所周知，企业上市是一项极其复杂、繁琐的金融工程和系统化工作。需要经过前期论证、组织实施和后期评价等一系列过程，在不同的市场上市，企业应做的工作、渠道和风险都不相同。只有经过综合评估，才能确保拟上市企业在成本和风险可控的情况下进行正确的操作。

一旦确定了上市目标，就开始进入上市外部工作的实务操作阶段，需要经过选聘相关中介机构、进行股份制改造、审计及法律调查、券商辅导、发行申报、发行及上市等阶段。一家打算上市的企业涉及的关键问题点竟多达数百个，尤其民营企业普遍存在诸多财务、税收、法律、公司治理、历史沿革等历史遗留问题，很多问题在后期处理的难度相当大。

这也是为什么企业在完成前期评估的基础上，必须有上市财务顾问的协助，才能有计划、有步骤地预先处理好一些问题。

"因为我们之前很规范，所有数据都真实、可靠，并且都经得起推敲。所以，我们当时还特别给所有参与的中介机构提出要求，只需要实事求是反映情况，不需要做任何的粉饰或转换。"回忆起这段历程，董义不无自豪地说道。

已经为上市筹备了5年的太平洋精锻，终于到了关键节点。按照上市流程，在通过证监会审核过会之前有一个例行问答环节。太平洋精锻董事长夏汉关与券商、会计师、律师等中介机构人员全都到了北京，配合上会前的最后一次审核。

第二天，问答准时开始，证监会的财务和法律审核员向夏汉关问道："夏总，如果你们公司上会被否决了，你直观上感觉公司有什么问题？"

听到这么一问，夏汉关先是一愣，但他很快就给出了自己坚定的答案："如果我们公司上会被否决了，都是我的问题，是我看错了人！选错了合作中介！我们公司这么好的'原料'居然没有过会，一定是我请了不好的'厨师'！也就是券商选错了！律师选错了！会计师选错了！"

顿了一下，夏汉关继续说："我不会放弃的，6个月以后我还会再来。但是我回去会把这些律师、会计师、券商全都换掉。因为我相信我们能上市，如果像我们这样立志于产业报国、认真干事情的企业都进入不了资本市场，没有道理！"

从夏汉关的话语中可以看出，对于成功的把握有多大他不好说，但他从没想过失败。总之，他觉得，如果没有顺利过会，要么是保荐机构的问题，要么是上市政策有变动，但绝不会是太平洋精锻本身的问题。

夏汉关说这番话的底气在于，太平洋精锻对当时的行业趋势和市场竞争力以及未来几年的盈利预测都已经做过可行性项目分析，可谓万无一失。所以，夏汉关心中有数且问心无愧。

与此同时，夏汉关的这份自信并非只是嘴上说说，而是来自他们平时的点滴积累。

叶先生在世时就经常告诫夏汉关等人，在日常的工作中，如果他们做错了什么事情，只要不是违法的，不是偷税漏税的，其他事情都有协调的余地。唯有违法和偷税漏税，这种事情连提都不要提，根本没有商量的可能。

"自从1992年与叶先生合作以后，我们就在他的影响下有着比较强的守法经营意识。站在今天来看，太平洋精锻之所以在2011年能够顺利上市，跟我们长期的规范有很大关系。"夏汉关强调说。

带领企业发展的过程不仅是业务扩大的过程，也是信用积攒的过程。很多企业在创业初期由于短视，为以后的发展埋了下不少的"雷"。虽然短期内可能赚了"一桶金"，却失去了长远的机会。

曾有一家已达数亿规模的知名服装企业，业务数年停滞不前，创始人请来很多国内著名咨询公司帮忙，先学丰田模式，再学服装业巨头Zara的商业模式，结果却成效甚微。这是因为，无论是丰田模式还是Zara模式，成功的关键都在于稳定可靠的供应商和经销商关系，以及相互之间一荣俱荣、一损俱损的策略联盟。但是，行业内到处流传着这家企业早年拿积压服装抵供应商货款的故事。这些创业之初的"恶行"，导致它很难与合作伙伴形成相互信赖的共赢关系。

"看问题不要短视。"这是夏汉关经常说的一句话。

正是抱着这样一种信念，他曾做过一个无比正确的又有远见的决定——如果因为当初的一念之差，很可能就给上市路上埋下了一颗"雷"。

那是在太平洋精锻最为困难的1998年，当年10月，太平洋精锻从中国农业发展银行申请到一笔400万元的贷款，由中国农业银行姜堰城郊办事处代管，约定期限为3年，还款方式是先还利息后还本金。

然而，当2000年3月，太平洋精锻按时还完最后一期利息之后，银行方面却并没有发来催要本金的文件或电话。

原来，在这期间中国农业银行与中国农业发展银行内部经历过一次改革，由中国农业银行代管中国农业发展银行的业务。可就是在这一交接中，这笔400万的贷款本金好像被银行"遗忘"了。

不巧的是，当时也正赶上太平洋精锻组织架构调整，交接汇报难免有轻重缓急的疏失。所以，这件事就这样被搁置了。当夏汉关知道这件事时已经是5年以后的2005年了。

既然知道了就必须赶紧解决，夏汉关立即要求财务人员要尽快还上这笔贷款。

当时财务人员以及高管都表示不理解："人家银行都不催我们还，我们急着还什么？"

"我们想过好日子，就必须尽快处理好过去的历史遗留问题。欠着人家一笔贷款不还，一定会有不良记录，我们不能短视。"夏汉关毫不含糊地回答。

听说夏汉关主动提出还钱，当地农业银行的营业所主任甚至也跟他开玩笑："都没有人跟你要，你还给谁？"

夏汉关估计，可能是两家银行在交叉改革的过程中，对于当年这笔贷款核销了，要不然怎么会不找来要？但是如果现在不处理，公司在某一个银行的某个角落里面的就一定存有一笔不良记录，且不会凭空消失。夏汉关心里非常笃信，这绝非杞人忧天。

"没人找我们要没关系,我们当时在哪个银行营业网点借的,就去哪个营业网点还。"夏汉关语气中带着坚决。

最后,在夏汉关的督促下,公司把这笔贷款妥善还掉了。

果不其然,几年以后太平洋精锻在上市的过程中,证券监管部门要核查公司过去在银行有没有不良记录。这时一位农业银行办事员对上级拍着胸脯说:"这家企业肯定没问题,当年我们不要人家还的钱,人家都主动还了。"

"30年走下来的经历告诉我们,不要讨巧。以往历史过程不规范欠下的债,以后总是要还的。企业每走到一个阶段,都要搞清楚该做什么不该做什么,否则哪一步决策失误了,或者说走了一条不该走的路,到时候后悔都来不及。但反过来说,做企业只要坚守正确的价值观,讲诚信,讲规则,就没有道理做不好,只要走在正确的道路上,走到胜利的终点只是时间问题。"夏汉关感慨说。

显然,不投机,守规则,是一家企业最大的底气,也是走向成功的捷径。

甩掉包袱,展翅高飞

其实,上市是把双刃剑,确实有那么一部分人只是想上市"圈钱"。利润率等指标达到了上市水准,就包装一波,然后在合适时机套现离场。

但有相当一部分公司上市是正儿八经想去融资的,因为只有多融资才能支持公司更进一步的经营发展需求。尤其在一些市场增长率较高的成长期产业,资金供应跟不上,产业发展就会受限,公司的战略目标可能也会滞后。多少国内初创的企业刚刚进入到成长期,还没熬到成熟期就一命呜呼了,绝大多数都是因为资金链出现问题,后续融资又跟不上。

对资本市场而言,其存在的意义就是为了让企业更好地从社会资本中融资，但也只有优秀、盈利能力强、能够持续发展的公司，才能正大光明地站在这个市场当中。

作为江苏泰州市首家A股创业板的上市企业，太平洋精锻开了一个好头，也树立了一个优秀的标杆。鉴于此，在姜堰市委、市政府召开的企业上市推进会上，夏汉关被邀请出席，谈了他对上市的看法与经验，也道尽了上市背后的挑战和考验。我们来看看，夏汉关是如何看待企业上市的？

精锻科技（江苏太平洋精锻科技股份有限公司的证券简称）这次成功上市是市委、市政府以及各部门长期以来大力支持的结果，是中介机构和社会各界长期扶持的结果，也是我们企业管理团队和全体员工努力拼搏的结果。

上市后，我感觉任重道远，资金募集到位后，要对更多的股东和股民负责，下一步就是要把资金用好，发挥更好的效应。我对企业未来的发展充满信心，现结合上市之前所做的工作向各位领导和同仁作一报告，希望能给更多的企业以启示。

一、企业为什么要上市

作为企业来讲，发展的目标是什么？我觉得，不管什么人创立企业，目的无非是要挣钱、要发展、要创造价值。当企业发展到一定程度，有一定的收益时，更多地是思考如何能够可持续发展，能够让更多的人就业，能够让更多的员工提高收入。

企业发展如逆水行舟，不进则退。如果自我感觉良好不发展，或者说别人在大发展你在小发展，那么这个企业的未来是没有前途的。从国内国外实践看，一个企业要想存在一百年是很困难的，无论多大的企业能够存在几十年就很不简单。

世界上也有很多百年以上的企业，从他们身上可以看到，做大企业的途径主要有两条：一种方式是小步快跑，依靠不断积累。这种发展方式速度慢，而且风险大，一旦市场不好或者国家政策改变时，就很难维持下去。另一种方式是依靠资本市场的支持。但是进入资本市场的企业是有条件的，它会选择那些发展质态好、能盈利、有收益、发展快的企业。所以企业前期的积累很重要，发展的第一步是必不可少的。企业未来发展如果不去适应资本市场这种形式，就会存在很多不确定的因素。

我们公司当年确定上市的时候，也是我思想观念不断更新的一个过程。2006年，一位教授跟我说，做企业的人就算你的产品市场再好，用现代经营理念、经营管理的要求来打分，最多只能是50分。现代企业必须在产品市场成功的同时，取得资本市场成功，这样你的企业在业界才能有位置，才能步入良性循环的轨道，才能打高分。只有在产品和资本两个市场都做到位，才是一个合格的企业，一个合格的企业家。

从个人自身的角度来讲，同样创立一个企业，如果上市，你的股票除了原先的继承转让等手段外，可以在资本市场变现，投资就有了一个很好的退出机制。如果不上市，企业发展再好，年龄不饶人，当你干不动的时候，如果说你的儿女或者其他股东不愿接手，就没有办法退出，只要你想卖，就会遭到压价，完全处于不对等的地位。现在政府推动企业上市，是给了大家一条康庄大道。

此外，在当代中国，这么多的劳动力、员工也希望可以通过自身的努力和企业的发展获得利益，实现自我价值。如果在企业上市过程中，让更多的骨干员工分享企业发展的红利，获得更多的收益，也有利于维持企业团队的稳定，有利于企业的长远发展。

二、企业上市的利与弊

好处有哪些？

一是显著改善企业财务结构，解决了企业发展的资金问题。上市前是你找银行，门槛高、贷款难，上市后是银行找你，主动给你贷款，并且是信用贷款，不需要抵押。

二是提升了企业形象，在招聘时对优秀人才更有吸引力。

三是募集了资金，能够更好地抓住市场发展机遇。有充足的现金，对企业并购、上项目都是十分重要的。

四是可以解决企业原始股东"原罪"问题，还可以实现股东的人生价值。

五是进一步提高企业管理水平，让企业可持续发展。上市后，企业的监管要求提高了，只有更好的管理，才能符合监管要求，更好的管理同时又促进了企业的发展。

六是股权价值可量化、可交易、可变现。如果不上市，想变现企业，只能依靠净资产和收益率粗略估算，价值会大打折扣。

坏处在哪里？一是潜在的税费要缴纳齐全，同时由于历史上的不规范造成的欠账必须补齐。二是企业"一把手"一言堂的局面要改变，"一把手"不能再随心所欲。三是内部财务做账不能避税、漏税、偷税，经营管理要更加透明。这些坏处说到底想通了也不是坏处，想上市的企业都是发展质态比较好的企业，只要企业想发展，历史遗留问题都是要解决的。反过来看，企业上市后募集的资金，将有利于企业进一步解决存在问题，让企业得到一个更好的发展平台。

三、企业上市坚定信心是前提

对一个企业来讲，上市是一个质的飞跃，是一个凤凰涅槃的过程。如果企业的"一把手"思想不到位，那么企业最好不要上市，即使提上市也仅仅是一句口号。主管思想不到位，下面的人根本就推不动，因为上市的过程就是企业逐步"阳光"的过程，就是"一把手"不断受约束的过程，各项管理都要合法合规。

上市是一个团队的活动，不是某个人的行为，团队内部不能闹矛盾，要和谐。上市成功后大股东是最受益的，大股东心中要有员工，把员工的利益放在一个高度，把历史上对员工的亏欠做一个补偿。上市的目的不是圈钱，是要谋求企业更好的发展。股民把钱交给你，是为了让你为他创造更多的价值。企业家一定要端正上市的想法和目的，发展企业，造福员工，为股东创造价值。只要实现了从不受约束到受约束的身份和心理转变，上市就成功了一半。上市速度慢主要是"一把手"心中的结没有解开。

四、企业上市选准合作伙伴是关键

有的券商做大不做小，有的券商做小不做大，有的券商大小都做。对于准备上市的企业来说，选择券商关键是要门当户对。第一，券商重视你；第二，券商有成功的案例，信誉好。另外，券商团队也很重要，因为在辅导企业上市的过程中，要把企业历史上很多不规范的变为规范，而且要在合法合规的基础上，所以团队必须有经验。会计师事务所、律师事务所也同等重要，这些机构在你上市成功后，都将长期跟你有合作联系。

如果说，企业历史上经营规范、欠账不多，上市的成本并不高，总的费用大概只有400万～500万元左右，而且有接近一半的费用是上市成功后才需要缴纳的。

五、重视解决预审员、发审委关注的重点问题

主要是以下几个问题：公司历史股权的演变能不能讲清楚？公司的财务能力、盈利性能不能经得起考验，有没有财务风险、市场风险，有没有成长性？管理是不是规范？有没有政策风险、经营风险？有没有技术风险？展开来说主要是24条：①注册资金的来源是否合法合规；②改制过程和手续是否合法合规；③有没有潜在的股权风险；④改制过程政府要给予合法合规证明；⑤财务是否具有独立性；⑥土地问题，出让金是否足额缴纳；⑦享受的优惠政策是否合规；⑧自身业务的盈利能力；⑨员工的福利是否足额缴纳；⑩历史上有没有欠税；⑪有没有处罚记录，三年内不能有处罚记录；⑫有没有漏税，如果自己发现漏税，要主动上缴；⑬安全生产有没有不良记录；⑭环保有没有不良记录；⑮银行贷款有没有不良记录；⑯内部管理是不是合理规范；⑰企业有没有关联交易；⑱企业财产有没有抵押；⑲企业有没

有自己的核心技术;⑳知识产权如何保护的;㉑专利的缴费情况;㉒符不符合高新技术企业标准;㉓行业是不是符合国家产业政策;㉔有没有社保部门的缴款凭证。

企业上市前，需要公安、法院、检察院、海关、工商、税务、环保、国土、社保、财政、科技、发改委等职能部门出示证明，证明企业是守法经营、合法合规的，最终才能由预审员审查后，向证监会报会。

六、上市过程中需要企业、政府注意的事项

一是低调。对准备上市的企业来说，一定要低调、低调、再低调，少讲多干。所有的部门和员工就是要把本职工作做好。政府部门也要帮助企业低调，内部可以讲，但对新闻媒体要保持距离，这是对企业很好的保护。凡是涉及在媒体上的宣传材料、报道要有专人审查。

二是企业老总一定要有梦想、有理想、有信心。只要下定决心悄悄干，多做少讲、实干巧干、不怕困难，凡事皆可能。上市不难，只要你努力，只要心中想规范，过程加强保密，上市一定能成功。

三是对政府的建议。如果一个企业在政府的引导下，走上了上市这条道路，即企业进入了上市辅导期，政府就要对进入上市辅导期的企业给予尽可能的保护，无论是媒体上的报道还是公报上数据的披露都要小心谨慎，以免给企业造成不必要的麻烦。相关职能部门可以帮助企业规范经营行为，但千万不能给企业开罚单，否则之前企业上市的努力就前功尽弃了。

四是企业想不清楚、不明白的事情不要盲目干，尤其是涉及股权改革的事，要请专业机构，最好是券商、会计师事务所等机构进场后由他们指导帮助改革。一旦自己在不了解规则的情况下随便地干，反而会给自己添加障碍，给专业机构的操作带来难度。

五是在抓上市的同时，现有的经营千万不能忽视。企业发展的质态好、经营好是企业上市最重要的保障。靠关系、投机取巧的想法要不得。

可以看出，在夏汉关看来，企业上市的好处包括：改善财务结构，提升企业形象，募集资金，实现股东的人生价值，提高企业管理水平，股权价值可量化、可交易、可变现等，只有实现了从不受约束到受约束的身份和心理转变，上市才算成功了一半。而对于做实事却苦于资金问题的企业来说，上市融资就是如虎添翼，从而有了展翅高飞的可能性。

此前，太平洋精锻的财务费用居高不下，极大地影响了公司利润。因此，借助资本市场，他们才能甩掉沉重的包袱，步入良性发展的快车道。

"从2002年到2010年这一段时间，我作为一位企业经营者，过的是什么日子呢？贷款一到期就得还，负债又那么高，很担心银行把钱收回去不借了怎么办？所以，我80%的精力都在筹钱，对于研发产品、市场开拓、人才培养、管理创新是心有余力不足。这就是为什么创业难，原始积累没有形成的时候，只资金这一项就能把一个企业压死。关键是在市场快速成长的形势下，靠我们自有资金的积累是难以抓住市场机遇的，只能眼睁睁地看着大好机遇错过，无可奈何。"夏汉关说。

而上市之后就完全不一样了，不仅解决了发展资金瓶颈的问题，就连银行方面的态度都大不一样了，之前是太平洋精锻求着他们借款，上市之后反过来了，不仅变被动为主动，与太平洋精锻有业务往来甚至成了银行的考核任务，光是信用贷款就给出了几十个亿的额度。

"上市之前我总盯着资金，上市之后我只盯着产品。"当不用担心资金问题时，夏汉关有了更多的精力关注到人才培养、技术创新、制度创新，乃至参与到国际竞争中。上市不仅为他们带来了资金支持，还提高了公司的知名度和影响力，使得公司能够更好地吸引优秀人才和技术，推动自身的发展。

可以说，站在不同的历史节点回看，会发现太平洋精锻越往后发展，越能凸显出当时上市是多么具有前瞻性的一项决策。

第10章

布局 探索新能源

绕地球一圈，探来新能源风向 239
扩产，不求"万事俱备" 242
从专利中找到"解题思路" 246
轻量化，又一重头戏 249

绕地球一圈，探来新能源风向

作为全球制造业的重要基地，中国制造在过去一直面临价格低廉且竞争力不足的问题。然而，随着全球经济的发展和科技的进步，中国的制造业已经迈向了新的发展阶段。如今，中国制造需要从单纯的产品输出转向工业能力的输出，以此提升在全球制造产业链中的地位。

曾几何时，中国乘用车市场一度被进口车、合资车垄断。那些年规模较大的汽车生产和销售厂家也就是一汽、上汽和东风，而这三大车企的主打品牌也都是合资车。中国乘用车消费市场基本被合资车占据着，合资车销量始终火爆，而与合资车销售火爆形成鲜明对比的是中国的自主品牌销量惨淡。

中国的乘用车制造工业起步较晚，产业链布局也不是很完善，核心技术和科技含量还不是很稳定。而合资车进入中国市场较早，占据了市场优势。在人们传统的观念里，合资车无论从质量、性价比和保值率方面都优于自主品牌。虽然价格比自主品牌贵，但消费者还是更倾向于合资品牌。

三十年河东，三十年河西。随着中国制造业的飞速发展，特别是中国科技和制造水平的大跨越，中国自主品牌乘用车在新能源领域实现了弯道超车，占据了国内的大部分市场，彻底改变了昔日的窘境。

2009年，中国汽车产销分别为1379.10万辆和1364.48万辆，一举超越美国，成为世界第一汽车产销大国。2012年中国汽车全年产销分别为1927.18万辆和1930.64万辆，连续四年世界第一。2015年，中国汽车进入新能源时代，并逐渐成为全球最大的新能源汽车市场。在"双碳战略"引领下，2021年以来，中国新能源汽车实现了爆发性增长。

在此背景下，太平洋精锻的战略布局也在发生改变。早在2008年，国内的新能源风向尚不明朗时，太平洋精锻就开始对新能源有所关注。这还得先从轮毂电机说起。

起家于英国、总部设在美国的ProteanElectric公司的第一代Hi-PaDrive轮毂电机于2006年问世。轮毂电机技术可以将动力、传动和制动装置都整合到轮毂内,不经过任何机械结构的传递,直接驱动车轮,如此,电动车辆的机械部分会大大简化,形象地说,有一种脚踏"风火轮"的感觉。

要知道,传统燃油汽车的动力传递方式是,由发动机输出的动力,先经过离合器,由变速器变扭和变速后,经传动轴把动力传递到主减速器上,最后通过差速器和半轴把动力传递到驱动轮上。其动力传递机构主要由离合器、变速器、传动轴、主减速器、差速器以及半轴等部分组成。

按照这个逻辑,如果轮毂电机技术被大量应用,将会淘汰发动机(以电池代替)、离合器、变速器、分动器、传动轴、主减速器等一系列机械结构。那传统的燃油车岂不是要遭遇灭顶之灾?而燃油车配套企业之前所投资的设备、技术,有可能要全部扔掉。

一时间,轮毂电机技术令汽车零部件企业如临大敌。生存还是毁灭,一度成了国内汽车零部件生产企业不得不面对的问题,甚至谈电色变。

这个时候,未能置身事外的夏汉关也不得不开始思考,如果电动汽车产业得到良好发展的话,究竟会不会颠覆精密锻造零部件行业?或者它会颠覆零部件哪些部分?而哪些产品公司可以与之相关联?……

闭门造车是肯定得不到答案的。太平洋精锻对外参访时在欧洲、日本结交的一些人脉关系,虽然不会透露研发的核心内容,但对于未来新能源电动汽车趋势的看法,大家都可以开诚布公地各抒己见。

所以,从2008年开始,夏汉关每年都带着团队到欧美或日本,跟知名车企的研发部门、运营部门以及汽车零部件公司进行交流。据此判断自己公司未来的瓶颈或风险变化,并持续跟踪产业技术革命与技术进步。

为了搞明白未来电动汽车里还有没有齿轮这件事,夏汉关带领团队先是到英国考察相关企业,然后横跨大西洋到了美国底特律。每到一个客户那里,他都会主动讨论起电动汽车的问题。到了旧金山,夏汉关和特斯拉方面的工程师接触并交流探讨未来技术的进步与发展。

"虽然经常出国考察,但考察新能源轮毂电机的那一次可是先去了英国,又从英国飞越大西洋到了美国,最后围着地球绕了一圈回来了。交流的目的就是为了搞明白新能源汽车领域以后还用不用齿轮,如果没有,我们要做前瞻性的安排。"夏汉关回忆说。

最终,夏汉关判断,未来新能源电动汽车产业将飞速发展,而电动汽车没有发动机,变速箱体积变小,不过,即便电动汽车淘汰了现有的发动机,取消的也只是机械传动的多级变速器,二档减速器和差速器仍然存在。也就是说,减少的只是变速器齿轮的生产需求,而差速器锥齿轮的生产需求没有变化。他决定以乐观的心态看待电动车的快速发展,以谨慎的态度对待新的产能投资,计划将原来的全燃油汽车的配套产能,逐步改变为50%左右的燃油车,50%左右的电动车。

"我们当时之所以敢于投入新能源,是建立在前期对行业大量跟踪与对未来调研论证的基础上,当时整个美国、德国、日本汽车行业最前沿的研究,我们都一直在跟踪,相当于打好了基础,其实还是厚积薄发。"夏汉关说,"到了2010年,我们已经对电动汽车的传动系统有了清晰的认识。当时我们就在思考,这一领域的发展究竟能达到什么程度?因此,每年我们都会讨论新能源汽车的未来趋势。这种对潜在领域的关注使我们在产品研发过程中更加注重思考,我们便提前做了技术储备。这让公司的发展方向更加超前和明确。"

显然,还是因为对外交流,夏汉关对新能源领域的布局,又是超前的。

凭借在市场布局方面的先发优势,太平洋精锻已成功确立了其在新能源汽车产业领域的领先地位。当新能源汽车产业迅速崛起并展现出巨大的发展潜力时,他们敏锐地抓住了红利期。当一些竞争对手意识到这一机会并开始采取行动之时,他们需要花费更多的时间和精力来迎头赶上,此时整个进程已经明显放缓。

可以看出，太平洋精锻在新能源汽车产业的配套成功并非偶然，而是源于敏锐的市场洞察力、持续的创新以及对市场需求的准确把握。对此，夏汉关总结说："任何一个企业，不能等到危机到来了，再去想怎么化解风险，而是要在发展比较顺利或者上升期的时候，就要想到在衰退或增长下行时会遇到什么问题，要先知先觉，要未雨绸缪，要把前瞻性的基础研究做好。否则，当新技术面世时，你会不知所措。所以在每一次转型过程中，太平洋精锻都做了大量的前期工作。"

扩产，不求"万事俱备"

2012年12月，占地200多亩的太平洋精锻姜堰新厂区顺利投入试生产，这也是他们的第二厂区，和以手动生产为主的第一厂区的最大区别，就是其实现了自动化生产。

此时，太平洋精锻掌握着先进的齿轮模具设计开发与核心技术、冷温热精密锻造成型技术以及专业化制造汽车齿轮的高新技术。而新厂区的建成，对于太平洋精锻能够赶上中国新能源汽车产业的大发展是至关重要的一步。

为了这一步，夏汉关早在4年前便开始了布局。2008年，由于第一厂区的产能越来越跟不上需求，夏汉关便开始为新厂房做规划。而此时正是太平洋精锻筹划上市的关键阶段，按照一般思路，往往要将主要精力先放在上市上，等到上市之后资金到位了再去考虑投资建厂扩大规模。

夏汉关却没有选择被动等待，他一边筹划排队上市，一边征地、建厂、预订设备，一样也没落下。

这当然都需要资金，但毕竟还有第一工厂，于是夏汉关想到了找银行抵押第一工厂去贷款，作为建厂资金。而且，在厂房建造的过程中，设备也没有滞后，无论是锻压设备还是机加工设备统统都选择进口，从德国、日本等国外知名设备品牌提前定做。

夏汉关深知，能设计建造出厂房的大有人在，但内部使用起来大不相同。如果没有规划好，比如建小了，生产线进不去，就只能拆掉。如此，后期改造代价更高。

所以，在厂房设计建设方面，夏汉关也选择了高起点、高规格。建造最好的厂房必然要请最有经验的设计专家。眼光独到的夏汉关就认准了经验丰富的机械工业部第四设计院。

这是中国机械行业规模最大、专业配置最齐全、综合技术优势最强的勘察设计单位，也是国内最早进行汽车行业大型生产线工程总承包且总承包项目最多、效果最好的设计单位，他们先后承担了1000余项国内汽车整车和零部件工程设计和总承包项目，在汽车工程领域尤其是汽车整车装备自主研发制造上，确立了明显优势。

起初，这个设计院的专家们并没有打算接手太平洋精锻的这一项目，但夏汉关对于优秀与先进的追随向来都是义无反顾的。他多次赴该院，言辞恳切地表达自己的愿景与规划，直到设计院的专家终于答应帮他们做厂房设计。

2010年6月1日，在周边是一片农田的偏僻荒凉中，踏着仅有的一条崎岖小路，太平洋精锻的第二工厂动土开工了。工厂从一开始规划就是超前的，桁架结构的设计可以使9条生产线并行不悖，设备的安装和厂房建造能够做到同步进行。一步到位，统筹安排，不仅大幅缩短了建造厂房的时间，而且很少出现返工。

上市前夕，夏汉关带领团队前去IPO路演，他的演讲"时态"基本上都是"已经完成时"或者"正在进行时"：约6万平方米的新工厂，几百亩的征地已经完成了，设备已经预定了，连生产线布局都有了，工地建设一片热火朝天……

"都是实打实看得见摸得着的内容。基本上没有诸如'我想干什么、我准备做什么'等只能靠想象的'将来时'。这份真实无疑对太平洋精锻上市是加分项。"谢谈在回忆起这段经历时，给出了非常高的评价。

2011年，太平洋精锻终于上市成功，紧接着不到一年时间，新工厂建成，这时正好赶上了中国汽车工业跨越2000万辆大发展的机会。资金一到位，崭新的工厂便开足了马力，发展势头十分强劲。新工厂的年产值与净利润一度占比达到了44%以上，成为公司整体营收和利润的重要来源。如此，太平洋精锻又靠着超前布局，完成了一个腾空飞跃。

从一个想法到一张图纸再到变成一座机器轰鸣的大工厂，是一项非常大的工程。如果等一切都准备好了再去征地、论证、做规划，那么新工厂的竣工时间则要至少推迟三年。然而机会稍纵即逝，一步跟不上，步步跟不上。新工厂的及时竣工，为太平洋精锻争取到了非常关键的时间。

如果新工厂推迟建成，耽误的可能就是行业的又一个蓝海时代。

其实，做企业一开始基本上都处于"匮乏状态"，缺钱，缺人才，缺客户，可以罗列出一大堆缺的东西。但正是因为匮乏、限制和约束的存在，这份抉择与奋斗才显得格外有意义。

世间永远没有绝对完美的事情，极具战略眼光的企业家是不会等待万事俱备的时候再动手的。"万事俱备"只不过是"永远不可能做到"的代名词。一旦延迟，愚蠢地去满足"万事俱备"这一先行条件，不但辛苦加倍，还会失去宝贵的机会。

多少企业取得的辉煌成就，都不是事先规划出来的，而是在行动中一步一步不断调整和实践出来的，而企业家最了不起的地方就在于，必须成为驱动一切的原动力，真正的"无中生有"往往就是从企业家准确的审时度势和强大的内心开始的。

中国人创造词汇非常睿智，"胆识"——胆在前，识在后。换句话说，在面对机遇的时候，胆量最重要，只有有勇气去面对，才有可能取得超常规的发展速度。

中国自主品牌汽车尤其是新能源汽车的迅速崛起，倒逼着全球汽车制造商正利用先进技术，在竞争激烈的中国市场上展开竞争。

2023年，宝马中国宣布加快开发L3级自动驾驶功能，丰田公司也在做出改变。大众汽车集团(中国)董事长贝瑞德在一份公司声明中说："我们现在正加速扩大本地电动汽车投资组合，同时为下一步创新做准备。"

有外媒在一篇报道中曾这样写道："中国作为全球最大和最重要的汽车市场，在新能源汽车领域不断扩大领先优势。如今，全球每两辆电动汽车中就有一辆行驶在中国。中国汽车制造商只将美国汽车制造商特斯拉视作本土市场中真正的竞争对手。中国购车者，尤其是高收入人群，近年来越来越倾向于购买本土品牌。"

而太平洋精锻通过自主研发，提前布局，无论是技术创新还是产品转型都跑在了前面，并将新能源电动汽车的差速器总成做到了国内第一品牌，构建了在新能源汽车领域行业竞争新优势，获得了包括蔚来、小鹏、理想等越来越多国内主流电动汽车主机厂的认可和青睐。

同时，自2015年2月开始，太平洋精锻已陆续获得舍弗勒、博格华纳、上海汽车、沃尔沃、汇川技术等全球知名电动车大客户或知名技术公司的差速器总成产品定点与提名，如今以电动车差速器总成为代表的系列产品已陆续大批量产，成为公司的明星业务。

太平洋精锻新能源差速器总成收入占比也从10%升到了20%，再到30%，份额在不断增加，预计到2026年新能源汽车配套业务有望占到公司销售额的60%以上。一步领先，步步领先，这些项目的合作又反过来促进了太平洋精锻在技术创新上的提升，行业地位得到进一步巩固。

在电动智能化战略推进方面，太平洋精锻的重要客户之一德国大众汽车集团可谓"意志坚定"。这体现在大众每年公布的未来五年规划中，新能源方面的投资总额节节攀升，他们在电池、自动驾驶方面做了重要规划与部署。

太平洋精锻作为德国大众汽车集团差速器锥齿轮、壳体及变速器结合齿、轴等重要传动部件供应商，充分受益于大众全球及中国的电动车销量的强劲表现，助力公司电动化业务转型迈上新台阶，自然是一件顺理成章的事情。

随着新能源汽车产业进一步发展，会影响整个传统行业的市场变化和客户需求的变化。但永远不变的是追求行业高精度、低噪音、长寿命这三条指标。过去传统汽车行业是这个指标，未来电动汽车仍然是这个指标。

时代在变，需求在变，但是好产品的逻辑没有改变。做企业，尤其是制造型企业，必须耐得住寂寞，守得住创业初心，夏汉关始终相信，市场会饱和，但好产品永远不缺市场。

从专利中找到"解题思路"

从2015年开始，随着新能源汽车异军突起，越来越多的汽车厂商不再订购单一的齿轮，而是直接订购差速器总成。太平洋精锻为了适应新形势，开始转型升级，一方面引入多条差速器总成生产装配线，另一方面开始做差速器轻量化、智能化的研发。

但基础理论不掌握，新设备也不知道如何使用，只能再次从零开始。太平洋精锻不仅组织工程师团队多次前往海外学习先进经验，同时还积极与国内大学合作，经过二次创新，转化成自己的技术。

"太平洋精锻一开始不懂精锻齿轮技术，早期时难免要请教、借鉴、学习，跟在别人后面模仿，但我们并不止步于此。对标其实就是为了'集大成'，然后再内部创新。"夏汉关总结说。

除了去海外优秀企业参访学习，专利分析也是太平洋精锻进行创新的一大突破口。在他们的专用计算机中，专门安装有国外发明专利"数据库检索"系统，可以根据需要在系统中查找国外同行发明专利中相关联的信息。

专利信息是世界上数量最大、信息最全的信息资源之一。有统计显示，世界上每年发明创造成果的90%至95%在专利文献上记载。世界上约90个国家、地区及组织用大约30种文字每年出版约100多万件专利文献。

遇到需要突破的难题，太平洋精锻的技术团队会先请来懂专利的专家讲解欧美同行相关专利的申请过程并分析专利创新思路。专利分析本质上就是对专利信息资源的深度研究，挖掘背后隐含的有价值的信息。

这不得不提到"TRIZ理论"（发明家式的解决任务理论），这是苏联科学家阿奇舒勒在1946年创立的一套理论，他在苏联里海海军的专利局工作时，经常处理世界各国著名的发明专利，他总是考虑这样一个问题：当人们进行发明创造、解决技术难题时，是否有可遵循的科学方法和法则，从而能迅速地实现新的发明创造或解决技术难题呢？

答案是肯定的！阿奇舒勒发现任何领域的产品改进、技术的变革、创新和生物系统一样，都在产生、生长、成熟、衰老、灭亡，是有规律可循的。人们如果掌握了这些规律，就能主动进行产品设计并预测产品的未来趋势。阿奇舒勒通过对20多万份高价值专利的研究得出的一套解决发明创新问题的方法论，解决了成千上万个新产品开发中的难题，被欧美一些国家称为"神奇点金术"。

太平洋精锻的很多专利就是通过TRIZ理论的思维发明的。在这个过程中，他们了解了同行的思维方式之后，会发现在同行的思路之外，还有另外的思路，然后再把创新点找出来，形成新的专利。

比如，在结合齿、锥齿轮类产品制造工艺以及生产效率进一步改进方面，"太平洋团队"先从专利系统中检索到美国同行的一件锻造专利以及锻造装置，在运用TRIZ理论对专利信息分析之后，总结出了专利中的思路。在此启发下，继而对结合齿、锥齿轮类产品工艺流程和模具结构作出了创新性的改进设计，并最终形成了自主专利。

这项改进，不仅大大提高了太平洋精锻齿轮类产品的精度和生产效率，而且一年的模具制造成本就降低了360多万元，利润增加了近千万元。

太平洋精锻发明专利的这种热情与方式，很快被中国科学技术协会推荐为创新代表应用典型，并引起了时任中国科协副主席冯长根的重视，他专门带人前来调研。随后，太平洋精锻也在全国科协创新专题(部长级)大会上，以"专利信息利用"为主题做了案例分享，产生了不小的影响。

"没有什么捷径可走，就一条，基本功做到位。跟优秀的人在一起，你想落后都落后不了，站在巨人的肩膀上与巨人同行，你就能迅速进步。如果你都要重新走一遍，则别人永远领先，你就只能跟在后面。尤其是搞研发创新，一定要走出去，不要闭门造车，方向对了，事情就好办了。"夏汉关说。

的确，站在巨人的肩膀上，在前辈传承的基础上进行追赶。只有先研究先进同行的成长经历，把原理搞明白，才会与他们的先进思维同步，才能跟上时代潮流。然后才有可能把自己的心得总结出来，形成二次创新。

夏汉关的这一观点与海尔张瑞敏不谋而合。海尔的创新不仅表现在产品等有形的东西上，更多的还是观念与思维方式的创新。与其他企业的创新方式相比，海尔最大的区别就在于集成创新的能力。尽管海尔也和众多因改革开放而带来生长机遇的家电企业一样源于"舶来"，但海尔没有止步于"引进——落后——再引进——再落后"的境地。

对于海尔在创新技术方面走过的路，张瑞敏曾深有感慨地说："海尔在技术开发上，并不是所有的创新都要从零开始。海尔人把这种集成创新的能力称为整合力，这就好比是'站在巨人的肩膀上'，你只要站在巨人的肩上，就可以比巨人高。"

太平洋精锻之所以能够在创新方面获得显著的成果，其中最主要的原因在于，他们不仅博采众长，而且将其植入了自己的创新基因，通过消化、吸收，实现了从"为我所用"到"以我为主"的转变。同时，他们在公司内部形成了一种独特的企业文化氛围，所有人都深刻地意识到，必须战胜自我去创新，否则企业将没有立足之地——这种力量，自发而强大。

轻量化，又一重头戏

在低碳制造、节能减排的全球大趋势下，太平洋精锻在发展电动车差速器的同时，也在投资布局轻量化铝合金锻造产能建设。

"中国制造2025"提出"节能与新能源汽车"作为重点发展领域，明确了"继续支持电动汽车、燃料电池汽车发展，推动自主品牌节能与新能源汽车与国际先进水平接轨"的发展战略，为中国节能与新能源汽车产业发展指明了方向。

其中，汽车轻量化是汽车工业发展的一个方向，主要途径是大量应用轻质材料如铝合金、镁合金和碳纤维。汽车零部件采用轻量化结构或高强度轻合金材料，对于汽车节能降耗、提高安全系数具有显著作用。

汽车零部件铝合金精锻成形技术及其业务是太平洋精锻跟踪关注多年的一项轻量化项目。早在2016年，公司就已开始实施新能源汽车空调压缩机铝合金涡盘精锻件和电机轴超精加工成品制造项目，2017年即筹划投资和实施新能源汽车轻量化关键零部件生产项目。

要上轻量化新项目，就必须先有相应的技术支撑和可以进行整体规划的专家，可因为当时没有找到合适的专家，项目一度陷入搁浅。后来，几经辗转，夏汉关找到了身在日本的中国铝合金锻造专家关鑫，并提出想聘请关鑫作为太平洋精锻铝锻项目的规划主导者。

起初，关鑫并不是特别乐意前往，因为他接到来自国内的这类邀请已经不是第一次了，面对夏汉关的这一次邀请，他也同样没有点头。

但与夏汉关的通话，令关鑫有一种和以往不一样的感觉，所以也没有完全拒绝。之后，关鑫先请他在上海的同学到太平洋精锻考察了一番，最终同学给出了让他加入的建议。关鑫这才前来一探究竟。

见面一聊，关鑫发现自己之前没有拒绝夏汉关是明智的。他了解到，夏汉关是技术出身，又是中欧国际工商学院EMBA毕业生，这在国内民营企业并不多见。不像一些企业老板，文化程度不高，而且都是偶尔遇到一个机遇的短期创业，不注重技术，更多的是从资本角度出发，风险比较大。

"和国内一些目光短浅的企业不同，夏总并没有首先谈投入，谈回报，反而是从技术开发的角度，讨论开发一个新的行业领域，市场开拓周期比较长，需要耐心。只要努力到位了，一切都会水到渠成。"关鑫回忆说。

而这，大概就是关鑫感受到的夏汉关的与众不同之处了。很快，关鑫便从日本回到了国内，加盟太平洋精锻，成为唯一直接进入到领导层的"外来户"。

太平洋精锻成立30余年来，高层基本都是自己培养的，还没有空降的职业经理人，关鑫是个例外。这也从侧面看出，夏汉关对于人才的重视，对于技术的重视，对于可持续发展的重视。

经过多年的市场跟踪及技术储备，太平洋精锻已经掌握了铝合金精密锻造的核心技术，参与了《变形铝合金精密锻件通用技术条件》《变形铝合金精密锻造工艺规范》等国家标准的起草，并率先应用于铝合金涡盘精锻件制造。

2022年3月，太平洋精锻申报的"新能源汽车轻量化关键零部件生产"项目被列为江苏省重大项目，并于这一年的6月正式开工。他们规划建设了总建筑面积达8.5万平方米、占地143亩、分二期建设总投资达15亿元的铝锻新厂区，并购置了世界一流精密锻造自动线、铝合金水平铸造线、铝合金精密锻造线、热处理生产线、机加工中心及检验等设备，主要从事新能源汽车转向节、控制臂等底盘类铝合金锻造安全件及其部件总成的研发生产。

不少人也表示担忧：进军轻量化关键零部件生产，势必消耗大量人力物力财力，周期长、见效慢，属于"吃力不讨好"。然而，面对轻量化关键零部件被国外垄断的现状，太平洋精锻必须破除重重阻碍。何况，新项目的开工和扩产投资，有望彻底打破国外技术垄断，迎来新的经济增长极。一期项目全面投产后，可形成年产500万件铝合金锻件及2万吨铝合金棒材的生产能力。

值得注意的是，轻量化项目采用了多项创新技术，如太平洋精锻的水平铸造生产线，首次实现了Φ40mm细径棒料的规模化量产，并且实现了短棒和长棒的在线均质化处理，是世界范围内的首次量产应用，该生产线达到了国际先进水平。

无疑，又一个活力四射的产业"增长极"，加入到太平洋精锻的战略版图中。

"致广大而尽精微，极高明而道中庸。"这句话，是中国古人的精辟阐述，也是现代企业应有的追求。它既体现了对业务广泛的深入理解，又强调了对细节的精准把握，同时还要求在"高明"的道路上保持适度，不偏不倚。

这种理念对于任何领域都是适用的。无论是科研、商业还是艺术，都需要深入的研究和对细节的精确把握。只有这样，才能在复杂的环境中找到正确的方向，避免陷入和稀泥或走极端的困境。

显然，太平洋精锻在无形中践行了这句话，他们能够以极其执着的精神先将业务研究透，这无疑是他们能在行业中取得成功的重要因素。只有真正熟悉了自己的业务，才能找准关键的那个点，并且抓得恰到好处。

第11章

改进 迈向专精特新

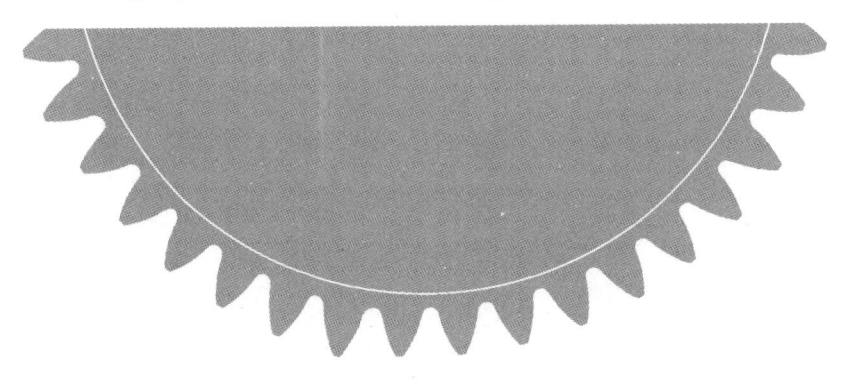

再推"5S":向细节要效益 255

威力巨大的"提案改善" 260

"提案标兵"的"突围",敢给洋设备"动手术" 263

打造学习型组织 268

党建做实了就是生产力 272

心无旁骛,终成冠军 275

蓄力深耕,终得硕果累累 279

八年求索:万里挑一的"省长质量奖" 282

不知疲倦的机器人 285

成为行业"首席智造专家" 287

再推"5S"：向细节要效益

有调查显示，90%的中国制造业企业高层知道"精益生产"这一概念，越来越多的中国企业，尤其是中国制造企业，开始尝试将精益管理模式导入自己的生产管理中，希望借助"精益"应对经济下行，战胜危机，实现低碳运营，取得并维持世界级运营水平。

但很多企业在践行精益的过程中，又常常陷入"简单照搬，硬性拷贝""只重表面、不重本质""见物不见人，见硬不见软""急于求成"等误区。

以至于，有的企业刚开始开展得轰轰烈烈，随后偃旗息鼓；有的企业开展得磕磕绊绊，总是在生产环节小圈子使劲，收效甚微甚至倒退。

太平洋精锻作为过来人的经验总结是：制造业精益转型升级不可能一蹴而就，耗费十年八年也很常见，并且必须掌握精益生产的科学推进方法和路径。

例如"5S"，它不仅仅是"打扫卫生"，它是一种管理方法论，更体现出全体员工的精、气、神，客户看重的不是表面的干净，而是这个企业的一种精神，一种文化，一种做事的态度。在这方面，太平洋精锻就曾走过一段弯路。

"5S"工作是精益生产入门的门槛，"一屋不扫，何以扫天下"，"5S"搞不好，何以搞单件流，何以提升生产效益效率，何以搞精益生产？

早在2000年，太平洋精锻就开始导入"5S现场管理"，但由于缺乏对员工进行系统的"5S"培训，导致不同的人对"5S"有不同的理解，大部分员工认为"5S"只是"打扫卫生"，以至于精益生产的实施并不彻底。

坦率地讲，"5S"的翻译的确很容易让人误解，尤其是清扫和清洁，直觉就是"打扫卫生"，这也间接导致了"5S"实践在很多企业的常见情景："5S"=打扫卫生+划线。但是没有精益文化的全员灌输，没有关键流程和职责的梳理，没有系统化机制的保障，虽然有一定进步，却无法实现自我更新，进而达到预期的效果。

日本丰田公司出身的质量专家杉山先生，有一次到中国的一家汽车制造公司做指导，有位高层负责人在公司餐厅里一起用餐时向他问道：质量工作应该从哪里着手？

结果，这位在质量管理的手法技法方面几近炉火纯青的专家给出的回答，让人颇感意外。他面带微笑地说，我早上来办公楼的时候，看见大理石台阶上有两道裂纹，那两道裂纹必须以最快的速度修补好，因为很多人都从那里走过，如果长时间不修补，大家就会变得对这种缺陷习以为常。碰巧那天杉山先生用的茶杯上有一个小豁口，他又指着茶杯说，在员工餐厅里这样的餐具一个也不能有，不然的话，员工在生产线上看见零部件有残缺，也不认为是问题了。

熟视无睹，不以为然，说到底还是员工的意识问题。在太平洋精锻也曾存在过类似的情况。

比如，对于抛丸机设备漏砂这一问题，没有人想着去解决，反而形成并认准了一个固有观念——"没有不漏砂的抛丸机"。以至于，抛丸机漏砂一直被默认为正常。

又比如，精锻车间机床模架提升泵组原先安装在地坑，设备表面污染严重，巡检维修难度大，每月泄漏液压油多达40L，但现场的工人却对渗油、"小漏"习以为常，用擦拭的方法简单处理后继续生产。

诸如此类，不胜枚举。没有有效管理的工厂，轻则因杂乱无章而浪费大量的时间，重则导致机器破损。即使是最先进的设备，也会很快地加入不良器械的行列而等待维修或报废。更关键的是，员工在杂乱不洁而又管理不完善的环境中工作，有可能是越干越没劲，或者另寻他途。

"5S"旨在全员合力营造一个安全、舒适、高效、整洁有序和持续改善的现场工作环境——以训练和改善企业基础执行力（品质、效率、成本和及时反应等)。改善工作环境,提高生产效率,提升产品的品质、服务水准,减少浪费都建立在"5S现场管理"的基础上,它是推行一切先进管理方法和模式的前提。

如果把企业比作高楼大厦,那"5S现场管理"就是地基。很难想象一个杂乱无章的生产现场能持续生产出高品质的产品。

这也令夏汉关意识到,太平洋精锻既然要追求品质,追求基业长青,那就必须有规范的环境,规范的动作,进而形成日常自觉的习惯作为基础,毕竟万丈高楼平地起。

于是,在2018年,太平洋精锻再次专门成立了"5S"推进办公室,并聘请精益生产专家给现场所有人集中培训。通过开展"5S"及安全向上活动和"5S"知识的培训学习,让所有人知道,"5S"不是想象的那么简单,所做的每一件事情都有章可循、有据可依。

"大力推进'5S'活动后,我们在聘请的资深专家的带领下制定了'5S'标准书,拟定了181项'5S'标准,其中整理2项,整顿103项,清扫76项,并汇集成册。""5S"推进办负责人刘凤山对"5S"的实施情况有着详细的数据总结,实施前后比对,一目了然。

同时,他们还通过现场目视化管理,利用形象直观而又色彩适宜的各种视觉感知信息来组织现场生产活动,提高了生产效率,并将公司要求和意图展示,以推动自主管理或自主控制。比如,利用"红牌作战"的方法,即使用红色标签对工厂各角落的"问题点"进行标识,不管是谁,都可以加以发掘,并加以整理与记录。

整理工作是"5S"的首序工作,而且是"5S"最难实施的一项——万事开头难。就好比房间里非必需的物品都已被清理出去,那么把剩下的必需品摆放整齐并保持整洁就变得容易了很多。但关键是"居住人"的心理上舍不得把非必需品清理出去,或者总认为"物品万一哪天能用得上"。

车间的物品清理也基本类似,绝大多数新工厂新车间看起来都很整洁，一方面是因为新，另一方面更是因为一开始杂物少。几年以后杂物越来越多，大多又成了老工厂的模样……

而整理工作主要区分"要与不要物品"。各车间前期整理出来的"不要物"，可能对被整理区域来说是"不要物"，但对本车间其他区域或其他车间来说有使用价值。因没有进行细分，管理不完善，导致一些有使用价值的物品被长期闲置或报废处理，造成了一定的浪费。

为此，太平洋精锻调整管理思路及方法，将各车间整理出的"不要物"，设计专用表格进行统计，分类整理，发送给全公司相关部门确认并进行综合评价，将有使用价值的物品甄别出来，并专门建立了"不要物"管理平台，实现资源共享，降低耗用。

仅2020年至2021年的一年时间里，太平洋精锻姜堰工厂就整理出"不要物"5330类，其中，可供其他部门使用406类，报废3135类，累计整理出了800多平方米的区域。同时，他们还将计划模式由月计划调整为周计划，工单模式由大批量生产调整为小排量、多批次生产，通过精细化管理在制品库存，存货降低43%，周转时间缩短，在制品周转率提升了80%，盘点准确率达到99.99%，最终节省了流转资金。

数据总是最具说服力的，它让人看到了效果，更有了执行的动力。

整顿是"5S"中最富有改善层次的一项，初级水平是必需品能够就近摆放；中级水平是设计更合理的承载容器甚或工作台以方便取放等；高级水平是设置必需品现场摆放的最大量和最小量限制，并和车间配送系统相结合以达到JIT(准时制生产方式)的状态。

在整顿要求的指导下，太平洋精锻改进了仓库管理，试图构建现代化智能仓库。之前，五金库缺乏有效管理手段，物品凌乱，经过整顿后，使用物品限定区域正确摆放，增加仓库区域分布图，货架增加库位信息等，做到了一物一码一库位，如此便能快速识别所需物品位置。

"比如，之前的油品放置区，油品没有标识、没有定位，随意存放，设备加油全凭经验，非常容易添加错误。通过颜色目视化管理之后，覆盖油品应用的4个部位(标识加油口、油桶、油壶和集油盘)，并用水龙头放油的方式代替了传统的手动压油模式，最大限度地保障了安全，减少了现场污染。""5S现场管理"推进办主任助理陈伟举出了非常典型的例子。

清扫的本质是点检以暴露潜在的问题和隐患，并找出问题根因以预防发生，确保负责的区域处于安全、高效和整洁有序的状态(包含工厂、车间、生产线和工位4个层次)。在这方面，太平洋精锻的精锻车间高频炉设备故障报警问题，通过对设备各单元模块编制清扫基准，有效指导现场清扫工作，彻底整治了"三漏"，设备被恢复到原始精度状态——从原来的每季度故障报警3111次下降到每季度故障报警1307次，报警次数下降了58%。

"5S"管理的清扫工作也颠覆了由来已久的"没有不漏砂的抛丸机"这一观念。"通过整治密封垫、砂管、抛头之间的漏点，拆除废弃窗户并重新粉刷墙壁，定制专用碳酸钙容器箱、配电柜顶部防尘罩壳和专用粉尘收集箱，效果非常显著。其中，热处理二车间由原来每生产100万件产品需用6吨钢砂降低为4.5吨，硬是节约出了1.5吨。如果没有做整治，这些钢砂也就白白被扫走倒掉了。"陈伟讲起这些改进之处，不由得眉飞色舞。

同时，自从开展"5S"管理活动之后，太平洋精锻各车间部门污染源预防观念逐渐加深，排查出了498处液压站漏油点，如此便从根源上解决或缩小了污染范围，减少了浪费。

此外，太平洋精锻还制定了一套完整的"5S"考核方案与奖惩制度，每月实施考评，奖优罚劣，对先进部门颁发流动红旗和现金奖励，对后进部门颁发流动黄旗作为鞭策和负面激励考核。

自实施"5S"以来，太平洋精锻的所有设备完好率位列同行前列，这也为安全生产提供了很大的保障。定置管理的方式和宽广明亮、视野开阔的环境，使危险处一目了然。

"5S管理"被称为是"最佳推销员"，客户们走进太平洋精锻整洁有序的车间，纷纷感慨这不像是一家锻造企业，感慨之余便是充分的认可。

威力巨大的"提案改善"

一套方案的改进，使机械设备上的安全保护装置成本降低了近30倍，并杜绝了机器"吃"手指头的风险。

一个想法的实现，使一台抛丸机的电机从一天坏三个变成寿命延长20倍，维修人员工作量减少了10倍。

一次尝试将热处理电炉由"平"装改为"挂"装，使产品不合格率从20%降至0.3%。

降能减耗、节约成本、提高工效等诸如此类的关键性突破，不胜枚举。太平洋精锻每年通过持续改善，减少或降低的成本已经达到几百万甚至上千万元。而这，还得从一项执行了二十余年的管理制度说起。

新千年刚开始那几年，夏汉关有过一段履职姜堰市政协委员的经历。在这个过程中，善于观察学习的他留意到每年召开"两会"时，委员们针对社会发展、城市治理等提出的提案，非常事无巨细且富有建设性。

这种集思广益的方式，使他联想到了公司的内部管理，何不借鉴过来也建立起"员工提案"制度，点滴改善、积少成多。"搞好一个企业要靠集体的智慧和力量，那么将全员的改善动力和改善潜力充分调动起来，并把他们的合理化建议落实到公司管理中，就不愁搞不好一个企业。"夏汉关如是说。

于是，他开始认真研究政协提案的工作机制，并邀请政协提案委专家出谋划策，在企业内部建立起"员工提案"工作机制，鼓励全体员工通过提案方式积极参与公司各类革新活动，形成了个个争做"提案人"、人人争当"主人翁"的协商氛围。

无独有偶，在企业界最具代表性的日本丰田，提案改善制度也已经推行了半个多世纪。

早在18世纪初,英国造船业就已经懂得让员工提出创意,来改善企业缺点,于是"提案改善制度"得以产生。之后,英国企业首创的提案制度被引进美国,第一个有记录可考的是美国国民计算器公司于1894年创设的职工提案制度。其后通用电气及西屋公司也进行了借鉴和推广。

"二战"后,特别是石油危机使世界经济步入长期性的低成长时代,物资缺乏,物价高涨,资金短缺的情形日趋严重。为了生存,除了实行"集思广益"的全员经营外,别无他法,这促使提案改善活动一直延续下来并逐渐日益展开。

20世纪50年代,丰田公司开始采用美国公司的提案制度。丰田认为,好产品来自好的设想。因此,丰田公司提出了"好主意、好产品"的口号,他们广泛采用合理化建议,以提高产品品质、降低成本,激发全体员工的创造性思维和智慧潜力。

显然,提案制度对提高效率、降低成本、优化品质、激励士气起到了非常大的推动作用,对提升企业的市场竞争力有着重要意义。

在太平洋精锻,提案的类型一般包含"5S"、工装夹具、检验效率提高、工艺改善、流程改善、结构设计优化、物流改善、节能减排、降本增效、安全环保、工作环境等等,几乎涉及所有部门,真是人人都能参与,人人都能获得成就感。

然而,所有制度的关键都在于如何落地。提案制度的顺利实施,并不只是"依葫芦画瓢"发个提案奖的奖励制度,在墙上挂几个提案箱,员工就能够自动自发地做出提案改善。这其实是告诉员工提也行,不提也没关系,结果可想而知。

从一开始,太平洋精锻就专门设立了提案推行委员会,明确人力资源部和设备部作为归口管理部门,各部室(车间)主任负责本部门提案工作。很快,集思广益的管理氛围渐趋形成,积极的影响在公司弥漫开来。

提案工作负责人翁建文介绍说,他们首先出台制度明确提案范围、申报和评审等流程，并将所有提案分为八个等级。高等(四等及以上)改善提案需要经过初评、复审、终审，再由提案人、承办部门签字确认，评审委员根据提案审查评分表打分，每个月对各部门提案人均参与率和人均提案数进行考核。截至2021年，员工提案办理率达98%以上，人均参与率达70%以上，人均每月提案件数在1.2件以上。

同时，除了近年来没有部门被提案考核(月人均件数和或参与率必须大于等于50%)外，月度优秀员工评选必须应有提案，而且必须改善提案。

为了鼓励员工积极提案，更好地推进提案改善制度，无论写得价值如何，只要小组认为这是一个建议，就会立马奖励现金。提案一经采纳，为公司创造了价值，会按照创造价值一定的金额比例给予奖励。

同时，太平洋精锻还将员工提案分为"建议型提案""实施型提案"两大类别，并要求员工用黄色单填写《我的创意》、红色单填写《我的改善》。而"有提案改善成果"是员工参与年度评优的先决条件。他们还定期评选"提案办理组织奖""提案标兵""提案改善奖"等奖项，激励员工提出自己的合理化建议。

此外，太平洋精锻每年在提案管理上还设有三个方面的奖项：3个提案办理先进部门、5个提案标兵和6个优秀提案奖，每个单项奖金均在6000元以上。这不仅是奖励，更是鼓励，鼓励了员工的主动性和创新思维，激发了他们对企业发展的热情和责任感。同时，提案制度也促进了各层级之间的交流和理解。

最重要的是，提案改善制度为公司发展提供了全新的解决问题的思路和方法——多少优秀的"员工提案"都从"思路"变成了"事实"。

渐渐地，提案改善意识像一颗种子一样在太平洋精锻员工的心里生根发芽，他们变得越来越善于观察与思考。"我想使自己的工作更轻松，即便是很小的改善""一定还有更好的办法""我想通过改善获得他人的认可"等想法成为员工更高的精神追求。

"我们并不是没有失败,只是我们勇于从失败中找到新的方向。在失败时领导没有责怪我们,而是鼓励和支持,甚至帮我们分析调整思路,这使得我们的改进更加有动力。"已经连续7年同时获得"提案标兵""提案改善奖"两大奖项的陈兆根在获奖感言中感慨道。

安全事故减少,产品质量稳定提升,生产或工作效率提高,费用成本降低,员工勤于思考、善于观察——这都是提案制度带来的好处。

而下面这一数据,更能看出提案制度的威力:截至2021年,太平洋精锻的提案改善制度推行近20年来,直接部门共拟写各类提案近16万件,四等及以上高等提案900多件,发放提案奖近200万元。其中一些提案创意和成果应用还支持公司获得了国家技术发明二等奖,或者被公司采纳应用于所牵头起草的国家标准、行业标准中。

人类的一切形态都是以追求高生产效率和效益为目标的。太平洋精锻的一项项技术改进和一条条管理创新,都在一个个提案中涌现着,进步着。

"提案标兵"的"突围",敢给洋设备"动手术"

① 一种用于手动操作压力机的防夹手保护装置(实用型专利,专利号:201921416332.2);

② 一种具有自动检测装置的锻压机(实用型专利,专利号ZL202121080934.2)(难题攻关项目奖);

③ 论文《PLC在机电设备故障诊断中的应用研究》中国科技期刊;

④ 日本小松630T自动线自动润滑上模改善,提高模具一倍寿命(难题攻关项目奖);

⑤ 舒勒1250T持续降低故障,提高出产(难题攻关项目奖);

⑥ 德国S&k1250T自动锻压线增加工件筛选定位,杜绝工件弹跳造成废品

(年度优秀提案);

⑦丰东搅拌风扇自动检测装置(年度优秀提案);

⑧数控夹具液压系统改善(年度优秀提案);

⑨栗本自动锻压机伺服原点程序优化的改善(年度优秀提案);

⑩舒勒2500T生产线提高出产专案;

⑪日本栗本自动线节能改造,降低自动锻压机线5%综合的能耗;

⑫日本会田110T伺服压机主驱动器检测板国产化;

⑬日本住友2500T自动锻压线优化PLC程序,降低产品缺陷。

以上是笔者在翻阅太平洋精锻员工资料时,看到设备科副科长、高级电工技师石正忠的个人介绍中罗列出的主要技术成果。不难发现,"提高""降低""改善""节能"是出现最多的字眼。而这些字眼的背后无不彰显着太平洋精锻的点滴进步与节节升高。

熟悉石正忠的同事都说他胆大、心细。有一次,太平洋精锻的一台进口伺服压力机主电机的驱动器发生了故障,经过检查发现检测板上的几处元器件出了问题,一时又没有备用件。可由于这是一台进口设备,需要从国外厂家购买新的备用件,费用高达十几万元不说,还要等两个月时间才能寄来。工期那么紧,这得耽误多少生产。不能干等着,石正忠决定自己当"医生",给这台生病的洋设备动个手术。

石正忠利用业余时间学习了电气自动化的理论知识,掌握了可编程逻辑控制、人机交互、关节机器人等方面的工控软件,面对洋设备一点也不打怵。由于没有备用件,石正忠便大胆尝试采用国产元器件代替,他用国产工艺重新制作了代替进口的检测板,又经过多次测试修改参数。最后一安装调试,嘿!瘫痪的机器竟然正常转动了。

这一下,不仅为公司节约了十几万元的配件成本,还避免了等待配件的两个月时间成本。而且,有了这次的经验之后,只要进口设备一出故障,石正忠便开始化身"主刀医生",尝试着给洋设备换上国产零件。

太平洋精锻的舒勒2500T自动锻压设备,进口自德国,自动化程度非常高。但是由于水土不服,故障率一直居高不下,一度超过25%,严重制约着产出效率。

于是,石正忠组织团队进行研究,对所有故障进行统计和分析,找出重点并制定改善方案。经过改善,舒勒2500T设备的故障率控制在了5%以内。另外,通过对上料系统的研究,对PLC程序、驱动参数和硬件动作重新匹配优化,使上料速度提高了15%。最终,这台被动过"手术"而"康复"之后的德国进口设备,每年为公司多产出了近500万元的产值。

在锻造和模具应用领域,比如,产品锻造成形后为保证精度需要进行精整,而被精整的产品在模具中的定位需要人工反复确认是否放正。一旦放歪,就会导致工件没有完全与模具契合,轻则造成工件报废,损坏昂贵的模具(一套模具5万~10万元),重则模具炸裂伤人。而且人工确认导致工作效率十分低下,并且存在人为失误的风险。所以,产品的定位检测就变得非常重要,尤其是复杂的零件更要保证在模具内不偏不倚。

这一度是个令很多人头疼的问题,即便是大量自动化锻压机的应用大大提高了生产效率,但对于复杂的零件定位和检测依然束手无策。因为,机器人将工件放入模腔时,即便是放正了,但是零件粗坯外形不均匀,不一定每次都能根据模具的导向顺利定位。尤其是,结合齿类零件是一种较为复杂的结构,在冷锻精整或者倒锥时,必须定位精确并确认好。

有着强烈改进意识的石正忠便决定带着团队一起攻克难题。他们很巧妙地想到了利用激光传感器测距,并设计出了一套自动化控制程序。当生产时一旦零件定位的距离不在公差范围内,人机界面会提示误差过大,并且与锻压机信号互锁,锻压机便不会再启动。如此不仅防止了造成模具损坏,而且杜绝了模具炸裂引起的伤人隐患。

2015年,由于表现突出,经过泰州人社局和江苏省人社厅的层层选拔,石正忠获得了参加江苏省人社厅高技术人才海外培训班前去美国休斯敦阿拉莫学院研修智能自动化专业的机会。

要知道，美国可是机器人和自动化产业的先驱之一，也是全球最大的自动化设备市场之一。从2012年开始，太平洋精锻的自动化改造就一直在进行着，第二厂区已实现了80%的自动化生产程度。但自动化不是天上掉下来的，更不是纸上谈兵拍脑袋拍出来的，而是丰富操作经验的物化。而自动化的难点通常不在于关键过程或者动作的自动化，而在于异常情况的处理、人机交互的处理和不同状态之间的无缝转换。这些都不是理论或者空想可以解决的，必须靠过硬的经验。

2018年，太平洋精锻智能自动化小组成立，研修归来的石正忠任组长，凭着他的智能自动化专业开始带领小组成员对公司设备进行技术革新和难题攻关。

曾有一条自动生产线，由于工艺不同，设备上的一些程序是用不到的，但日本设计出的设备中所有程序必须同时开动。自动化小组商议后认为，这岂不是太浪费了？于是他们大胆优化程序，使不必要的部分停止转动，一年仅电费就节约了20多万元。之后，他们还向日本厂家提出了改进建议，并得到了认同。

几年时间里，自动化小组提出并实施合理化建议多达300多条，并取得了2项实用新型专利。

改进的氛围一旦形成，人才便会源源不断地涌现。无独有偶，在提案改善方面，太平洋精锻设备一科科长助理陈兆根曾连续7年同时获得"提案标兵""提案改善奖"两大奖项。他坚信："再好的设计都有缺陷，再小的改善都是进步。"

2010年，太平洋精锻出资数百万元研发的国内第一条低耗能、高效率的连续正火线投产。结果却既不低耗也不高效，产品一到正火线就像被"卡了脖子"。

平均每三天左右就要停炉检修一次，每次停炉仅降温就需要一天时间，检查维修也需要几天时间，有时候停炉会长达一个星期，而修复后再升温又要至少10小时。这样算下来，一个月时间里有一半以上的时间都在维修，而每次升降温都需要耗费上万度电能，再加上维修人力成本和误工，每次都要产生近2万元的直接经济损失。以至于，这条生产线被列为制约公司生产的第一类瓶颈工序。

一向喜欢钻研的陈兆根作为设备科的一员，决定要挑战一下。于是向夏汉关主动请缨：半年内将炉子调试正常。陈兆根的这一决定并非毫无来由，在此之前，他曾自学了与这台生产线相关的PLC编程内容，这下正好有了用武之地。

很快，提案就通过了审核。PLC程序调试需要细心和耐心。陈兆根利用空余时间先收集包括出现问题的环境、输入数据、程序日志、跟踪信息等资料，以便更好地分析和解决问题。他还一边向老师傅请教，一边利用自己在PLC和组态软件编程上的技术优势大胆摸索，像小火车一样一节一节地调试修改。

经过半年时间，陈兆根终于将两条连续正火线和连续退火线改善正常，这条生产线由原来的三天一检修，变成了一年最多只出四次故障，彻底突破了一大瓶颈。

正是因为太平洋精锻浓厚的改进氛围和开明的鼓励政策，加上陈兆根的勤学上进，2016年，他被选为江苏省企业首席技师并送往德国柏林科技大学学习深造。归来后，陈兆根以更积极的热情和持续精进的水平投入到了改进工作中。

其实，敢于上手修改那些名贵先进的"洋设备"，也是需要勇气和底气的，万一搞砸了呢？

"我们并不是没有失败，只是我们勇于从失败中找到新的方向。失败时领导没有责怪我们，而是鼓励和支持，甚至帮我们分析调整思路。这使得我们的改进更加有动力。"陈兆根说。

陈兆根和石正忠的事例,只是太平洋精锻十数年持续改进历程的一个缩影,像他们这样在"比学赶帮超"的蓬勃氛围中为公司点滴进步做出改善努力的员工不胜枚举。

世界每分每秒都在变化,科技的发展日新月异,市场也是瞬息万变。只有不断更新自己的思维方式,勇于创新,才能让未来充满希望。太平洋精锻通过实施以人为本的管理理念,关注员工的成长和发展,激发员工的工作积极性和创造力,从而提高了整体团队的执行力和凝聚力。

打造学习型组织

当初去日本交流时,马扎克山崎老会长对于打造百年老店的两条见解,夏汉关始终记忆犹新:在掌握了核心技术后,还必须舍得投资,去培养一支高技能、高素质的员工队伍。

俗话说:"打铁还需自身硬"。一个企业发展必须有强劲的竞争实力,而人才才是保障竞争实力的根本。宝洁前任董事长曾经说过:"如果你把我们的资金、厂房及品牌留下,把我们的人带走,我们的公司会垮掉;相反,如果你拿走我们的资金、厂房及品牌,而留下我们的人,十年内我们将重建一切。"企业兴衰乃是常事,但究其原因,无外乎都是"得人才者昌,失人才者败"。有了强大的人才团队,才能使企业长盛不衰。

"人才是支撑,创新是动力,投入是保证。"有着这样理念的夏汉关,深感与世界同行相比还有一定差距,只有夯实基础,才能实现公司的可持续发展。为此,夏汉关从长远发展的战略高度出发,引进人才,重用人才,培养人才。采用师带徒、外送培训、大专院校定向培养、专升本、本读硕、引进博士后进站等方式,培养自有人才。太平洋精锻还加强与国内外知名高校院所合作,组建了技术委员会、专家委员会,成立了企业技术研发中心。

与此同时，太平洋精锻还通过设立新产品开发及持续改进项目攻关奖，实行"能者上、庸者下、能进能退"的用人机制，对成绩突出、工作优异的员工予以重奖。

自2010年以来，每年都有华中科技大学材料学院的学生到太平洋精锻见习、实践，2023年始，西北工业大学材料学院的学生也开始到太平洋精锻见习、实践。太平洋精锻每年都招聘大学生人才充实公司人才团队，通过外招内培着力打造高技能高素质的员工团队。

值得一提的是，截至2023年，太平洋精锻的大专生比例已经达到了近60%。可在十多年前，这一数据尚不足30%。太平洋精锻曾经一度就因为大专生比例不够30%而不能享受国家对高新技术企业的税收优惠政策。

当时，夏汉关就在想，为什么不能把多缴的税款转化成税前的培训经费呢？这样既能提高员工素质又享受了优惠政策，何乐而不为？

自此，太平洋精锻便开始与常州大学、江苏大学、泰州机电技术学院等联合办学，组织员工报名大专班、本科班，并给予报销学费。这一下激发了员工的学习热情。要知道，有多少老员工因为时代原因，没有赶上读大学的机会，心中不免有所遗憾，本以为这辈子就这样了，没想到现在还有机会能圆大学梦。

所以，只要符合条件的员工都来争相报名参加，有的员工下班来不及吃饭饿着肚子也要去上课。十几年时间里，太平洋精锻已经培养出了几百名大专生、本科生。

学习热情一旦被激发出来，员工的上进心与成就感便一发不可收拾。

在完成了学历提升的基础上，很多人又主动进行劳动技能等级的认定。如此，太平洋精锻的高级工/助理工程师、技师/工程师、高级技师/高级工程师、技能大师/正高级工程师开始像公司生产线上的齿轮一样"源源不断"。

学无止境。太平洋精锻还对这些精心培养出来的人才队伍的成长规划进一步拔高，鼓励并推荐已取得本科学历的员工前往合作院校攻读工程硕士，进而攻读工程博士，最终成为高质量的卓越人才。

"我们平时有精益生产、5S、技能创新等各项培训，我们的设备也更为先进，因此，我们培养出来的员工，素质和技能等级都比较高，到了外面往往都会被高看一眼。不乏有企业买了高级设备却没有合适人才，就来我们这里挖人。从这一方面讲，我们也算为行业为社会培养了优秀人才。"太平洋精锻人力资源部常务副部长孔令军如是说。这也从侧面证明了太平洋精锻在高质量人才培养与提升方面取得了显著成效。

为了进一步激励和培养锻造行业人才，太平洋精锻在华中科技大学、西北工业大学等院校设立了"太平洋精锻奖学金"。

其中，华中科技大学材料科学与工程学院太平洋精锻奖学金，由江苏太平洋精锻科技股份有限公司于2010年5月28日设立，旨在奖励华中科技大学材料科学与工程学院在各方面表现优异的本科生。该奖学金设有团队奖1个，单项奖10个，包括科创单项、学生工作单项、文体单项等。

查阅华中科技大学的"太平洋精锻奖学金"回报情况，可以看到，十余年来共有100多名学生获得奖学金。在"学生去向"方面，除了部分同学选择步入职场外，大部分同学都选择了继续深造，如读研或留学。

培养人才，助力卓越。"太平洋精锻奖学金"被华中科技大学材料科学与工程学院评为"影响力最大、师生参与度最高、运行时间最久远、品牌最为响亮的奖学金。"为了满足员工不断学习和进步的需求，太平洋精锻还把学堂搬进了公司。

企业大学堂与传统培训的最大不同就是站在战略的高度为企业服务，而不是头痛医头脚痛医脚式的应急式培训。所以，企业大学堂的建立和完善，无不体现出企业的战略需求。夏汉关深知，面临变化剧烈的外在环境，组织只有不断学习，才能适应市场变化，维持竞争力。而建立大学堂正是构建学习型组织的一个好方法。

2021年12月28日，太平洋精锻成立了"精锻大学堂"，并于次年5月1日举行了开学典礼。"精锻大学堂"是一个线上培训平台，该平台分为五个学院，分别是先锋学院、绿色制造学院、质量管理学院、商学院和科技创新学院。同时，"精锻大学堂"涵盖了技术研发、组织管理、人才选育用留、绩效和执行等多个模块，以满足不同领域和层次的培训需求。

与线下定期上课不同的是，员工只要想学习，随时随地都能通过手机登录"精锻大学堂"APP(应用程序)进行学习。学习结束后，还会有学习时间、学习时段、作业完成情况、考试分数等累计记录以及线上考试。公司则会定期督促，并通过晋升、奖金等方式进行激励，让员工从"要我学"变成了"我要学"。而作为发起人的夏汉关更是带头学，只要不出差，他每天坚持工作学习到午夜。就这样，在夏汉关的积极带领下，一种浓厚的学习气氛通过这一全新的线上平台，在太平洋精锻内部传导开来。

此外，太平洋精锻在外部人才引进上，不求所有，但求所用，先后引进数十名行业技术人才为企业服务，被列入省人才计划的就有5人，其中"双创计划"2人，"博士集聚计划"3人。

有了庞大的优秀人才队伍的支撑，太平洋精锻的技术创新体系得到了进一步健全。太平洋精锻通过整合资源，实现全员学习、全员培训、全员共享，先后成立了江苏省近净成形用长寿命模具设计工程技术研究中心、江苏省塑性成形与高精度模具设计制造工程中心、国家级工程实践教育中心、国家级博士后科研工作站、国家级企业技术中心，组建了"精密锻造技术研究开发中心"等研发创新平台。

此外，太平洋精锻与华中科技大学、上海交通大学、南京理工大学、武汉理工大学、中国机械科学研究总院、北京机电研究所等建有紧密的产学研合作关系，形成了融技术研发、成果转化、产学研合作为一体的技术创新组织体系。

学习型的人才队伍加上创新型的组织体系，将为太平洋精锻奋力向前与长足进步增添强劲动力。

党建做实了就是生产力

在竞争激烈的市场环境中，企业如何保持快速发展，提升组织效能，成为关注的焦点。企业党建不仅成为企业管理中的重要一环，也对企业发展产生着深远的影响。太平洋精锻通过创新探索，打造出具有特色的党建工作，为企业发展注入了强大动力。

在太平洋精锻，党建与经营的融合是一个自然而然的过程。夏汉关恰如其分地描绘了这种融合："党建跟经营就如同两只齿轮相互啮合传动，传递澎湃动力，形成强大合力，党建做实了就是生产力。"

这种融合是如何实现的呢？夏汉关介绍道：首先，太平洋精锻在制定经营策略时，将党的方针政策融入其中，确保企业的发展方向与国家政策保持一致。其次，公司在管理过程中，注重发挥党员的模范带头作用，鼓励党员在工作中勇挑重担、攻坚克难。此外，公司还通过开展各类活动，增强员工的主人翁意识，激发员工的创新精神和工作热情。

"之所以说党建做实了就是生产力，这是因为党建工作可以为企业的经营管理提供思想引领、制度支撑和人才储备。通过深入开展党建工作，企业能够加强内部管理，提高员工的思想觉悟和业务素质，进一步激发员工的积极性和创造性，从而提升企业的战斗力和凝聚力。"夏汉关解释说。

夏汉关认为，党建工作如同企业的指南针，为企业的发展提供了明确的方向。在企业的每一个重要节点，党建工作都能发挥关键作用，引导企业走向正确的道路。在企业面临困难和挑战时，党建工作能够凝聚人心，激发员工的斗志，帮助企业渡过难关。同时，一个有着健全党组织的企业，往往能够形成独特的企业文化，这种文化能够深入员工的心灵，激发他们的创造力和潜能，从而提高企业的整体竞争力。此外，在企业发展的过程中，党建工作能够引导企业关注社会问题，积极参与公益事业，为社会的和谐稳定作出贡献。这样的企业，不仅能够在市场竞争中脱颖而出，还能够赢得社会的尊重和认可。

太平洋精锻特色党建的创新之处在于将党建工作与企业文化、企业管理深度融合，形成了三位一体的管理模式，充分发挥三者的相互促进作用，形成了强大的发展合力。通过党建工作和工建工作的有效开展，太平洋精锻形成了一种稳定、积极、向上的企业文化，为企业的发展提供了强有力的支撑。这种企业文化不仅有利于提高员工的工作积极性和创造力，还有利于增强企业的市场竞争力。

太平洋精锻1997年成立党支部，2021年升格为党委，截至2023年，已有天津公司、重庆公司、宁波公司等9个支部。

近年来，太平洋精锻公司党委以"四同八助"为抓手，创新提出"五融工作法"，精心打造"锻造先锋"党建工作品牌，以高质量党建引领企业高质量发展，实现了党建工作与经营生产的有机结合，多次被表彰为"姜堰区先进基层党组织""泰州市先进基层党组织"，成功创建泰州市首批五星级"幸福民企"。

自2019年起，泰州市在全市非公企业党组织中开展以"同心、同行、同力、同赢，助定战略、助强管理、助聚人心、助建文化、助攻难关、助兴人才、助联内外、助美声誉"为主要内容的"四同八助"党组织创建活动，让每个非公企业党支部建设，嵌入企业生产、经营、管理各环节，推动支部建设与非公企业发展深度融合，为非公企业高质量发展注入强劲动能。

"受'四同八助'启发，我们打造了'锻造先锋'党建品牌，这也是我们的党建工作理念，通过锻造先锋队伍来锻造科技精品，致力成为中国汽车零部件业界的党建标杆。"夏汉关道出企业高质量发展的秘诀。

2021年，太平洋精锻的党员服务中心全新落成。"党建展厅真漂亮"。"这些功能室挺实用"。党员们对新建的服务中心赞不绝口。

多年来，太平洋精锻党委着力"锻造"有信仰、作风过硬的党员队伍、人才队伍、员工队伍，积极探索推行"五融工作法"，即将党建融入发展、管理、聚才、文化和公益五个方面，这一做法有助于企业更好地实现战略定位、加强管理、凝聚人心、建设企业文化、攻克发展难题、培养和引进人才、拓展内外合作、提升企业声誉，从而推动企业在激烈的市场竞争中不断向前发展。

江苏省有关方面领导调研太平洋精锻的党员活动中心后评价道："太平洋精锻能在行业数一数二，党建工作发挥了很重要的作用，'五个融入''四同八助'是很好的载体。"

以融入式党建汇人才之智，激活发展动能，这是太平洋精锻党建工作的最大亮点。在夏汉关的带领下，太平洋精锻以党建不断激发人才队伍创新活力，大力弘扬一线员工的工匠精神。

"我们强化对人才的政治引领和政治吸纳，为人才的工作生活和成长提供无忧服务。"太平洋精锻党委副书记、人力资源部部长任德君介绍说，公司利用博士后工作站、研究生工作站等平台柔性引才，吸引了大量高学历人才加盟。

此外，太平洋精锻还成立了以夏汉关等劳模工匠领衔的劳模创新工作室，同步创建党员先锋岗，组建党员先锋队，实施企业"双培养计划"，把生产经营骨干和劳模工匠培养成党员，把一线职工党员培养成劳模工匠和技术能手。

"通过建立'双向培养'模式，我们已经吸收了多名高层次人才成为党员，也将多名党员培养成高技能人才。截至2023年，我们已经形成了'六地七厂四个研发中心'的经营规模，公司党委决定设立9个支部，牵头招才引智工作，做到企业发展到哪里党组织就建到哪里、人才工作就开展到哪里，形成了'重要岗位有党员、攻关克难有党员、创新创优有党员'的浓厚氛围。"任德君说。

在太平洋精锻特色党建的发展过程中，当地政府也给予了极大的支持和关注。他们不仅提供了丰富的政策资源，还积极为企业解决实际问题，为企业创造了良好的发展环境。正是当地政府的大力支持与贴心服务，为太平洋精锻的发展提供了源源不断的动力。太平洋精锻也不负期望，以高质量的产品和服务回馈社会，为地方经济的发展作出更大的贡献。

"中国经济较为发达的地区，通常具备良好的营商环境。而营商环境好的地方一定是政通人和，这样的环境不仅可以吸引投资，促进企业的发展，还可以推动整个地区的经济增长。"夏汉关说。

在夏汉关看来，民营企业搞好党建工作对于生产经营有着积极的促进作用，可以为企业提供正确的战略方向和思想引领，创造良好的文化氛围和发展环境，提供坚实的组织保障和动力支持。因此，民营企业应该不断加强党建工作，以促进企业的生产经营和发展。

"在未来的发展中，太平洋精锻将继续加强党建工作，积极探索新的工作模式和方法，为公司的发展注入更强大的动力和活力，使企业在市场经济的大潮中屹立不倒，砥砺前行，为推动中国制造向中国创造转变作出更大的贡献！"夏汉关说道。

心无旁骛，终成冠军

2018年，工信部发布我国第三批制造业"单项冠军示范企业"公示名单，全国仅68家企业入选，太平洋精锻凭借"汽车差速器锥齿轮"名列其中——入选企业将被重点培养，代表中国制造业参与国际竞争。

2020年9月19日，夏汉关参加由中外管理传媒举办的第三届"中国造隐形冠军"长青峰会暨颁奖典礼——获得"中国造隐形冠军"称号的9家企业中，主导产品"汽车差速器锥齿轮"市场占有率居全国第一、全球第二的太平洋精锻赫然在列。

2021年，太平洋精锻成功通过工信部组织的第三批制造业单项冠军示范企业复核，再次展现出强大实力。

要知道，这两项评选可都有一个"硬杠杠"——近三年主营产品市场占有率位居全国第一，全球前三——多少企业因为未达到这个指标，只能望而却步。

20世纪90年代初，德国著名管理学家赫尔曼·西蒙将"隐形冠军"的概念引入企业界与学术界。他研究了全球2734家"隐形冠军"，其中德国有1307家，占了近一半，这些企业创造了德国近1/3的GDP，在德国经济发展中起着不可替代的作用。在西蒙教授看来，德国制造崛起的秘密就在于"隐形冠军"。

西蒙教授认为，"隐形冠军"是指在细分市场上跻身世界前三名、销售额低于50亿欧元且在终端消费者中知名度不高的公司。它们是专注于特殊、小众市场的中小企业，非常低调，但却是细分市场的"领头羊"，许多领域的技术创新、升级迭代以及标准制定，背后都有这些看似不起眼的企业。绝大多数"隐形冠军"企业都非常专业化、坚守主业，且极具"工匠精神"。

受德国"隐形冠军"启发，2017年，中外管理传媒率先倡议发起，并联手国内外享誉业界的顶尖专家评委，启动了基于公益、立足专业的首届"中国造隐形冠军"评选。凭借隐形冠军企业所秉持的"工匠精神""长线思维"，以及自身的"专业良知"，"中国造隐形冠军"评选完全由中外评委背对背、优选优地投票产生。

作为具有突出国际化专业背景的非官方评选，"中国造隐形冠军"与工信部的专精特新"小巨人"和"单项冠军"申报工作，完全一脉相承、交融呼应、相辅相成。

早在2003年，原国家经济贸易委员会中小企业司就提出了"专精特新"的概念。

2011年9月，"专精特新"正式写入《"十二五"中小企业成长规划》。

2019年4月，中共中央办公厅、国务院办公厅出台《关于促进中小企业健康发展的若干意见》再次提出，要引导中小企业走"专精特新"发展道路，要在一些关键的零部件、关键的基础产业、关键的原材料等方面培养专精特新的"小巨人"。自此，"专精特新"成为国家战略。

与"专精特新"培育同步开展的是制造业"单项冠军"企业培育工作。2016年3月16日，《工信部关于印发〈制造业单项冠军企业培育提升专项行动实施方案〉的通知》提出，专门培育从事相关业务领域的时间达到10年或以上，或从事新产品生产经营的时间达到三年或以上，单项产品市场占有率位居全球前三位的制造业单项冠军企业。

"隐形冠军"企业是掌握关键核心技术的主体，是提升制造业国际竞争力的主体，更是提升制造业价值创造能力、提高附加值的主体。培育"隐形冠军"企业，对于突破技术瓶颈，在国际通行标准制定上掌握更多话语权，摆脱受制于人的被动局面具有重要意义。

而以专注铸专长、以配套强产业、以创新赢市场的"专精特新"中小企业持续发力，也已成为强链补链、解决"卡脖子"问题的重要力量，带动规模庞大的中小企业群体实现高质量创新发展。这既是中国工业企业发展的客观规律，也将为制造强国建设提供重要支撑，为实现经济高质量发展提供坚实保障。

"隐形冠军"和"专精特新"企业一起，构成了一国制造业在国际市场上最核心的竞争力之一。它们有着共同的特点。

一是专注。多少优秀企业在谈起成功心得时，往往都会提到一点："一辈子就做好一件事情"，一定要专注，要有工匠精神，不能好高骛远，不能见异思迁。

二是创新。科技是第一生产力，科技创新是人类发展的不竭动力。专精特新"小巨人""隐形冠军"都具有多项发明专利、实用新型专利，他们往往会主持和参与企业标准、行业标准和国家标准的制定。

三是精细化。产品质量精准、精良,管理精细、科学。科学技术是第一生产力,管理同样是第一生产力。

四是有特色。充分利用文化、地域等特色资源。他们生产的产品具有独特性、独有性,人无我有,人有我优。打造行业品牌、国家品牌和世界品牌。

而这也正是太平洋精锻多年坚守的特质。"1992年成立的时候,我们没有太多的想法,那个时候中国汽车工业发展缓慢,但我们就要找一个中国人还没有做,外企在控制的市场,实现国产替代。"夏汉关说,"太平洋精锻走到现在,经历了向日本人学习精益生产,到欧洲去学研发,看美国人的战略,一路走来有很多咨询公司也参与进来,渐渐做到了专业化,把产品做到高精度、高品质,最后做到全球细分市场的领先。"

"后来,业界许多企业还在按客户图纸生产,我们已经变成为客户设计图纸;不少同行纷纷'去杠杆'收缩投资时,我们却手握大笔资金加快产能扩张;一些企业担忧出口受阻睡不好觉,我们则因产品的难以替代而闲庭信步。"从夏汉关的语气中能够听出,感慨中彰显着自信与从容。

夏汉关将这一历程称为"逆周期行为"。中美发生贸易摩擦,太平洋精锻的业务几乎不受影响,主要就是因为美国汽车厂家短期内难以在全球找到替代制造商,即便是德、日、韩的一流企业,想要达到太平洋精锻的产品品质依然有难度。

太平洋精锻的"逆周期行为",正是源于他们心无旁骛,踏踏实实地走"专业化"道路,不盲目投资、跟风,不滥用"杠杆",不炒房,不乱跨界,而是坚守着汽车精锻齿轮和精密制造专业领域执着用功。

当初,也有不少人建议夏汉关趁着资金充足、房地产正盛时去做金融,去投资房地产。去做赚快钱的房地产,还是坚守"生来就苦"的制造业?相信是那些年很多企业所面临的一个岔路口,向左走还是向右走?多少人经不住诱惑而选择了前者。

夏汉关当然知道投资房地产会带来高额的回报,但他同时也会反问自己:初心到底是什么？

"我这一辈子与金属成形打交道，我是一个为锻压事业而生的人。"夏汉关有些自嘲的推脱中也宣示出了他的坚守与专注。

一个企业，有很多因素可以促成其成功，有些因素带有偶然、幸运或者冒险的色彩，但企业成功后要想持续地保持并扩大成功，就必须具有制胜的核心竞争力。它是企业在长期经营中所形成的，独特的、动态的能力资源，支持着企业现在及未来在市场中保持可持续竞争优势的发展，这种核心竞争力是企业整合各种资源和汇聚各方面能力的结果。

30余年来，太平洋精锻致力于自主创新能力、自主知识产权的提升，他们通过专业化的体系与精细化的质量管理，赢得了市场层面的深度认可，也在特色化产品与新颖化探索的双项加持下，持续不断地打造着核心竞争力，进一步迈向更加广阔的市场。

朝着成为"全球第一"的愿景目标，太平洋精锻始终坚持在汽车精锻齿轮和精密制造专业领域执着用功，过了一山再登一峰，跨过一沟再越一壑，每一次目标的达成，都是为了下一次，向更高处出发。

蓄力深耕，终得硕果累累

有了优秀人才的支撑，太平洋精锻的技术创新体系得到了进一步健全，先后建成了国家级企业技术中心、博士后科研工作站，组建了"精密锻造技术研究开发中心"等研发创新平台，形成了融技术研发、成果转化、产学研合作为一体的技术创新机制。

技术出身的夏汉关始终保持着对于产品研发的热情，他带头搞科研，带领着公司研发团队致力于开展近净成形工艺和高精模具设计制造技术的研究，形成了多项具有原创性、拥有完全自主知识产权的技术创新成果。

太平洋精锻还主持起草了10项国家标准，参与起草了3项国家标准，主持起草了9项行业标准。截至2023年9月，公司已拥有授权专利233件，其中授权发明专利57件，在行业中发挥着积极的标杆引领作用。

要知道，标准中哪怕一个参数的设定，都可能影响一个行业的发展走向。能够参与国家标准或行业标准的制订是企业综合实力的体现，而参与有关标准的起草，往往意味着企业对产品标准的掌握、领会能够先人一步，可促进企业快速开发新技术、新产品，增强市场竞争能力。尤其是规格极高的国家标准，由国家市场监督管理总局、中国国家标准化管理委员会审核，在社会中有着非常高的认可度，一旦批准施行，全国所有的企业都必须遵守。国家标准的国字开头即代表国家，更直观地体现着公司实力、产品的可靠性。

不仅如此，太平洋精锻还先后承担并顺利完成了30余项国家、省部级科技计划，其中国家科技支撑计划项目1项、"高档数控机床与基础制造装备"科技重大专项课题4项、省科技成果转化资金项目2项。

在这一过程中，太平洋精锻先后获得了2005年度国家科学技术进步奖二等奖、2010年度江苏省科学技术奖一等奖、2014年度中国机械工业科学技术奖一等奖、2014年度江苏省企业技术创新奖、2015年度江苏省创新示范企业、2016年度国家技术发明奖二等奖、2018年度中国产学研合作创新成果奖一等奖、2020年度中国机械工业科学技术一等奖、2020年度湖北省科学技术奖一等奖、2022年度湖北省技术发明奖一等奖。被中国科协、国家发展改革委、科技部和国务院国资委联合表彰为2011—2012年度"讲理想、比贡献"活动先进集体。荣誉奖项是衡量一个企业实力的重要维度，也是最直观的实力体现。凭借着"多工位精锻净成形关键技术与装备"，太平洋精锻获得的2016年度国家技术发明奖二等奖，发明了变形量协调分配及流动控制技术、应力最小化设计的长寿命模具、抗偏载结构与控制技术及装备，一举突破了精锻技术瓶颈，实现了从普通锻造到多工位连续精锻净成形的技术跨越，引领了国内精锻行业的技术发展。

国家技术发明奖被称为是中国科技界的最高荣誉之一。其二等奖的基本评定标准为：属国内外首创，或者国内外虽已有、但尚未公开的重大技术发明，技术思路新颖，技术上有较大的创新，技术经济指标达到了同类技术的先进水平，对本领域的技术进步有推动作用，并产生了明显的经济效益或者社会效益。国家技术发明奖的含金量，由此可见一斑。

荣耀的背后是追赶，是付出，是投入。"太平洋团队"先后购买了设计及管理类先进软件，形成了初具规模的信息化管理平台，实现了关键模具的CAD/CAE/CAM一体化设计制造及数字化制造；引进了德国五轴加工中心、日本电加工机床、德国蔡司三坐标等高精端的模具加工及检测设备，有力支撑了公司创新平台建设和持续健康快速发展。

2015年至2022年，太平洋精锻累计技改投入已超过37亿元，用于厂房基础设施建设和购置高端装备组建自动化生产线，用先进技术改造落后技术，用先进工艺、装备替代传统工艺、装备，将最新科技成果应用于企业生产的全过程，实现了内涵生产再扩大、品种再增加、质量再攀升、材料能源消耗再降低、劳动生产率经济效益再提高。

以创新驱动发展为核心，以技术改造升级为抓手，形成核心竞争力，便掌握了行业发展的源头或命脉。如今，太平洋精锻的产品品种已由燃油车向新能源车延伸，产品结构由单一齿轮向部件、总成迈进，产品加工由传统模式向"智改数转"进发。其产品已出口欧美日等国家和地区，具有明显的国际竞争力。

"如果你们坐的汽车没有装太平洋精锻的齿轮，我估计不是好牌子。无论是电动车还是其他燃油车，只要是叫得出来的知名品牌，都是我们的用户。"夏汉关自豪地说道。

当初那个濒临破产的太平洋精锻已经成为一家具有自主创新能力、拥有自主知识产权、掌握先进齿轮模具设计开发与制造核心技术、采用冷温热精密锻造成形技术、专业化制造汽车齿轮的国家火炬计划重点高新技术企业与制造业单项冠军示范企业。

夏汉关本人也先后获得了科技部创新创业人才、享受国务院特殊津贴的专家、江苏省突出贡献中青年专家、江苏省劳动模范、江苏省政府十大创新创业人才奖，被表彰为江苏省第四届十大优秀专利发明人，被列为江苏省"333高层次人才培养工程"第三期和第四期第二层次培养对象，2022年当选为江苏省人大代表。同时，夏汉关作为主要完成人，有14项成果获国家、省(部)级科技进步奖。

凭借深厚的技术积淀、前瞻的技术布局和创新的技术理念，以及对技术标准的精益求精，太平洋精锻多年蓄力深耕，终得硕果累累。

八年求索：万里挑一的"省长质量奖"

质量兴则企业兴，谋质量就是谋未来。"什么都打不垮太平洋精锻，只有质量。"这是夏汉关对全体员工最常说的一句话。

对于太平洋精锻而言，如果说品质是企业发展之本，那么对于卓越的不懈追求就是企业屡创辉煌的关键所在。

2019年8月6日，江苏省省长质量奖获奖名单揭晓，经申报推荐、资格审查、资料评审、问询答辩、现场评审、综合评价等评审程序，全省共有10家组织获得2019年"江苏省省长质量奖"，太平洋精锻是其中一家。

"江苏省省长质量奖"设立于2012年，是江苏省政府设立的质量领域最高奖项，依据《卓越绩效评价准则》对企业生产经营管理质量、产品质量、对客户的服务质量、社会责任履行方面进行全面考核评审，综合衡量企业经营管理水平，是衡量一个企业生产经营管理综合质量的重要标尺。

在江苏这片土地上，活跃着上千万市场主体，规模以上企业数量有4.45万，而在2012年至2019年，仅有55家企业及3位个人上榜——"江苏省省长质量奖"称得上是万里挑一。

成就和荣誉不是偶然，而是太平洋精锻长期以来重视质量管理与创新的最好证明。这也是一条充满了曲折的道路。

2011年，太平洋精锻成立了"质量奖"申报团队，他们先从江苏泰州姜堰区"区长质量奖"开始申报，经过两次申报之后才通过了这一奖项。但到了2014年，申报江苏泰州"市长质量奖"，却落选了。2015年，再一次申报，没想到再一次落选。

既然《卓越绩效评价准则》是质量奖的评审准则，太平洋精锻早在2004年就导入了卓越绩效管理模式，质量要求也一直是公司严防死守的一道关，是立企之本。可是"区长质量奖"和"市长质量奖"的获得尚且这么不顺利，还怎么拿下标准更高、竞争更激烈的"省长质量奖"呢？

当时，太平洋精锻内部也不理解，那么多的国际质量体系标准认证都通过了，为什么偏偏"质量奖"的通过如此难呢？

"各类体系认证只是符合性的审核，而质量奖重在绩效体现，体系认证好不一定绩效好，而绩效卓越则一定是体系有效。质量是一项系统工程，质量是企业的生命，有了质量没有市场可以创造市场，没有质量已有市场也会失去市场。"对于这一问题，夏汉关说出了他的思考。的确，在起初的几年时间里，公司的管理者，特别是中层管理者对卓越绩效标准和质量奖的认识是模糊的，以为只要符合各类体系认证就能通过审核。

但其实卓越绩效模式不同于质量管理体系，并不是一个符合性标准，而是一个成熟度标准。它不是规定企业应达到的某一水平，而是引导企业建立一个持续改进的系统，不断完善并趋于成熟，永无止境地追求卓越。

因此，卓越绩效模式不仅是质量奖评审的依据，更是企业进行自我评估的一种管理工具，意在帮助企业找出改进的机会，促进企业的持续改进、逐步成熟。

受到点拨之后，全公司上下才意识到要系统地推进卓越绩效管理。他们不仅请来外部的卓越绩效管理团队、专家对公司的现状进行诊断和提升，还去历年来获得国家质量奖和省长质量奖的一流企业那里对标与学习。

当时，由时任质量总监贾建平负责质量奖的申报工作，他带领大伙以卓越绩效评价作为准则，整合企业原有的10余个管理体系，以超越竞争对手、超越标杆为目标，以顾客为关注焦点，加强对市场和竞争对手的分析，将企业的战略和绩效有机结合，形成包含执行系统、标准系统、评价系统和改进系统的自我评价体系。在此基础上，公司内部营造出了全员参与、持续改进的质量管理氛围。

在"精锻精品、精益求精、持续改进、客户满意"的质量方针下，贾建平按照他之前参与通过的汽车行业标准要求，建立健全企业质量管理体系，完成了内部质量管理流程再造，并构建起风险降低、防错验证等17个全过程质量管理模块，实现了从产品质量策划、过程控制、测量分析、异常监控到快速反应的全面管控。

方法对了，效果立即就显现出来。

太平洋精锻不仅在2016年获得了泰州市"市长质量奖"，而且紧接着就在2018年获得了江苏省"质量奖优秀奖"，2019年成功获得了江苏省"省长质量奖"。从2011年成立"质量奖"申报团队开始，从"区长"到"市长"再到"省长"，太平洋精锻的"质量奖"之路整整走了八年。

追求卓越永无止境，对于太平洋精锻来说，争创"质量奖"的最高价值其实在于"创奖的过程"。争创"质量奖"的最根本目的是通过创奖对内部质量管理体系进一步完善。特别是在走向资本市场、快速发展的大背景下，面对公司日渐强大的综合实力，构建一个与之匹配的企业管理体系，也就成为太平洋精锻必须跨越的一道门槛。

"创建质量奖不是目的，关键是创建过程的探索求是，对质量工程的感悟求真，对品牌建设的持久追求，对质量理念的初心传承。"夏汉关总结道。

用心付出，必有收获。太平洋精锻对于质量管理的孜孜以求，不仅受到了政府的肯定，更赢得了客户的高度认可。就在获得"省长质量奖"不到一年时间，太平洋精锻便收到了来自大众汽车的通知，他们被授予2020年度"大众汽车集团全球顶级供应商奖"——这是大众汽车集团对供应商的最高奖励荣誉。值得一提的是，在2020年，全球范围内仅有8家供应商获得了这一殊荣。

又过了一年，GKN集团在伦敦召开的供应商大会上宣布：太平洋精锻荣获GKN 2021年度"全球最具竞争力奖"。

GKN创建于1759年，是世界500强企业之一，现为英国第二大工程技术型生产商，其主要业务涉及大型民航客机和运输机结构件、汽车传动系统、非高速公路用工作车辆和特种车辆系统等，其汽车传动系统的制造业务在全世界享有盛誉。

GKN在颁奖词中是这样描述太平洋精锻的："在竞争力板块执行情况非常好的实例公司是PPF（太平洋精锻），他们在这些领域给予了GKN大力支持，PPF对客户完全透明，提供最佳的成本路线，积极并有前瞻性地大力推行VAVE（价值分析与价值工程，被称为是最复杂的成本优化活动，没有之一）。所交付产品的质量PPB（十亿绩效）及执行工业4.0所有条目均达到一等水平。"

历史写下辉煌过往，时间掀开崭新一页。无论是"省长质量奖"还是"客户大奖"，都是太平洋精锻团队辛勤努力的成果，是产品品质的最佳诠释。这离不开公司在质量改进方面的持之以恒，离不开每一位团队成员的不懈努力。这将进一步提升太平洋精锻在客户心中的地位和市场竞争力，推动其全球业务的大力拓展，并为未来的征程注入源源不断的动力。

不知疲倦的机器人

-0.60‰，这是中国人口2022年的自然增长率，这也是自1962年以来我国人口首次出现负增长。

众所周知,人口红利在一定程度上成为中国过去几十年经济快速增长的动力之一。随着人口增长放缓和国内外环境的变化,中国制造业的传统优势正在减弱。这给中国制造业带来了更大的竞争压力,然而,也为中国制造业的转型升级提供了动力——在此背景下,围绕"人口"这一主题透出的变革之声也愈加响亮。

"中国制造业长期以来依赖庞大且丰富的劳动力资源,然而,这种模式已经走到了尽头。为了在全球制造业中保持领先地位,我们必须寻找新的出路。如果我们无法在人均劳动生产效率和自动化设备智能应用方面取得重大突破,我们的制造业未来将面临严峻的挑战。当前,制造业面临的招工难题正是这种挑战的直接体现。"夏汉关说。

正如彼得·杜拉克所言:"新的陌生时代已经明确到来,而我们曾经很熟悉的现代世界已经成为与现实无关的过往。"

数字化生存背景下,传统的企业发展模式已经被重新定义,因此,太平洋精锻积极顺应智能化的浪潮,以适应时代的发展。从2017年开始,太平洋精锻就制定了企业数字化、智能化转型的战略规划,立志打造成为数智化汽车零部件制造行业标杆。

随着科技的不断发展,人工智能、机器学习和自动化技术在各个领域得到了广泛应用,尤其是在制造业。智能机器人在生产线上的应用,不仅可以提高生产效率,降低成本,还可以提高产品质量和一致性。

走进太平洋精锻江苏工厂,可以看到机器与机器之间正在有条不紊地"交流信息",在方寸之间,机械手闪转腾挪,抓、放、码、倒,施展着硬核"手艺",并且可以24小时不间断生产,实现了"机器换人、人睡机不睡"。

在太平洋精锻倾力打造的新能源汽车轻量化关键零部件产品项目中,单是备料车间就有一条长达148米的全自动化生产线,全部按照国际一流标准设计规划,实现从铝锭到棒料的自动化生产,生产线内全自动运行,只需要少量的工人干预。

截至2023年,太平洋精锻在集团内对传统生产线进行智能改造的过程中,已先后导入近300台机器人投入到生产线中。例如原来车间一条生产线需要16个工人三班倒,如今只需要1到2名工人,其他工作都可以放心交给不知疲倦的机器人。

"机器人并不能完全代替人,它代替的是危险的、简单的、重复的、不要思考等可以机器换人的劳动岗位。从尊重人性的角度讲,是把人从机械的动作里解放出来,让人去干更喜欢的工作,释放了人性,增加了人的幸福感。所以,机器换人的观念与用人理念不矛盾。"夏汉关强调说。

如今,车间里活跃的智能机器人已成为太平洋精锻智能制造过程中不可或缺的重要角色。通过与计算机控制系统的紧密配合,智能机器人可以实现高度自动化的生产流程,从而提高生产效率,缩短生产周期,降低人工成本——这都成为太平洋精锻全新的核心竞争力。

成为行业"首席智造专家"

打开太平洋精锻的官网,"首席智造专家"的字样醒目地映入眼帘。

智能制造的实现,关键是依靠新一代信息技术系统的支持,但这背后的过程也并非一蹴而就。

随着市场竞争的加剧和客户需求的多样化,太平洋精锻意识到必须进行信息化改革,因此,公司决定上线MES系统(生产信息化管理系统),以实现生产信息化管理。然而,在初期,此举引起过不小的争议。原因在于,员工们已经习惯了原有的ERP系统(企业资源计划系统),并认为该系统已经能够满足其日常工作需求。因此,部分员工对于新系统的引入产生了一定程度的抵触情绪。果然,惯性是最大的管理障碍。

但夏汉关坚持认为,看问题不能短视,单个系统不能包罗万象,仅靠

ERP不能解决所有问题，ERP的有效运行建立在PLM（产品生命周期管理）、MES系统的基础上。这些管理系统相互支持，可以减轻ERP系统的负担，提高生产物流管控水平，从而使ERP系统的数据更加敏捷、可靠和准确。因此，太平洋精锻若想打造智能制造工厂，就必须尽早引入这一系统。

实际上，许多企业在数字化转型过程中都曾有过困惑，即使是投入了超过100亿元并实施了10年数字化转型的美的集团也不例外。方洪波曾坦言："数字化转型是一个巨大的挑战，但目前而言，一百步我们才走了第一步，未来还有九十九步在等着我们。"

显然，数字化转型不是一个人的事，也不是一个部门的事，它牵一发而动全身。在数字化转型道路上，立志成为行业标杆的太平洋精锻也在不断摸索中。"经过多年的实践，我们也充分认识到，数字化是买不来的！买生产工具，但买不来领跑者的发展战略、理念管理、流程商业模式；买设备，但买不来工艺；买软件，但买不来数据；买咨询，但买不来核心竞争力。"太平洋精锻信息化部部长助理宋伟如此感慨。

其实，大多数企业的IT建设和管理工作往往滞后于业务变革的需求。这是因为，企业通常采用的"交钥匙工程"模式，即由业务部门提出需求，IT部门负责方案论证、组织实施，最后由业务部门验收评价和使用。然而，这种模式往往导致系统难以满足实际应用需求，无法适应业务的快速发展，最终可能成为摆设，造成投资浪费。

而太平洋精锻的信息化部门将数字化系统项目建设比作新房装修，他们认为，信息化部门不能只当"包工头"去监督工作进度，还要深入领会业务的数字化需求和实施方案。在设计主要的技术路径、软硬件产品选型以及进行需求匹配分析等方面，信息化部门需全面考虑，以确保项目顺利进行。只有提前对"装修"考虑周全，才能少留遗憾。

经过不断摸索与完善，太平洋精锻克服了数字化转型过程中的种种阵痛，其智能制造体系在一砖一瓦中被构建出来。

截至2023年，太平洋精锻在现有研发主系统PLM、管理主系统ERP、制造主系统MES、工业控制主系统SCADA的基础上，面向业务场景构建了以智能集成平台、计划管理平台、制造执行平台、物料拉动平台、仓储管理平台、质量控制平台、自动化控制平台等为核心，以运营数据中心、工艺数据中心、生产数据中心三大中心支撑的工业互联网平台PIMS。

同时，他们还引进和改造了自动化数字化生产线数十条，马扎克数控机床800多台，模具加工各类国际顶尖高度智能化设备数十台，各类智能化检测设备数百台，核心交换机、楼层交换机近千台；并且部署了MAZATROLCAM软件和SCADA系统，通过业务终端与自动化生产线通讯采集数据，实现了自动实时监控、预警和分析，自动逐级报警响应和自动统计设备OEE，结合EAM设备管理系统，实现了设备的全生命周期管理，从而完成了现场各车间(备料、机加、精锻、热处理、模具、总装)生产模型的搭建，并开展了核心设备、产线的虚拟仿真，实现工厂数字化、可视化。

此外，太平洋精锻通过充分利用西门子PLM系统的设计资源，实现了标准化设计、多专业研发数据协同、全流程信息集成和业务协同。这一举措有效管理了多专业设计、变更和追溯，实现了全数字化产品开发、制造和交付管理。同时，通过MES系统的生产计划派工功能，公司开展计划及完工等信息的采集和分析，基于BI技术实现了生产进度智能化监控。

太平洋精锻还通过基于质量数据的实时记录，搭建了BIQS管理平台，实现了从"原材料""半成品/在制品""成品"三个方面进行"采购到接收""仓库至车间""生产到入库"等环节的物流规划与改进。

信息化系统建设带来的好处数不胜数，数据则可以说明一切。太平洋精锻整体实际成本与标准成本之间的差距在不断缩小：产品一次性通过率已高于97%，月生产工单耗时降至5天，工单按时关闭率已超80%，月销售发货计划达成率为70%，制品周转率85%，寄售库存周转降至35天，部分类别产品(如行星类)返工率已低于2%,而夏汉关此前高度重视的产品报废率已然低于1.5%。

如今,"准确、高效、灵敏"等特点已在太平洋精锻智能制造的全流程充分体现。通过对仓储物流、车间执行、质量控制、设备管理等四大领域的流程优化与开发应用,一座"内部互联、内外互联、虚实互联"的一体化数字化工厂已初步成型。

截至2023年,信息化系统已覆盖太平洋精锻所属7家子公司,通过对物料、生产、成本以及质量等方面的全方位精准管控,整个生产层面得到了优化和提升。实现了现场业务实物一体化、财务业务一体化、集团管控一体化以及成本一致化。从根本上解决了各车间各厂区做账规则不统一的问题,达到统一管控要求,同时也有效解决了统计数据来源不统一的问题,真正实现了数据共享。

这无疑将为太平洋精锻的海外业务提供极大的便利,使其能够跨越重洋,拓展全球市场,达到"同一个世界,同一个系统,同一个平台"的效果。

"海外建厂是我们的重大战略,我们也意识到国外的劳动力比较紧张,人工成本也更高。因此,我们需要找到一条适合中国制造业的发展道路,既要解决眼前的问题,也要为未来的发展做好准备。"夏汉关说,"在这个全球化的时代,我们需要一个统一的系统和平台,以便于我们在全球范围内进行运营。一旦信息化系统的架构搭建完成,无论身处国内还是海外,大家也感觉不到工厂的物理距离,都在同一个平台上交流,我们可以实时掌握生产线的运行状况,及时发现和解决问题。"

截至2023年,太平洋精锻已经获得了"国家智能制造优秀场景""江苏省工业互联网发展示范企业(标杆工厂类)""江苏省智能制造示范工厂""江苏省首批五星级上云企业""江苏省5G工厂"等称号。

"我们未来的目标,是成为国家智能制造示范工厂,一步步筑牢太平洋精锻新能源汽车关键零部件产品首席'智造专家'的领先地位。"夏汉关充满信心地说道。

国家《"十四五"智能制造发展规划》提出，到2025年，规模以上制造业企业基本普及数字化，重点行业骨干企业初步实现智能转型。要建设2000个以上新技术应用智能场景、1000个以上智能车间、100个以上引领行业发展的标杆智能工厂。到2035年，规模以上制造业企业全面普及数字化。毫无疑问，未来数年将是产业互联网和制造业智能化浪潮风起云涌的关键时期。要想在激烈的竞争中生存并发展，企业必须具备自我进化的能力，必须拥有"智能工厂"这样的高端制造业利器。

面向未来，立志成为行业"智造专家"的太平洋精锻，将深耕智能制造领域，为客户提供更优质的产品和服务。在数字化、智能化的浪潮中，太平洋精锻正身姿轻盈、步伐矫健地勇攀下一座高峰，描绘属于他们的宏伟图景。

第12章

裂变 开疆拓土

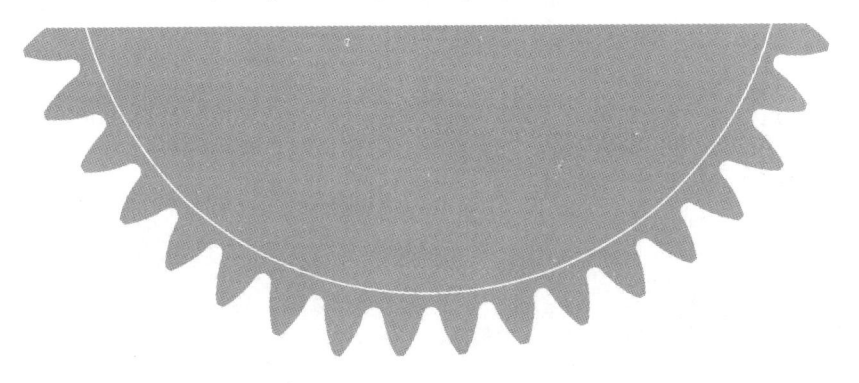

落子天津 295
宁波电控:第二增长极 298
开辟大西南 299
新冠疫情围困下的逆势扩张 304
涉足东南亚 307
新加坡:撬动海外市场的支点 310
墨西哥:跟着狮子去狩猎 312
匈牙利:由点及面,发力欧洲市场 317
需要"慰藉"的人,却激励起了别人 320
未来:不问彼岸,持续远航 325

落子天津

  2015年8月12日深夜,"轰"的一声巨响,打破了天津滨海新区夜空的宁静。一朵几十米高的蘑菇云直冲云霄,整个天津市都受到了明显的震动。浓烟密布,黑夜被染成了红色。方圆数公里以内的居民都被吓醒,惊恐地看着窗外宛如炼狱般的情景。

  这便是天津港"8.12"大爆炸特别重大事故。爆炸的地点,是天津港瑞海公司一座危险品仓库。这场事故导致上百人不幸遇难,几百幢建筑物被毁,直接经济损失68亿元,爆炸中心区域形成一个深2.7米、直径97米的巨大深坑。受爆炸影响,天津滨海新区市民惊魂未定,道路交通也被管制。一时间,天津港仿佛成了一座孤岛。

  然而,就在8月底,在空气中还弥漫着硫酸气味时,距离爆炸中心仅仅半小时车程的天津经济技术开发区西区北大街15号,驶进了一辆黑色的轿车。从车上下来了一位个子高高的中年人,此人正是夏汉关。

  原来,在这场大爆炸发生之前,太平洋精锻就已经确定了在天津开发区进行投资的意向,这次夏汉关是要来出席签约仪式。在那个心有余悸的非常时期,有人建议推迟,极富契约精神的夏汉关却如约而至。

  当时,莅临签约仪式现场的天津市经济开发区相关领导对夏汉关的诚信守约大为赞赏,感谢太平洋精锻为当地经济做出的贡献。

  当地媒体报道说:"按照协议,精锻科技公司计划在天津开发区建设其北方生产基地,主要为大众汽车新项目配套,同时配套北京现代、北京奔驰、天津一汽、唐山爱信、天津爱信、长城汽车、约翰迪尔、天津麦格纳、一汽大众、大连大众等北方客户和高端商用车齿轮出口项目。据了解,这是天津开发区在'8.12'爆炸事故后于招商引资方面取得的又一重大成果,具有十分特殊的意义。"

太平洋精锻在天津投资布局，还要从2007年说起。当时，德国大众在中国大连成立了大众汽车自动变速器(大连)有限公司，这一自动变速器项目于2009年末竣工，2010年正式投产，是除德国本土以外全球唯一一家生产DSG变速箱的工厂。就是在德国大众建厂的这短短三年里，太平洋精锻经过反复的产品试验，最终正式成为德国大众的差速器齿轮全球配套供应商。

然而，数年后，太平洋精锻江苏姜堰总部厂区的产能逐渐跟不上市场需求，且从江苏往大连供货在距离上并不占优势。于是，夏汉关有了在北方投资建厂的计划。

夏汉关首先前往距离大连不远的辽宁某沿海城市考察。虽然当地政府提供的条件相当优厚，但晚上他发现了一个细节:当地开发区的马路上竟然没有路灯，厂房也都是漆黑一片，没有人上班。这与南方城市开发区的灯火通明形成了鲜明对比。

随后，夏汉关沿着环渤海考察来到了河北海岸线城市，看到的同样是人烟稀少、产业不景气的景象。显然，人口流失较多的地方缺乏产业工人来源，并非投资建厂的最佳选择。

最后，夏汉关来到了天津，当时，大众汽车自动变速器(天津)有限公司已经在天津经开区成立，并有推进生产电动车动力总成系统的计划。若大众电动车零部件全面实现国产化，其整车产品也将凭借成本优势形成较强的竞争力。

显然，大众的目标是在中国电动车产业的启蒙阶段迅速抢占话语权，以期在起步较早、推进迅速的情况下，赶超其他跨国厂商，抢占中国新能源车市场的制高点。

而作为中国最早的汽车生产重要基地之一，天津一直在支持汽车产业的快速发展。早在2000年，丰田汽车就首次落户天津，与一汽集团共同组建天津一汽丰田汽车有限公司，20多年来，丰田汽车在天津先后参与投建了五家工厂与一座研发中心。外资品牌丰田汽车用一次又一次的"加码",展现着对天津这座城市未来发展的无限信心。

天津滨海新区更是逐步成长为中国汽车产业聚集新高地,汽车产业已成为具有创新力、竞争力、影响力的重要支柱产业。在整车制造领域,聚集了一汽丰田、一汽大众、长城汽车三大品牌,形成了稳健发展的产业格局;在新能源汽车领域,形成了从动力电池、电机电控、汽车零部件到整车制造以及汽车金融、汽车售后服务等配套领域的全产业链布局。

如此一来,从整车制造、核心零部件、新能源和智能网联、产业服务到科研人才,拥有完整链条的天津汽车产业已然站上了新赛道。

这个时候,夏汉关开始审时度势地分析:一汽大众在长春、大连和天津都已经建有工厂,而以天津在中国汽车产业的位置和发展势头,如果太平洋精锻不到天津建厂,那他们的德国同行就一定会去天津建厂。一旦德国人在天津建厂,那么整个大众在天津的业务也就没有太平洋精锻什么机会了。如果天津没有了机会,那么江苏姜堰总部的业务也很难有增量拓展,因为大众的配套项目在行业举足轻重。

因此,夏汉关从当时的产品市场增量和形势发展得出结论,完全可以在天津建厂,且时不我待。事实证明,这一步走对了。后来夏汉关和德国同行聊起天津的布局时,对方不无遗憾地说:"当得知你们到天津建厂之后,我们就知道没有机会了。"

对此,夏汉关总结为:"不仅要考虑眼前的事情,还要考虑未来的事情,尤其要考虑先于同行的下一步动作。同时,对标学习日本企业的布局策略,大体上都是正确的,他们的投资是很严谨的。"

市场竞争如逆水行舟,不进则退,如果你不抢在别人前面行动,就会被竞争对手赶超,甚至淘汰出局。因此,将目光紧紧盯住世界最尖端的前沿发展苗头,永远比对手快一步,先下手为强,唯有这样,才能把握住企业的发展脉搏,先发制人。使企业永远保持旺盛生机活力的,往往就是快人一步的决策速度。

这样也就能够理解，夏汉关为何会在"大爆炸"发生后，依然选择逆向奔赴，并且立即推动天津工厂落地签约。

而这只是夏汉关全面布局的"第一手"，更多的"先手优势"还在后面。

太平洋精锻天津两期项目总投资超过9亿元，项目一期于2021年已建成投产，产品以配套北方客户为主，如：天津大众、一汽大众、利纳马、约翰迪尔、天津麦格纳、长城汽车等；二期的主要产品为新能源汽车差速器总成，将配套沃尔沃、博格华纳等电动车客户。

如此一来，太平洋精锻不仅进一步优化了公司物流成本，同时也满足了客户战略发展的需求。随着天津项目陆续投产，太平洋精锻已然立足于产业聚集的高地，并与行业内的强者共同前进。这将为他们带来广阔无垠的发展空间。

宁波电控：第二增长极

早在2016年，太平洋精锻便收购了宁波诺依克电子有限公司，成立了宁波太平洋电控系统有限公司，从宁波公司名字中"电控"与总公司名字"精锻"的区别可以看出，这是一家和太平洋精锻现有产品平台完全不同的公司。

太平洋精锻为何要涉足一个区别于大本营的领域呢？

汽车动力总成可以分成两个部分，一部分是变速箱，一部分是发动机。太平洋精锻的主要产品集中在变速箱领域，包括锥齿轮、结合齿、异形件以及各种轴类件等，这个业务自2003年起便已初具规模。那时，夏汉关及团队就开始深思未来的发展策略：当现有业务达到极限，未来的发展方向又应该何去何从？

对于企业而言，突破瓶颈的关键在于差异化拓展更广泛的业务领域。

因此，夏汉关决定涉足动力总成的另一个重要部分——发动机领域。其目标是打造一个与太平洋精锻现有平台截然不同的产品平台。

一个偶然的机会，夏汉关在宁波接触到了发动机VVT项目，即发动机可变气门正时技术，其原理是通过调整发动机运行过程中的进气(排气)量以及气门开合的时间和角度，使进入发动机的空气量达到最佳状态，从而提高燃烧效率、增强发动机动力性能并降低油耗。

一开始，由于太平洋精锻的宁波公司规模尚小，不具备VVT全产业链的加工能力，只能先以采购装备为主。到了2016年，国内发动机市场竞争越来越激烈，为了健全产业链，在宁波建造新工厂势在必行。

一切尝试都不是一蹴而就的，投资建厂的过程中也走了弯路。但这却是太平洋精锻在原有产品基础上做出差异化的第一步。

2017年4月，太平洋精锻对其全资子公司宁波太平洋电控系统有限公司增资5000万元，主要为国内发动机企业配套，研发生产汽车发动机进排气正时系统、可变升程控制系统、涡轮增压泵阀和变速箱控制阀等产品，主要客户包括海马汽车、吉利汽车、江淮汽车、江铃福特、东风柳汽、上汽通用五菱等。同年，再次增资2.5亿元，计划建成年产160万套VVT总成的制造能力，致力成为行业一流水平的VVT总成供应商。

如今的宁波太平洋电控系统有限公司，以生产汽车电控系统配套产品为主。2020年，宁波公司先后获得德国ZF(采埃孚)、上汽氢能源车等优质客户的项目定点提名，并完成氢能源用电磁阀类产品的小批量产。电磁阀类产品正成为未来宁波电控新的业务增长平台。

开辟大西南

"太平洋精锻积极响应'成渝地区双城经济圈建设'国家发展战略……希望项目早开工、早建成、早投产，为重庆汽车产业优化升级贡献新力量。"

2020年10月18日，在太平洋精锻重庆永川项目的签约仪式上，重庆市常务副市长莅临现场，重庆市永川区政府给出了以上高度肯定。

而在两天之前，即2020年10月16日，中共中央政治局召开会议，审议了《成渝地区双城经济圈建设规划纲要》（2021年10月20日正式发布）。

会议强调，要全面落实党中央决策部署，突出重庆、成都两个中心城市的协同带动，注重体现区域优势和特色，使成渝地区成为具有全国影响力的重要经济中心、科技创新中心、改革开放新高地、高品质生活宜居地，打造带动全国高质量发展的重要增长极和新的动力源。

会议中所审议的规划纲要是指导当前和今后一个时期成渝地区双城经济圈建设的纲领性文件，是制定相关规划和政策的依据，规划期至2025年，展望到2035年。

如此高规格的文件对于巴山蜀水来说意味着什么？

自然是成渝地区从内陆腹地变身为开放前沿。从地图上看，成渝地区如果能与沿海三大增长极连点成线，将形成一个占全国经济总量七成以上的巨大菱形空间，形成"北有京津冀，东有长三角，南有粤港澳，西有成渝经济圈"的中国区域经济格局。

"其实我们事先也不知道具体的规划，但我们知道，只要顺应潮流做事情，就什么事情都做对了。"夏汉关回忆说。

成渝地区是全国六大汽车产业基地之一，造车基础实力雄厚，产业配套完善，新能源发展格局初具规模。西南地区在全国汽车产业的布局上有着举足轻重的地位。

重庆作为中国中西部地区唯一的直辖市，也是中国重要的汽车制造基地，汽车产业是其重要的支柱产业，零部件本地配套率已经达到70%以上。以长安系为龙头、十多家整车企业为骨干、上千家配套企业为支撑的"1+10+1000"优势产业集群，正在加快向新能源化、智能网联化转型升级。

面对西南地区在汽配行业的重要地位,作为行业领先者的太平洋精锻没有理由不去布局。

而要在西南发展,就要先选定一个合适的位置。早在2020年之前,夏汉关便带队到成都、武汉等地作了考察。很巧的是,在重庆,他们发现当地有一家公司生产和太平洋精锻同类的产品,既有齿轮也有小差速器,正在搞低价销售的恶性竞争。

于是,夏汉关就让人从市场上把这家公司的产品买回来,一分析发现,产品的质量尚可。这便引起了他们的重视,别看只是个小小的公司,低于成本价的销售行为对市场却有很大破坏性。

经过进一步了解,太平洋团队发现这家公司经营不善,难以为继,不得不贱卖产品。该公司主动对接太平洋精锻,夏汉关做出了收购的决定,但并不是收购这家存在不良债务的公司,而是成立新公司只收购设备资产。

收购完成后,太平洋精锻立即把这家公司的产品价格调整回正常水平,然而,这一举动引发该公司原有客户的不满,表示要终止合作。夏汉关则向客户们解释说:"低于成本价的销售价格已经导致原公司陷入亏损并最终关门,我们必须避免同样的困境。你们可以尝试在市场上寻找其他选择,如果能找到同质量产品且价格更低廉,那么你们可以选择与其他公司合作;但如果买不到更便宜的,且同意调价,我们就还给你们供货。"

最后,这些客户找了一圈也没找到更便宜的同质量产品,便又陆续恢复了合作。虽然收购之后,太平洋精锻的利润并不算高,但令夏汉关欣慰的是,从此行业内少了一个"搅局者"。

在夏汉关看来,"不搞低价竞争"绝对是一条不可逾越的红线,因为没有盈利就难以提供产品和服务,难以再投入创新,难以招聘优秀人才,无法可持续成长——低价竞争就是慢性自杀。

"饥不择食,不考虑成本,低价格抢市场,亏损也干,甚至认为把市场抢回来,提高市场占有率后再涨价,这种思路必然走向饮鸩止渴的短期行为,将自己沦落为下三等。"这是夏汉关经常对高管们说的话。

夏汉关将这一红线策略落实到了平时的合作中。在汽车零部件配套行业，整车厂一般都会选择两到三家供应商来供货，以确保供应链的稳定。曾有一家整车厂向夏汉关提出"减价加量"的想法：如果太平洋精锻能够把价格降5%，就把另一家供应商的订单也给他们，如此他们的订单量将增加至少一倍。

结果，这个提议遭到了夏汉关的断然拒绝。且不说太平洋精锻的产能已经饱和，关键是，本来各供应商之间就会因为比例分配的差别而心存不满，这种降价抢量的行为，只会加剧行业内恶性竞争，不利于整个行业的健康发展。

夏汉关认为，与其在行业内进行恶性竞争，不如携手合作，实现互利共赢。同行之间，也是术业有专攻，各有各的专长，安心专注于自己的领域，不搞价格战，维护好产业链生态，才是上策。

因此，避免恶性竞争是夏汉关选择在重庆设立分公司的一个重要因素，但这仅仅是其中的一个方面。接下来，他在重庆永川投资建厂的决定，更是体现了他的战略规划眼光。

决定建厂之前，夏汉关和当地的一位朋友到重庆璧山区青杠街道的一处公园散步。走到一处地势较高的地方向下望去时，让他感到惊奇的是，竟然到处都是人，这和之前考察东北时的场景截然相反，同时与江苏姜堰招工难也形成了鲜明的对比。夏汉关意识到这里不缺劳动力。要知道，重庆自1997年升级为直辖市之后，国家把三峡库区的庞大山地面积和1000多万移民都划给了重庆。无疑，这对于汽车制造业等劳动密集型产业是非常有利的。

与此同时，重庆还有交通便利的优势。从重庆坐高铁到昆明只需要2.5个小时，憧憬中的从昆明到泰国曼谷的高铁也只需要5个多小时。这无疑为太平洋精锻下一步到东南亚布局留下了广阔的空间。

2020年，太平洋精锻先后在重庆设立江洋传动控股子公司与重庆太平洋精工科技全资子公司，并于2021年投产运营。

2023年5月19日，距离渝昆高铁线上的永川南站不到3公里的永川高新区凤凰湖工业园中，太平洋精锻全资子公司重庆太平洋精工科技有限公司"汽车用高端齿轮及轻量化关键零部件生产基地项目"也正式开工建设。

太平洋精锻永川项目一期总投资6亿元，一期项目全面建成后预计可实现年产值9亿元，年税收4000万元。这将助力太平洋精锻向电动轻量化领域转型，为中长期可持续增长蓄力。

可以发现，太平洋精锻已经从泰州这个地级市发展到了直辖市天津、重庆、上海和副省级城市宁波，并且在宁波、天津、重庆布局设立了3个全资子公司和1个控股子公司生产基地。同时，为了更好地招揽高端人才，太平洋精锻还分别在上海和日本设立了全资子公司研发平台，实现了对西南、东南、北方三大地域的覆盖。这些地区有着良好的营商环境和市场潜力，也有充足的人口增量，在高科技人才和劳动力上有着明显的优势。太平洋精锻的综合产出能力和市场拓展能力也持续提升。

"所有企业投资发展一定要到更安全的地方。什么是安全的地方？就是经济发展较好，软实力较强，人的素养比较高的地方，那也一定是经济发展生态和法治环境比较好的地方。这些地方除了人工成本贵，其他要素成本都是低的，因为更省心。"这是夏汉关的布局心得。

虽然一开始，太平洋精锻在天津、重庆、宁波三处的子公司并没有给总公司创造过多利润，但这不影响他们的未来。

正如夏汉关所言："我们就像是一个家庭，培养了几个孩子，现在他们都在成长、上大学。作为父母，我们在为他们投资。等到他们大学毕业后就能参加工作，就会有收入，那时家庭的负担自然会减轻。"

方向正确，顺应大势，随着太平洋精锻产业布局逐步成熟，持续增长将是水到渠成的事情。

新冠疫情围困下的逆势扩张

2020年初，农历春节前夕，新冠疫情突然袭来，裹挟着凛冽的寒风席卷大江南北。顷刻间，城市停摆，运输停运，学校停课，企业停工……

在接下来的三年里，疫情没完没了地反复与蔓延，导致许多企业陷入了一系列危机：生产停滞、债务加重、收入下降、现金流紧张、复工困难、物流受阻、客户流失……这些因素对中国经济发展构成了巨大威胁，整个市场环境令人忧心忡忡。

在这个考验企业实力和韧性的时刻，许多企业通过积极应对，实现了逆势生长。太平洋精锻便是其中之一。

"尽管疫情对我们的海外交流造成了一定的影响，但太平洋精锻在这个特殊时期依然取得了显著的成绩。通过两次资本运作，我们成功募集了19.88亿元的资金，而且分别在上海和日本设立了分支机构，这都为公司的发展和扩张提供了有力的支持。"夏汉关不无自豪地说道——这正是他一直所倡导并践行的"逆周期行为"理念。

太平洋精锻自2011年成功上市后，直至2020年才进行了首次定向增发。有人说，夏汉关的思想过于保守。甚至公司内部人员也对此表示不理解："既然其他公司都能进行扩张，为什么我们不能呢？"

对此，夏汉关有自己的看法："首先，我们需要确保对某些事情有充分的理解和把握。其次，上市后我们应该优先扩大营业规模，后续的动作自然会随之而来。如果没有明确的未来发展方向或项目，我们又为何需要融资呢？即使投资者同意将资金投入，他们也不会希望看到这些资金闲置在账上。公司的发展不能仅仅依赖股票抵押等短期融资手段，而应该注重自身的技术和产品创新，以及市场开拓能力的提升。"

显然，夏汉关"保守"策略的背后，是基于对公司自身发展的深入理解和长远规划，其实蕴含着深思熟虑的商业智慧。

直至2019年，新能源汽车产业迎来了前所未有的发展机遇，新的市场窗口已然出现。夏汉关一直对新能源汽车市场有着敏锐的洞察和前瞻性思考，在他的主导下，太平洋精锻此时有了定向增发的计划。

2020年4月20日，太平洋精锻披露，公司拟定增募资不超10.08亿元，用于新能源汽车轻量化关键零部件生产项目、年产2万套模具及150万套差速器总成项目等。"募投项目产品技术含量及附加值高，项目实施完成后，预计将显著提升精锻科技新能源汽车市场份额，提高综合竞争力。"当年9月23日，太平洋精锻首笔定向增发申请获得证监会批复。

2022年2月，太平洋精锻公告拟发行可转债募资不超过10亿元，用于新能源汽车电驱传动部件产业化项目等。经证监会核准，太平洋精锻于2023年2月15日向不特定对象发行了980万张可转换公司债券，每张面值100元，发行总额9.8亿元。

值得一提的是，太平洋精锻上市当年募集了6.25亿元，而非常时期所筹集的19.88亿元相当于其上市时募集资金的3倍——无疑，这将为太平洋精锻的未来发展注入强劲的动力。这种逆势布局的背后，是太平洋精锻对市场的敏锐洞察和对公司未来的信心，是夏汉关对产业发展的深刻理解和精准把握。

在经济环境复杂多变的情况下，太平洋精锻能够准确把握市场动态，及时调整战略布局，为其在激烈的市场竞争中保持领先地位奠定了坚实的基础。同一时期，太平洋精锻还于2020年在上海注册设立了子公司，目的在于吸引和招聘高级人才，为总部提供研发支持和人力资源支持。上海作为中国国际化程度较高的城市之一，汇聚了来自世界各地的商务资源和高端人才。作为中国的经济中心，上海拥有丰富的经济活力和商业机遇。显然，相较于太平洋精锻的泰州总部，在上海设立子公司能够更好地利用上海的商业环境和资源，从而更有效地接触国际市场，拓展业务范围。

在海外交流极为不便的2021年，太平洋精锻依然在日本名古屋设立了全资子公司。"这个决定是基于对日本市场的长期战略规划。日本子公司将为总部提供研发支持，如铝合金锻件结构设计、压缩机核心零件设计、差速器总成设计等。"夏汉关说。

名古屋作为日本陆海空的重要交通枢纽，位于首都东京和古都京都之间，是主要的工业中心和港口城市，也是著名的丰田汽车的诞生地，被誉为日本的制造业中心，其港口吞吐量位居日本首位。太平洋精锻在此设立子公司，不仅可以为现有日系客户提供服务和技术支持，同时也将进一步提升主营业务的市场占有率，确保公司的可持续发展——这无疑又是一次富有远见的战略布局。

"别人在收缩，我们在扩张。别人在捂紧钱袋子过冬，我们在募集资金大胆发展。如果没有战略布局上的精准把握和相应的资本运作，接下来我们也不可能去泰国、欧美地区投资建厂。新冠疫情期间，从资本运作的角度来看，我们不仅没有停下来，而且比以前做得还要好。这一切为公司未来的稳健发展奠定了坚实的基础。"夏汉关道出了自己的辩证思维，同时也说出了对公司战略的坚定信心。

太平洋精锻的"逆势而为"，其实自有它的底层逻辑。

"汽车技术的进步一直在推动汽车零部件行业的发展，正所谓'春江水暖鸭先知'，作为汽车零部件生产商，我们必须敏锐地捕捉市场动态。自2008年起，我们就开始关注新能源汽车领域，寻找前瞻性技术与企业业务的结合点，紧密关注客户需求，并在乘用车高端齿轮和新能源汽车轻量化零部件领域进行战略布局。随着战略的成功实施，我们已经确立了市场领先地位。当市场快速增长时，我们的机会就比别人多得多，因此我们更加敢于投入。"夏汉关说。

在夏汉关看来，要更好地把握未来产业的发展方向，关键在于确保战略方向的正确性。只要战略方向正确，距离成功肯定就会越来越近，只是快慢而已。然而，如果战略方向出现偏差，则会南辕北辙。因此，企业在制定发展战略时，应充分考虑市场需求、行业发展趋势以及自身的优势和劣势，确保战略方向的正确性。"作为企业管理者，应具备敏锐的市场嗅觉，及时捕捉市场变化，调整战略布局，以适应不断变化的市场环境。此外，还应该学会从事物的对立面去看待问题，把握事物的本质和发展规律，才能做出正确的决策。"

在众多表象背后，其逻辑都是相通的。巴菲特曾说过一句被众多人奉为至理名言的话："在别人贪婪时恐惧，在别人恐惧时贪婪"。

中国古代辩证思想中有一个重要命题，即"物极必反"，最早见于《易经》。而老子在《道德经》第四十章给出了自己的理解："反者道之动，弱者道之用。"

在事物的对立统一中，老子还深刻地认识到矛盾的双方可以相互转化，正所谓"反者道之动"：无论什么事物，当它发展到极点时，一定会向相反的方向发展，这就是自然发展的基本规律。不动就不会发展，道是要"动"的，"动"是道的主体。任何事物都在不停地变化，这个变化是自然的——而任何时期的危机，也都暗含着这个规律。

夏汉关在新冠疫情期间的逆势布局，充分体现了他的"逆周期行为"理念。在经济低迷时期，许多人可能会选择保守观望，但夏汉关却敢于"逆流而上"，抓住机遇，进行大胆的投资和布局——这正是"反者道之动"这一古老智慧的生动体现。

涉足东南亚

一如著名经济学家周其仁所言，世界工厂不可能在一个国家，世界工厂在世界，全球市场在全球。

自从2018年中美之间发生贸易摩擦后，国际产业分工的新格局正在形成。尤其是欧美发达国家为了应对产业"空心化"，展现出了强烈的产业链本土化意愿，并启动了制造业回流计划。

2020年前后，太平洋精锻一年出口美国的订单近3000万美元，也就是2亿元人民币左右，大约占到总营收的15%。为了这15%的订单，太平洋精锻花费了10多年的努力。可美方客户却明确告知太平洋精锻，2025年1月1日之后的供货如果依然在中国生产，他们也没有意见，但所产生的25%的关税他们并不负责。如果这25%的关税由太平洋精锻来支付，那一定是亏本的。

就这么丢掉美国这块市场?还是去海外建厂继续与美国客户合作?

经过一番思虑，夏汉关召开了公司董事会，他和团队分析：2025年以后，一旦在美国3个多亿的市场丢掉了，下一步欧洲市场和日本市场可能也会出现同样的问题。

另一方面，随着国内竞争趋于白热化和劳动力价格上涨，中国制造已不再具备原先的成本优势。杯子里的水满了，就会外溢。同时，一头是欧美国家制造业产业的回流，一头是以印度、泰国为代表的后发国家制造业成本优势逐步显现，中国制造业传统的优势正在被蚕食。可以说，中国制造业受到了发达国家和后发国家的两头挤压，在全球产业结构中处于尴尬的"三明治"中间夹层位置。

他山之石可以攻玉。在夏汉关看来，日本企业的海外成长路径和全球化布局模式具有极高的借鉴价值。1990年代，日本经历了地产泡沫破裂的历史性事件，从此步入了长达30年的通缩漩涡，GDP长期处于零增长甚至负增长的境地，被形象地称为"失去的三十年"。

因此，日本制造业的竞争优势出现了下滑，制造业出口及增加值与美国的差距逐渐扩大，同样陷入了低增长的时期。面对国内日益增长的制造业工人工资以及海外低成本竞争环境的挑战，日本制造企业积极调整策略，加速将低附加值制造业生产移师海外，以低价返销日本或直接向第三国出口，这成为日本经济抵御衰退的有效途径。

日本制造业成功地通过对外投资对冲国内的通缩问题,通过产业链向发展中国家转移,充分利用海外市场的劳动力红利和广阔的市场空间。同时,通过积极调整国内产业结构,实现了制造业的转型升级。这种以出海为战略带动企业"第二增长曲线"的做法,对于当前中国制造业的发展也具有重要的启示意义。因为中国制造业同样面临着与日本1990年代以来相似的资源、人口、环境等方面的约束问题。

于是,出海去努力争取在国际产业链重塑过程中的主动权,成为中国企业寻求新机遇与新增长的重要战略部署。在此情况下,太平洋精锻也决定踏出海外建厂的第一步。

既然决定要走出国门,该选择去哪里呢?

"太平洋团队"综合判断后,与中国距离相近、文化差异较小的东南亚,成为首选之地。

公开数据显示,截至2021年8月,东南亚人口平均年龄不到29岁,60%以上在35岁以下,65岁以上的人口仅占7%,跟老龄化加速的日本、韩国以及很多欧美国家相比,东南亚具有人口结构优势,以年轻人居多。

2022年,由包括中国、日本、韩国、澳大利亚、新西兰和东盟十国共15个亚太成员国签署的《区域全面经济伙伴关系协定》(RCEP)正式生效。RCEP带来的关税减免与贸易利好,更是让大批出海企业涌向东南亚。

相比国内企业更加热衷的越南,泰国的制造业起步要更早,已经拥有了良好的工业基础和较为完善的产业链条,具备了一定的规模效应,尤其在集成电路、半导体产品制造和汽车的组装、生产领域占据重要地位。

联合国贸易和发展会议(UNCTAD)研究显示,泰国是中美贸易争端导致贸易转移的12个最大受益国之一,贸易量至少达50亿美元。根据泰国投资委员会的统计,中国对泰国的直接投资激增,中国在2019年首次位居对泰海外投资来源国榜首。同时,汽车工业是泰国经济的重要组成部分,其东部经济走廊(EEC)已发展成为东南亚地区电动汽车生产中心。连接中国和泰国两国互利合作的中泰高铁,也是两国在"一带一路"框架下重要的互联互通项目。于是,在2019年11月26日,太平洋精锻将出海建厂考察目的地的第一站选在了泰国曼谷。

新加坡:撬动海外市场的支点

尽管太平洋精锻将海外工厂的首选地定在泰国,但起初的进展并不十分顺利。一个主要原因在于泰国曼谷的中泰园区所提供的建厂位置并不理想,地价也不低,因此双方没能谈拢。随后,新冠疫情暴发,使得太平洋精锻在东南亚设立工厂的计划不得不暂时搁置。

但夏汉关并没有停止对于东南亚布局的思考,他想到,日本企业在海外布局方面积累了丰富的经验,何不让老朋友"你期待"公司来助力,协助他们做一个调研?

果然,"你期待"公司泰国团队调研起来有着超乎夏汉关想象的思路。

"'你期待'公司协助我们进行市场调研时,他们的思路和我们有很大不同,许多信息甚至出乎意料。比如,'你期待'团队专门在泰国曼谷周边调查了20多个园区,详细了解了每个园区的特点,日本企业、美国企业、德国企业和中国企业分别在哪个园区,以及泰国政府对于园区的评价排名,各个园区的相关优惠政策和交通区位优势,他们都了如指掌。"夏汉关说,"这就让我们少走了很多弯路,很多问题迎刃而解。经过仔细比较,我们发现那些排名靠前的园区地价可能甚至低于中国企业聚集的园区地价,所提供的条件还更为宽松。因此,中国企业在拓展海外市场时,还是要学会充分借力。"

这个时候,夏汉关萌生了一个念头——既然公司计划向东南亚市场拓展,不妨考虑得长远一些,未来是否可以考虑进一步进军欧洲和北美市场?那么,如何做到一举多得?

于是,夏汉关与律师团队、公司董事会共同就中国企业拓展海外业务的法律框架设置、海外投资回报以及未来的机会等关键问题展开了深入的探讨。

正是得益于夏汉关的这一创新思维,他们改变了原有的出海布局策略。在中国企业走向海外市场的过程中,要想在当地市场站稳脚跟,必须依托于开放自由的经贸环境。因此,经过一番热烈讨论,他们达成了一个共识:在亚洲设立一家离岸公司,通过该公司对太平洋精锻的其他海外业务进行投资布局。

最终,夏汉关和团队将目光锁定在了对外投资享有特殊机会和政策支持的新加坡。

新加坡作为一个华人国家,与中国香港颇有些兄弟城的意思,都是以华人为主,资源少、人口多、多元文化发展。新加坡是连接中西方的必经之路,长期以来都与欧美的跨国企业有深度联结,资本市场与国际更加接轨。而且新加坡作为东南亚地区的经济和创新中心,在4小时内可以到达东南亚的主要城市。以新加坡为支点,就可以撬动整个东南亚市场。

显然,宽松的金融市场准入,蓬勃的离岸金融业务,稳定的政策预期,多元化的市场,多样的商业环境,都是新加坡得天独厚的优势。

据新加坡企业发展局统计,截至2022年,有超过7000家跨国公司在新加坡设立营运机构,其中有4200家在新加坡设立区域总部。世界银行调查了全球189个经济体后,新加坡被公认为世界上"最自由的生意运营地",甚至已成为亚洲最大的金融中心。

因此,太平洋精锻调整了原有策略——先注册设立新加坡投资公司,后再注册设立泰国公司,并由新加坡公司控股泰国公司。同时,太平洋精锻未来在海外的分支机构,也将由新加坡公司控股。

2023年4月,太平洋精锻新加坡全资子公司完成了注册登记。2023年7月,太平洋精锻泰国子公司完成注册登记,计划2024年1月开工建设,目标是2024年四季度进行设备安装调试,2025年一季度投产运营。

随着东盟一体化进程的不断推进，东南亚地区必将成为亚太地区经济合作和发展的实力派之一。加上人口红利不断释放和全球宏观经济的复苏，东南亚地区的市场潜力也更加具有想象空间。

"我们也是借鉴了很多中国公司，尤其是那些成功走向海外市场的优秀上市公司的经验和做法。同时，我们也听取了专业律师团队的意见和建议，最终才确定采取这一策略。现在看来，这个决策是非常正确的，因为只有提前规划好投资路线和框架，才能避免未来可能出现的问题。否则，一旦到了执行阶段再去调整就变得相当困难。"夏汉关总结道。

"凡事预则立，不预则废"。这是夏汉关的人生信条，也是他的管理理念。凡事都要深谋远虑，计划先行。夏汉关再次凭借前瞻思维为太平洋精锻的发展赢得了长足优势。

墨西哥：跟着狮子去狩猎

西方近年来加大鼓吹对华"脱钩断链"，试图将"中国制造"从全球中高端产业链价值链中剥离出去。在此背景下，太平洋精锻的海外订单，不可避免地受到了一些影响。

2022年，全球知名电动汽车品牌计划采购150万套差速器总成，其中提名太平洋精锻作为主要供应商提供其中的100万套。太平洋精锻迅速提交了相关技术方案和报价，按照正常计划，2023年初中国市场已开始供货，然而，客户却迟迟没有下达欧美市场的采购需求订单。

察觉到事态不妙，夏汉关安排团队于2023年3月前往欧洲，与该客户的采购部门进行沟通并了解情况。

"目前我们的整体策略已进行调整，作为供应商，若贵公司无法在欧洲本土化生产，我们将无法继续与您合作，即使之前已经给予了提名。"对方给出的回答很决绝。

类似的情况也发生在了沃尔沃。原本,沃尔沃上一代新能源项目的全球市场份额已经全部分配给了太平洋精锻。按照常理,下一代的新能源项目应该延续这一份额。然而,在双方讨论进一步合作时,沃尔沃却改变了主意,决定仅将中国市场的订单分配给太平洋精锻,而不再让他们参与中国之外的欧洲市场。

因此,从美国客户那里离开后,夏汉关和团队一起前往沃尔沃的瑞典工厂,寻求原因。

得到的答复出乎意料地一致:要想在欧洲再次获得大型项目,必须实施欧洲本土化计划。接着,夏汉关等人又拜访了欧洲的麦格纳、吉凯恩集团等客户,情况基本相同。这些客户坦言,在调整全球化战略后,他们更倾向于选择欧美本土化生产的供应商。如果必须寻找亚洲供应商的项目,他们会优先选择日本、韩国或印度,只有在实在无法满足需求的情况下,才会考虑中国供应商。

而这背后的缘由,还要从一个"法案"和一个"协定"说起。

按照美国《通胀削减法案》中的条款,一家新能源汽车企业,只有在美国生产超过40%,甚至更高份额的电池、其他部件时,才能够享受到美国政府的税收减免政策。

价格就是竞争力。《通胀削减法案》中歧视性的补贴政策,必将使得全球新能源汽车产业链从技术到资本,都向美国转移,其围堵打压中国新能源汽车产业链的意图不言而喻。

不仅如此,早在2018年12月,美国、墨西哥和加拿大之间还签署了一份由美国主导的自由贸易协定,取代了原来的《北美自由贸易协定》,简称"美墨加协定",并已于2020年7月1日正式生效。其中的"汽车原产地规则",将汽车制造业的区域内容成分比例要求从62.5%提高到了75%以上。即北美地区所产汽车75%及以上的组成部件产自本地区方可享受零关税优惠。

市场经济风险和地缘政治风险交织在一起,难解难分,在面对地缘政治的动荡以及全球再平衡的大背景下，中国企业应如何确保自身的稳健发展？

"显然，这种情况下很难做到独善其身。既然很难做到，就要顺应这种竞争环境，否则，我们的海外订单的成本竞争力会逐渐被海外同行超越，因为美国对中国进口的商品要征收高额的关税。"夏汉关说。

在美国考察期间，太平洋精锻团队还非常敏锐地捕捉到，在旧金山的马路上，新能源汽车的比例较高；然而，到了洛杉矶，这一比例相对较低；再到底特律，基本上看不到电动车行驶。最后，在墨西哥也是如此，电动车的比例相当有限。这些现象表明，这些区域的电动车普及率仍然较低，具有较大的发展空间。

"如果不去布局，那就意味着我们和全球最大的产业链甚至最先进的产业链脱钩了，相应的技术升级和市场拓展都会受到影响。如果不去布局，那么全球最大的一块新能源市场的蛋糕，我们就分不到了。"董义不无感慨地说道。

不可否认的是，国内的整车制造企业或一级供应商与国外的汽车主机厂在多个方面还存在一定差距。这些差距涵盖了从产品设计规范、项目开发管理体系、质量体系要求，乃至于产品开发后的验证规范和严谨性等各个层面。

在此背景下，太平洋精锻到欧美建厂已是大势所趋，没有任何退缩的理由。按照美国客户的意愿，他们希望太平洋精锻到墨西哥建厂，以实现属地化采购、区域化采购。德国人则希望太平洋精锻把工厂建到他们家门口。

这段时期，夏汉关不断前往海外考察，寻求机会。2023年3月份的考察结束后，夏汉关又在5月份去了日本，6月份又到了匈牙利、波兰、捷克等国家。原本，夏汉关计划在7月份再次前往美国和墨西哥进行考察交流，以便初步确定工厂选址。

然而，就在夏汉关准备从捷克前往德国的当天考察途中，意外发生了。

夏汉关所乘坐的汽车在高速路上发生了严重的追尾事故，导致他的腰部L1腰椎骨折受伤，被紧急送进了捷克的医院，做了一场手术——腰部被划开了一个10厘米的口子，腰椎间安装了两个固定钢针。

这个时候，躺在病床上的夏汉关感慨万分："走向全球化，总是充满了曲折与挑战，总是要经历一些磨炼的。"

但夏汉关更着急的是，接下来，还有到美国和墨西哥的考察行程没有完成，他又无法动身，怎么办？要就此取消吗？一开始，他征求了团队的意见。出于安全考虑，大家一致建议"最好取消"。

夏汉关断然否定了这个建议："现在竞争形势如此严峻，不允许我们把脚步停下来，即便我去不了，也要调派其他管理层人员代替我去！"

显然，夏汉关深知，随着全球市场竞争的日益激烈，企业不能被动等待，而应抓住市场机遇，主动出击。企业在出海过程中难免会遇到各种困难，若因此停滞不前，将陷入更加被动的境地。

最终，由董义和赵红军二位副总经理带领的太平洋精锻考察团队依然按照原计划前往美国和墨西哥进行考察。

同一时期，伴随知名客户墨西哥超级工厂项目的推进，知名客户也已动员其中国供应商伙伴赴墨西哥建厂，多家上市公司积极响应，发挥自身优势"出海"墨西哥落实新能源汽车产能。

当时，"墨西哥"已经成为中国新能源汽车产业各家公司调研和汽车零部件上市公司公告中出现的高频热词。而在新能源汽车零部件企业云集的浙江宁波，拓普集团、旭升集团、均胜电子、宁波华翔等上市公司也纷纷启动和加速前往墨西哥建厂的进程。

作为北美洲中部的重要国家，墨西哥是北美自由贸易区的一颗璀璨明珠。其地理位置优越，为中国企业提供了建立生产基地的可能性。同时，相关自由贸易协定也为中国企业带来了显著的关税优势，有助于更好地开拓北美市场。此外，墨西哥劳动力成本较低且自然资源丰富，这为中国企业在当地投资建厂提供了良好的基础。

因此，经过综合评估，太平洋精锻有意向将未来北美营销研发中心和生产基地设立在墨西哥，以满足北美客户的需求。

尽管墨西哥对中国汽车产业链具有吸引力，但由于墨西哥市场的相对陌生性和不稳定性因素，中国企业在当地的投资和经营可能面临一定的挑战和风险。因此，参照之前在泰国的出海经验，太平洋精锻团队在墨西哥筹备建厂考察时对策略进行了相应调整。

尽管海外客户希望他们在家门口建厂，但考虑到欧美地区的制造成本较高，如何确定合适的价格并进行谈判成为必须考虑的问题。

当然，欧美一些规范的企业还是比较开明的，能够站在双方的利益角度考虑问题，也承诺会将各类成本计算进去。但也不乏一些欧美企业，并未主动与中国企业进行充分沟通，而初来乍到的中国企业，对于欧美的用工制度、法律环境，福利保险休假制度等方面的了解尚不充分，自然缺少了主动权。

鉴于此，太平洋精锻在墨西哥筹备建厂考察时，先通过当地官方中介机构了解了情况。比如，墨西哥的劳动力市场具有很高的灵活性，许多工人以每天或每周为单位被雇用，并且他们的职业和地点可能经常变化，使得员工流动性很高。这种不稳定性可能会给企业带来一些不必要的风险。

因此，太平洋精锻通过专业中介机构精心挑选了人力资源管理专员、生产管理负责人以及熟悉当地法律法规和政策的会计师，组建了一支高效的海外建厂专业化管理筹备团队。这一举措不仅大大缩短了他们自身的摸索过程，同时也使整个流程更加规范，降低了相应的风险。

"我们计划在2024年把墨西哥建厂规划确定下来。初期阶段，我们会选择租赁厂房，投资规模不会过大。我们会首先投资产品的最后一两道工序的设备，或者直接从中国搬运一部分设备过来。同时，也不会招聘过多的员工，先确保工厂能够顺利运营。目的就是尽快明确地告诉客户，我们已经来了，已经有了在这边发展的规划，并根据客户的项目进展进行后续的投资。"董义介绍道。

显然，从中国到墨西哥建厂，会面临诸多挑战，包括政策法规、税收制度、劳动力成本、基础设施建设等。然而，全球供应链格局的重构已是大势所趋。在这个过程中，太平洋精锻需要抓住机遇，积极应对挑战，才能无惧风浪，勇往直前，追求星辰大海般的广阔前景。

匈牙利：由点及面，发力欧洲市场

筹备到墨西哥建厂，只是满足了北美客户的迫切需求，而德国客户也同样希望太平洋精锻"出海"来到他们的家门口。

然而，"出海"需要天时、地利、人和，缺一不可。2023年6月，夏汉关前往德国客户的"家门口"，对东欧地区的匈牙利、波兰、捷克等国家的投资环境进行了深入的考察。

就在夏汉关前去考察的同一时间，几项统计数据刚刚公布：2023年一季度，匈牙利新能源汽车在新车市场中的份额已从4.4%攀升至近6%，超越了捷克的2.4%、波兰的3.3%以及斯洛伐克的1.8%。

截至2023年上半年，匈牙利共有740多家汽车及零部件生产企业，世界上最大的20家汽车制造商之中的14家均在匈牙利设有整车或零部件生产基地，包括宝马、奔驰、奥迪、Stellantis集团等。

汽车工业是一个复杂而密集的产业链，一辆汽车需要上万个零部件。而匈牙利很多企业正是德系车各类汽车零部件的供应商，同时这里也是德国汽车工业供应链和产业链的关键闭环市场。除了德国和中国之外，匈牙利目前是第三个拥有奔驰、宝马、奥迪三大豪华车企制造工厂的国家。因此，匈牙利已成为德国汽车产业链转移的重要承接地之一。

不仅如此，全球最大100家汽车零部件企业中，超过半数均在匈牙利设有工厂。诸如捷豹路虎、福特、日产等跨国车企也在匈牙利设立了工程服务中心。

这意味着，匈牙利新能源汽车市场的增速已处于领先地位。

匈牙利地处欧洲中心地带，毗邻德国、捷克、奥地利、波兰、罗马尼亚等国，公路运输、铁路运输和海运都比较发达。得益于良好的产业配套基础和周边地区丰富的原材料，匈牙利自加入欧盟以来，逐渐成为众多汽车工业国家的汽车产业转移基地，并逐步崛起为全球汽车工业的重地。

尽管匈牙利本土汽车品牌相对较少，但欧洲的汽车巨头在进行汽车量产和贸易的过程中，都离不开匈牙利汽车产业的各类供应商。

匈牙利不仅是中东欧地区的交通枢纽，也是亚洲国家进入欧洲市场的中转地和集散地。2015年，匈牙利成为首个加入"一带一路"倡议的欧洲国家。早在2011年，匈牙利便启动了"向东开放"政策，并洞察到世界经济增长中心正逐步向亚洲国家转移的趋势，因此将目光投向东亚国家。通过实施较低的税率和提供有利的投资环境，匈牙利成功吸引了众多亚洲企业的关注。

随着新能源汽车产业进入高速增长的阶段，传统汽车工业起步较晚的中国，已经在新能源汽车领域占据了领先地位，并且拥有全球规模居首的新能源汽车产业规模和消费市场。而要打开全球新能源汽车产业合作之门，扩大中国在新能源汽车领域的全球话语权，匈牙利成为许多中国企业出海欧洲设厂的目的地。

中国造车新势力蔚来汽车旗下首个海外工厂就设在了匈牙利，此外，比亚迪、宁德时代等企业，也选择在匈牙利进行投资。

因此，夏汉关认为，从地缘政治、经济贸易、地理位置、交通枢纽、汽车工业基础等多个维度全面考虑，匈牙利确实是太平洋精锻打开欧洲汽车产业市场，扩展汽车传动产业的最优选择。

显然，顺应新能源汽车产业链全球化的发展趋势，太平洋精锻以匈牙利为支点拓展海外,这不仅有助于他们进入欧洲汽车市场,抢占欧洲新能源汽车市场份额,还能通过欧洲市场的影响力辐射全球,从而进一步提升公司在核心领域的竞争力。

于是,太平洋精锻"出海"又来到了新的一站——筹划在匈牙利设立欧洲生产基地。

"匈牙利的项目在等待客户定点通知,定下来后,我们第一步会先考虑租厂房,并将一部分国内装备迁移至欧洲。刚开始步子不会迈得太大,以满足客户需求为前提,根据后续项目需求及发展情况,逐步扩大规模。"董义说。

中国企业在国际市场的拓展势在必行,然而,这一过程并非易事。许多中国企业在出海初期都面临着暂时性亏损和痛苦的适应期。针对这一现象,夏汉关强调,越是在这个时候,就越要舍得"交学费",同时,应当充分借力专业机构。

比如,太平洋精锻计划在匈牙利投资租厂房时,有专业人士就给出了一个建议:中国企业来投资,从本质上说,匈牙利政府是支持的。然而,需要注意分清执政党和反对党分别在哪个区域。如果在反对党的区域内建工厂,可能会遇到阻力,给投资带来不便。

这一经历让夏汉关深感企业在海外市场拓展过程中,必须充分考虑当地的政治、经济、人文环境。"包括在国外设立新公司的整个流程,以及一些文化因素,都需要深入了解。专业的人做专业的事,为了减少不必要的弯路,企业应积极借助第三方中介的力量,与了解当地政策、法律和人文环境的相关组织或机构进行充分沟通。这不仅有助于减少障碍,而且相较于企业自行摸索,风险更为可控,这样成功走出去的把握才会更高。"夏汉关一语点出了他们的出海心得。

"事实上,许多企业在迈出国门的那一天起,便陷入了持续亏损的境地。如果企业不能提前全面地考虑这些潜在风险,那么在走出去的过程中势必会遭受损失，后面也很难再调整。所以，必须有全面而系统的谋划。"夏汉关总结道，"总之，中国企业走出去需要遵循一定的战略和策略。首先，要了解目标市场的基本情况，包括政策法规、文化习惯、消费者需求等。其次，要寻求与当地组织或机构进行合作，以便更好地了解市场和降低经营风险。最后，要根据市场变化和企业自身发展状况，对策略不断调整优化，以实现可持续发展。"

匈牙利不会是终点，太平洋精锻正积极谋划其全球化战略布局。

夏汉关深知，未来中国的锻压企业数量将有所减少，但平均营业规模将显著提升，行业内的并购重组和淘汰落后产能的步伐将加大。随着"一带一路"倡议的深入实施以及全球分工的深化，中国锻压企业将有更多机会走出去，在全球范围内设立工厂或参与国际并购，这将成为必然趋势。

因此，可以预见，将会涌现出一批在全球同行业中具有领导地位和影响力的中国锻造企业集团。

太平洋精锻正在开拓一片广阔的海外新天地，这只是开始。

需要"慰藉"的人，却激励起了别人

2023年6月16日，在海外考察过程中，夏汉关在捷克意外遭遇车祸受伤，随后被送往当地医院接受腰部手术治疗。经过一周的住院治疗，夏汉关决定回国。然而，对于当时腰部刚做了手术，还只能卧床休息的他来说，想要回到万里之外的祖国怀抱，谈何容易——飞机上可不提供"躺"座。

夏汉关当时想了很多方案，他曾尝试与东方航空进行沟通，然而遗憾的是，航空公司对于这种情况也束手无策。随后，夏汉关还考虑过租用一架小型飞机将他从欧洲接回国内，相关费用也已经达成一致。然而，在准备签署合同并支付费用时，夏汉关意识到这个方案还是有问题：小飞机只负责运送，但如何从医院转运到飞机上却无法解决。于是，这个方案也只能放弃。

这个时候，夏汉关突然回想起十年前曾投保的一份养老保险，兴许能有办法。他立即致电该保险公司，咨询关于海外交通保险的相关事宜。经过详细沟通，保险公司表示，该保单并不涵盖海外交通事故的保障范围，然而该保单的投保人可以享受海外救援服务，可以为夏汉关提供帮助，从捷克将他安全接回国内。

这正是夏汉关的核心诉求，于是他申请了海外救援服务。

很快，这家保险公司的海外救援中心派遣医生和护士从中国台北飞抵捷克。随后，他们将夏汉关从捷克接送到德国法兰克福机场。德国汉莎航空公司的飞机专门撤掉了6个椅子，夏汉关得以平躺着飞抵浦东机场并顺利入境。最后，救援人员将夏汉关从浦东机场送至上海市区的医院，全程21个小时的护送过程实现了无缝对接。

因为是腰部受伤，必须避免产生二次伤害。专业的人做专业的事，保险公司海外救援中心无微不至的专业护理令夏汉关动容——他选择了一种最安全也是最专业的方案顺利归来。

这让夏汉关联想到做企业也是一样，当面临风险时，企业应寻求最稳妥、最安全的方法来解决问题，以防止产生次生伤害。所以，为了避免未来的风险，要提前做好"保险"，不要有任何侥幸心理。

从欧洲回来之后，夏汉关就进入了住院康复阶段，但平时忙碌惯了的他突然躺在病床上还有些不适应。不过，这也为他提供了一个难得的放松机会，让他能够静下心来审视企业未来的发展布局。同时，夏汉关在中欧DBA的班级同学给他寄来了两大箱专业书籍，让闲下来的夏汉关更好地"充电"。此外，平时很多应该做的体检，夏汉关根本没有时间去做。如今，趁着住院期间，他完成了全面的体检，各项指标全部正常。医生评价他说：尽管年过半百，但大脑却保持着30多岁的活力与敏捷。

"一个人如果经常学习，思想便不会停滞。保持思考的习惯，心态便能保持年轻。与客户频繁交流，会感受到未来的无限可能；与员工深入沟通，会觉得未来的前途多么美好；与同学、朋友保持联系，人就能乐观向上；多反省过往得失，就能够保持理性与豁达；多感恩生活和他人，环境就会变得更加友好。"夏汉关道出了他"30岁大脑"的养成秘诀。

其实，这就是一个人对于生活的热爱和对于工作的执着。显然，一个人只有保持对生活的热情以及对工作的激情，才能永葆年轻的心态，才能有源源不断的动力去面对各种挑战，有足够的勇气和决心去克服各类困难。

按理说，伤筋动骨一百天，受伤后的人应该需要足够的时间来休养，以恢复身体的健康，这个时候，他们最需要的可能就是别人的慰藉和关心，以及一些积极的鼓励和激励。

然而，夏汉关却打破了这个常规。手术后仅1个多月，他就回到了公司。夏汉关的恢复速度之快，让人感到惊讶。他的身体可能比其他人更强壮，更有活力，但更重要的是，他的心态比任何人都要积极。

当夏汉关听说公司像往年一样，要对新招聘来的近100名大学生做企业文化方面的宣讲时，他照常选择了"亲自出马"——需要"慰藉"的人，却激励起了别人。

宣讲以"逐梦精锻科技　成就美好人生"为主题，非常具有教育意义，给初出校门的懵懂大学生们走向社会上了重要一课。在宣讲中，夏汉关向大学生们传授了如何规划人生的方法，并罗列了应届毕业生的十大问题。他还强调了学会有效倾听的重要性，以及自我学习、终身学习和"双环学习"的必要性。此外，夏汉关还提醒大学生们要掌握时间管理技巧，明确轻重缓急，养成积极主动的习惯……

专业无冷热，学校无高低。千万不要因为你是名牌大学或者热门专业而沾沾自喜，也大可不必因为你的学校不好或者专业冷门而自卑。

如果你有十项工作每项都会做10%，那么，在用人单位眼中，你什么都不会。所以，你必须让自己具备核心竞争力。"通才"只有在"专才"的基础上才有意义。

一个人有多少钱并不是指他有多少钱的所有权,而是指他拥有多少钱的使用权。一个人具备多少能力,不只是说他一个人的时候能做什么,还包括他能通过别人做什么。

天赋、能力、悟性有差异,所以就业选择要认清自我优缺点,长短处,锻炼和形成自己与他人竞争的差异化优势。

企业不可跨越的红线:产品质量、安全生产和环境保护。一切工作服从于质量,客户投诉质量召回可以打垮一个企业;安全生产出现大问题,政府监管可以命令企业停产整顿;环境保护出现伤害,市场监管可以让企业关停并转。上述三方面反映了企业的良心和道德,三条红线不可逾越。

思路决定出路,竞争力源自学习力。

比勤奋更能决定人生的6条底层思维:目标远大,长期主义,善于合作,不懈学习,高度自律,丰富人生。

将欲取之,必先予之。适当的付出不仅让你毫发未损,还会获得丰厚的回报。

要树立正确的人生观、财富观:只有有爱心,练好本领,才会被社会认可。那时,晋升、成功、财富、鲜花、掌声、光环、幸福生活都会在你身边出现。

做人要有原则,一个人在遇到问题总是中立、观望、没有态度、无原则,怕得罪人,最终庸人一个,难以成材,很难被委以重任。

做人要有梦想,有理想:人因梦想而伟大,理想是你人生前进的原动力。思维是成功的基石,拥有正确的思维模式能够让我们成为真正的思维动物。

你们,应该与什么进行挑战?与未来的自己挑战,只有超越现在的自己,才能挑战未来!

字字珠玑,句句真理。这是夏汉关对于大学生们如同师长一般寄予的殷切期望，既是教诲，更是嘱托。夏汉关的话语中充满了对生活的热爱，对未来的期待，以及对工作的热忱。他鼓励这些年轻人要有梦想，有追求，有热情去实现自己的目标：

最大的风险是满足平稳舒适失去斗争追求的风险，最大的损失是无视学习机会失去自我提升的损失，最大的遗憾是自甘平庸平常失去创造辉煌的遗憾。保持对知识的渴望，对事业的渴求，眼里有光、心中有梦、脑中有策、手上有招、肩上有责、脚下有力，不断提高综合素质，不断提升工作能力，不断增强干事本领。

加强理论修养，始终保持理论上的清醒、思想上的成熟和政治上的坚定；加强道德修养，做到不忘初心、不忘宗旨、不忘本色；加强纪律修养，做到慎独、慎初、慎微、慎欲，心不动于微利之诱，目不眩于五色之惑。

从平凡事做起，以高度认真负责的态度，高标准高质量创造性完成自身岗位职责，在做精做专做优上多下功夫，积极主动，多想办法，丢掉速成的幻想，脚踏实地从每个细节每个部分入手，持之以恒，积蓄成功的力量。

过往的成绩都是靠我们的员工一步步打拼出来的。你们，是精锻科技的未来，也必将打造出更加辉煌的业绩！最后，我祝愿大家能在公司充满活力地工作和生活，同时保持身心健康，做一名幸福的、优秀的员工！逐梦精锻科技，成就美好未来！

这场充满正能量的宣讲持续了3个多小时，夏汉关用自己的经历和感受，讲述了公司的发展历程，企业文化的内涵，以及他对未来的期望和信心。这不仅让新员工对太平洋精锻有了更深的了解，也让他们对自己的未来充满了信心和期待。他们开始明白，工作不仅仅是一份职业，更是一种生活态度和人生价值的体现。

"我要让他们明白，工作中的困难和挫折都是暂时的，只要有信心，有勇气，就一定能够战胜它们。"夏汉关的坚韧和积极态度，让人深感敬佩。

他无疑给那些新入职的大学生带来了极大的鼓舞,也让他们更加深入地理解了公司的企业文化。

也是从宣讲那一天开始,夏汉关又恢复到了以往那忙碌而充实的生活状态。

未来:不问彼岸,持续远航

从2000年起,太平洋精锻基本上没有决策和投资失误,而且一直都处于订单饱和的状态。

"'太平洋'之所以能在众多竞争对手中脱颖而出,迅速发展壮大,就是因为具备前瞻性的市场洞察能力,对新生事物敏感,对行业未来发展保持持续关注并及时调整战略方向,以及始终如一的交流学习,包括向竞争对手学习,再加上资本市场的助力。正因为我们在这些方面与众不同,因此能够抓住比其他竞争对手更多的机遇。"夏汉关说。

按照夏汉关的"公交车理论",市场机会到来时,如果抓不住,说小一点就错过了一门生意,说大一点就可能错过了一个时代。

从原来做汽车零件,到做部件,再到做部件总成;从原来做黑色金属钢铁到有色金属铝合金;从原来做机械零部件到机电集成电控系统一体化;从名不见经传,到成为中国第一、全球第二……

"要成为具有全球竞争力的企业,大概要干30年。一个企业,如果5年不倒闭,说明投资方向没出问题,如果8年没关门,说明这个企业还是有生命力的。如果10年能走出困境,说明战略方向没有走错。太平洋精锻基本上验证了这个周期,5年没倒闭,8年没关门,10年开始盈利,20年赶上资本市场,30年的历史积淀成为全球细分市场前三名。所以,一个企业想要追赶世界水平,不是一件容易的事。"夏汉关感慨道。

如今,太平洋精锻已成为目前国内乘用车精锻齿轮细分行业的龙头企业，轿车精锻齿轮产销量位居行业前列，已成为国内同行企业中为数不多的同时与大众、奥迪、通用、福特、丰田、宝马、奔驰、沃尔沃、上汽、长安、红旗、长城、吉利、奇瑞、广汽和全球电动汽车著名品牌、比亚迪、蔚来、理想、小鹏等众多车型配套精锻齿轮的企业，并且是全球电动化汽车差速器零部件细分市场的行业标杆。

经过30余年孜孜以求的探索与奋进，太平洋精锻时而突飞猛进，时而蓄势待发，国内独步江湖，国外与"狼"共舞。太平洋精锻的不断蜕变，得益于国家的改革开放和中国汽车行业的蓬勃发展，也得益于掌舵者立足全球所带来的广阔视野，更得益于全体员工的敬业奉献，是他们用青春、用汗水托举了太平洋精锻的辉煌。

面向未来30年，夏汉关和他的团队有一个雄伟的目标，那就是成为一个掌握核心技术并且具有全球一流竞争力的跨国公司，规模不一定特别大，但战斗力一定要特别强。他们深知，不管到哪一天，不管什么行业，都少不了铸造、锻造、模具这些基础工艺。因此，太平洋精锻将围绕这些"独门绝技"，发挥自身的特长和优势，逐步拓展市场，最终成为声名远扬的跨国集团。

了解过去，做好当下，把握好未来，中国作为全球最大的汽车市场，一定会造就、培育出世界级水平的中国本土锻造企业。

如今，太平洋精锻这艘历经风雨的航船，已经闯过风险旋涡，来到了充满变化的新水域和新航线。经过多年的摔打，"太平洋团队"已经淬炼出更为坚忍的意志和应对能力。无论是狂风骤雨，还是未知的礁石和夜晚的迷雾，他们都已做好充分准备，以迎接任何挑战。

"企业不仅要低头做事，更要抬头看天。这个'天'就是国家发展大局和全球经济环境的变化趋势。我们将凭借现有的产品结构平台和技术优势，通过核心业务同心圆策略不断拓展国内外市场。随着中国汽车产业在全球的领先地位日益稳固，未来必将涌现出一批优秀的中国汽车零部件企业，成为代表中国国家形象的跨国公司。这是我们在未来30年致力于实现的目标。"夏汉关满怀信心地说道。

在当前国际形势下,中国汽车产业正面临着巨大的发展机遇。随着政府对新能源汽车、智能网联汽车等领域的大力支持,中国汽车产业或将迎来新一轮黄金发展期。

为了抓住这一历史机遇,太平洋精锻将继续加大研发投入,不断提升产品质量和技术水平。同时,他们将更加积极地参与国际合作与交流,引进国外先进技术和管理经验,以提升自身核心竞争力。此外,太平洋精锻还将积极拓展海外市场,通过海外并购、技术输出等方式,实现全球化布局。

"下一个三十年,太平洋精锻必将在中国汽车产业的发展浪潮中勇立潮头,稳健经营,创造价值,追求高质量发展,成为全球汽车零部件行业的领军企业。为实现这一目标,我们将紧密围绕国家战略,积极参与全球产业链分工与合作,以更加坚定的信念、更加务实的态度、更加创新的精神,迎接挑战,书写辉煌。我们相信,在全体员工的共同努力下,太平洋精锻必将成为全球汽车零部件产业的一颗璀璨明珠,为祖国的繁荣富强贡献自己的力量!"夏汉关掷地有声地说。

三十年,沧海桑田,风雨兼程,时间见证了成长;

三十年,岁月如歌,一路奋斗,共同创造了辉煌。

未来三十年,太平洋精锻团队将砥砺前行,继续追梦,共同书写新时代的华章!

向前奔跑，人生自有前程

江苏太平洋精锻科技股份有限公司董事长　夏汉关

人生如行路，欲行千里之外，必先挪动脚步。

春华秋实四十余载，从"懵懵懿直"到企业乘风破浪的"掌舵人"，从十年亏损到精锻齿轮行业的领跑者，我与太平洋精锻彼此如一撇一捺，相互支撑跨过山和大海。

一路走来，也终是明白，再苦再难，只要脚步不停，道路就会不断延伸。千言万语，汇成一句：只管向前奔跑，人生自有前程。

人生能有几回搏！自当保持永不服输的韧劲，越是艰难，越要向前。

时光回溯至2000年春天，谁也不曾料想到，彼时的外商独资企业"太平洋精锻"，却已是资不抵债、人心涣散、管理混乱，像一条千疮百孔的大船，正在滑向沉没的边缘。时任企业常务副总、更是共产党员的我，对自己说："绝不能服输！绝不能眼睁睁看着企业破产、职工失业、银行数千万元债权蒙受损失！"于是我带着全厂400多人期盼的目光，抛开一切顾虑和思想包袱，带领着企业一班人排问题、找原因、定措施，制定实施20条改革举措，原材料直接从钢厂进货、比质比价、减少中间环节……我们的努力，让企业在混沌中看见了一丝光亮，也赢得了企业上上下下的一致信任。

那年5月，我被正式任命为总经理，为了打通资金的瓶颈，我说服家人，带头以个人房屋做抵押借款，多方筹集了近300万元流动资金，并反复上门与已经不看好我们的合作客户沟通洽谈、"推销自己"，用内心的真诚和发展的前景，再次唤起了客户的认可与信赖。就这样，我们咬紧牙关闯过了这道大考，让原本奄奄一息的"太平洋精锻"逐渐复燃重生。

每个人的成长都会有遭逢艰难的时候，但身处山重水复间别放弃，挺过去，就是峰回路转、柳暗花明。人生总有收获时!自当保持永不懈怠的拼劲，无论何时、都要向前。

一时向前或是激情使然，一直向前则是难能可贵。

当年企业挺过难关之后，很多人觉得可以喘口气了，但我明白企业要发展，绝不能沉溺于一点甜头停滞不前，而应全力开疆拓土。正巧外商前来考察，在我们提供的样品目录上画了一个圈，告诉我们:这就是目前市场上最应优先开发的汽车零部件。信息就是财富，就看谁先抢占市场制高点。在我决定集中技术力量全力组织开发的时候，也有不少人担心万一栽下去又是一个大跟头。我明白，就如同"美丽的玫瑰花带刺一样"，只有敢于追求常人不敢追求的目标，才有可能获得常人无法企及的成就。决心已定、说干就干，那之后，我们加班加点、连续奋战，一次次设计、一场场试验、一回回调试，苦心耕耘终是收获了果实。新产品投放市场后，当年10月便通过省科技厅认定，并很快形成批量生产。

幸运总是眷顾一直努力的人。这一年，"太平洋精锻"实现扭亏为盈，全国各大客户纷纷前来洽谈业务，订货量直线上升，企业步入良性发展的快车道，被列为全国汽车齿轮行业生产新星、半轴齿轮前五强企业。

现在回想，我很庆幸当初在企业复苏的大好形势下，我们没有因此而满足。人生亦是如此，应当追求的并非是跑得最快，而是一直在跑，哪怕每天只是1%的进步，但随着时间的推移，终会产生天壤之别。

人生没有最高峰！自当保持永不满足的热劲，百尺竿头，更要向前。

这些年，朝着成为"全球第一"的愿景目标，我们始终守着汽车精锻齿轮和精密制造专业领域执着用功，过了一山再登一峰、跨过一沟再越一壑，每一次目标的抵达，都是我们下一次向更高处的出发。尤其是2006年，我们果断启动了上市计划，并通过5年持续不断地努力，于2011年8月在深交所顺利敲响上市大钟，不仅成为全市首家A股创业板上市公司，更成为所在行业首家上市公司。这个里程碑的时刻，激动与自豪在我心中尽情奔涌。如今的"太平洋精锻"，版图已由当年姜堰的一个小厂区，扩展至天津、浙江、重庆、上海等地，已成为引领行业发展、代表民族锻造工业和齿轮工业，与国外同行同台竞争的领军企业、示范企业。

时光匆匆而过，企业越来越大，芳华早已远去，转眼间人到中年，岁月的风霜爬上额头、染白双鬓，身边也有不少人劝我急流勇退、颐养天年。但我认为，人生不能仅以年龄去衡量。只要心向远方，即使岁月流逝，依然能够壮心不已。我愿像当初进厂的那个少年，听从自己的心声，再次背起由勇气、活力、热忱、拼搏组成的行囊，不念过往、不畏将来，心里有火、眼里有光，继续做一朵奔涌不息的前浪。

  人生之路漫漫，务须迈开脚步去求索。正如一句歌词唱到，"梦想，在什么地方？总是那么令人向往，我不顾一切走在路上，就是为了来到你的身旁……"眺望未来，我仍将步履不停，遇见更好的自己！

2021年9月